汽车工业管理科学与工程丛书

汽车系统安全开发与管理实践

[英] 约瑟夫·D. 米勒（JOSEPH D. MILLER）　著

李　波　杨　虎　王方方　余建业　赵金富
尚世亮　付　越　李欣然　童　菲　王　斌
王海兵　薛剑波　童洪剑 **译**

U0359635

机械工业出版社

本书立足于汽车系统安全技术（涉及功能安全、预期功能安全和信息安全），从消费者、整车制造企业和零部件供应商的角度，对如何开展汽车全生命周期的安全实践、安全审核、安全组织和安全文化等进行了全面阐述。

本书作者曾长期担任SAE技术咨询小组（USTAG）主席，同时也是ISO TC22/SC32/WG8道路车辆功能安全工作组国际专家成员，作为系统安全领域的专家，在全球车辆安全领域具有重要的影响力。同时，其作为关键贡献者之一，深度参与国际标准ISO 26262《道路车辆功能安全》的制修订及ISO/PAS 21448《预期功能安全（SOTIF）》标准的制定工作。本书译者来自中国功能安全专家组成员。

希望本书能够给予汽车系统安全从业人员以技术和职业发展方面的帮助，同时也为企业管理人员、项目管理人员等提供宏观的介绍和开展安全业务方面的启示。

北京市版权局著作权合同登记　图字：01－2020－5612号。

图书在版编目（CIP）数据

汽车系统安全开发与管理实践／（英）约瑟夫·D.米勒（JOSEPH D. MILLER）著；李波等译. — 北京：机械工业出版社，2022.11
（汽车工业管理科学与工程丛书）
书名原文：Automotive System Safety Critical Considerations for Engineering and Effective Management

ISBN 978－7－111－72175－8

Ⅰ. ①汽… Ⅱ. ①约… ②李… Ⅲ. ①汽车-系统安全工程 Ⅳ. ①U461.91

中国版本图书馆 CIP 数据核字（2022）第231400号

机械工业出版社（北京市百万庄大街22号　邮政编码100037）
策划编辑：母云红　　　　　　　责任编辑：母云红　王　婕
责任校对：潘　蕊　张　薇　　　责任印制：李　昂
北京中科印刷有限公司印刷
2023年2月第1版　第1次印刷
180mm×250mm·13.5印张·245千字
标准书号：ISBN 978－7－111－72175－8
定价：139.00元

电话服务　　　　　　　　　　　网络服务
客服电话：010－88361066　　　　机　工　官　网：www.cmpbook.com
　　　　　010－88379833　　　　机　工　官　博：weibo.com/cmp1952
　　　　　010－68326294　　　　金　书　网：www.golden-book.com
封底无防伪标均为盗版　　　　机工教育服务网：www.cmpedu.com

序

汽车安全是汽车产业高质量发展的第一要务。让汽车运行更安全，依靠的是生产企业的技术革新、生产规范、严格自律，安全的第一责任人是生产企业。同时，生产企业还要懂得尊重市场、尊重消费者，心有敬畏、严格管理，才能生产出高质量、更安全、跑得远的汽车。随着我国新能源汽车、智能网联汽车产业技术快速演进，各种先进功能集成度日趋复杂，安全技术水平愈加成为各国政府、汽车企业和消费者关注的焦点，而功能安全和预期功能安全技术作为车辆安全运行的核心保障，已成为国际共识。

自 2011 年，我国汽车行业逐步引入功能安全理念，在全国汽车标准化技术委员会秘书处（SAC/TC114，归口单位为中国汽车技术研究中心有限公司中国汽车标准化研究院）的组织协调下，逐步将功能安全国际标准 ISO 26262 和预期功能安全国际标准 ISO 21448 转化为我国的国家标准。同时，在车辆关键电控系统领域，包括制动系统、转向系统、动力蓄电池系统、驱动电机系统、高级驾驶辅助系统（ADAS）等方面，开展了功能安全和预期功能安全的落地应用研究，并形成了相应的国家标准。随着联合国（UN）、欧盟（EU）等制定的技术法规对于功能安全和预期功能安全技术要求的逐步引入，也加快了我国功能安全领域强制性国家标准的研究进程。

为加快推进功能安全和预期功能安全标准及方法论在我国的进一步落地应用，吸收国际、区域等组织及专家的先进成熟经验，使国内从事该领域研究的从业人员有参考借鉴，提升功能安全和预期功能安全技术及管理水平，我们组建的中国功能安全专家组完成了著作 *Automotive System Safety*：*Critical Considerations for Engineering and Effective Management*（作者 Joseph D. Miller）的翻译工作。

原著基于汽车系统安全技术，从提升汽车产业安全技术和管理水平的角度，对如何开展汽车全生命周期的安全实践、安全审核、安全组织和安全文化等不同方面进行了阐述，有助于我国从事汽车功能安全和预期功能安全管理、技术方面的人员开展实践应用；对于在我国健全功能安全和预期功能安全理论体系、完善功能安全和预期功能安全标准体系、促进功能安全和预期功能安全技术及标准应用、加强功能安全和预期功能安全行业能力建设、提升功能安全和预期功能安全国际化水平、逐步增强我国汽车安全技术和管理水平，具有重要的指导意义。

中国汽车技术研究中心有限公司

中国汽车标准化研究院院长

译者序

当前，我国新能源汽车产业不断发展壮大，智能网联汽车正处于技术快速演进、产业化加速布局、商业化探索的前期阶段，汽车的安全水平更加成为各国政府、车企和消费者关注的焦点。功能安全和预期功能安全技术和标准在国际上被广泛深入应用，并逐步导入联合国、欧盟成员国及其他国家技术法规中，汽车安全性，特别是在评价自动驾驶汽车安全性方面，均将国际标准 ISO 26262《道路车辆功能安全》和 ISO/PAS 21448《预期功能安全（SOTIF）》作为评价依据。我国国家层面相继出台多项政策和规划，将功能安全和预期功能安全技术及标准研究上升至国家战略层面。

为加快推动功能安全和预期功能安全方法论在国内的应用和实施，全国汽车标准化技术委员会汽车电子与电磁兼容分技术委员会（SAC/TC114/SC29）下设的道路车辆功能安全标准研究制定工作组，制定了"中国功能安全（Functional Safety）和预期功能安全（SOTIF）技术和标准研究中长期规划（2020—2025）"。该规划和标准体系以国家标准 GB/T 34590—2017《道路车辆　功能安全》为指导和研究主线，基于我国国情，开展适用于我国传统汽车、新能源汽车、自动驾驶汽车整车和各关键电控系统功能安全、预期功能安全的技术和标准研究，从设计开发源头避免或降低因车辆电控系统故障、预期功能不足、性能存在局限而导致安全事故，保障车辆运行安全。

在推进功能安全和预期功能安全标准及方法论在国内落地应用的同时，引入国际、区域等组织及专家的先进成熟经验，为国内从事功能安全领域研究的从业人员提供参考借鉴，提升功能安全技术和管理水平，由中国功能安全专家组内的部分成员组建的小组完成了 *Automotive System Safety-Critical Considerations for Engineering and Effective Management* 的翻译工作。

本书立足于汽车系统安全技术（涉及功能安全、预期功能安全和信息安全），从消费者、整车制造企业和零部件供应商的角度，对如何开展汽车全生命周期的安全实践、安全审核、安全组织和安全文化等进行了全面阐述，期望给予汽车系统安全从业人员以技术和职业发展方面的帮助，同时也为企业管理人员、项目管理人员提供宏观的介绍和开展安全业务的启示。

本书作者约瑟夫·D.米勒曾长期担任国际机动车工程师学会（SAE）技术咨

询小组（USTAG）主席，同时也是 ISO TC22/SC32/WG8 道路车辆功能安全工作组国际专家成员，作为系统安全领域的专家，在全球车辆安全领域具有重要的影响力。同时，作为关键贡献者之一，他深度参与国际标准 ISO 26262 的制修订及 ISO PAS 21448预期功能安全（SOTIF）标准的制定工作。

作为中国功能安全专家组成员，我们很高兴给国内的读者翻译并介绍这本书，希望能够为我国从事系统安全工作的读者提供参考和帮助。

由于译者水平有限，译文难免有疏漏、错误之处，欢迎读者朋友批评指正。

译　者

　　质量和可靠性对于系统安全的影响至关重要，它涵盖工程、管理和技术，旨在识别、控制、降低伤害的风险。系统安全已延伸至许多行业，包括交通、石油和天然气、机械、建筑、航空航天等。仅在美国，一年内就有超过 3 万人在公路上丧生，超过 20 万人重伤，因此，汽车工业需特别关注安全问题。在安全方面投入再多的努力也不过分，因为不安全的系统对人员造成的伤害是无法挽回的。因此，在产品设计之初，就应将安全放在首位。

　　随着汽车电子技术的快速发展，车辆上的系统变得越来越复杂，功能也随之增加。自动驾驶汽车的发展加速了这一进程，以期待汽车更为安全，减少道路伤亡人数。同时，这一趋势使设计工程师的工作变得越来越具有挑战性，越来越多的汽车召回事件也证实了这一点。这些召回促使汽车的可靠性和安全要求得到进一步加强，也使功能安全标准得到迅速发展，例如 IEC 61508《电气/电子/可编程电子安全相关系统的功能安全》、ISO 26262《道路车辆功能安全》等，增加了改进设计过程和实现更高可靠性的要求，以实现系统安全。

　　本书涵盖了汽车系统安全的各个重要方面，包括汽车功能安全标准 ISO 26262 的实施概况，有助于读者理解和应用 ISO 26262，获得更深入的汽车系统安全知识。

　　读者通过阅读本书可获得很多汽车安全方面的实用信息，这些信息有助于读者使用务实的方法来实现安全性，实现产品安全需求与开发进度需求的相互协调。

　　汽车安全问题层出不穷，如何确保系统的安全性以及确保安全性的关键考虑因素是全球关注的焦点。读者希望能够通过收集信息来判断能做什么和应该做什么。本书的经验总结将有助于读者做出一些实际的考量，并在工作中进行改进和实践，以降低产品的安全风险。

　　全球广泛关注的功能安全标准 ISO 26262 和预期功能安全标准 ISO/PAS 21448，已成席卷全球汽车工业之势。

　　读者会受到激励去学习如何实践这些标准，了解标准中包含的要求以及如何实施。如果您是一位对于阅读标准而感到疲劳的工程师，但对于完成设计和推出产品感兴趣，那么可以通过阅读本书来防止由于某些工作的遗漏而不能满足标准要求，同时也不会花费过多的成本来满足质量和安全标准。我实际上负责汽车安全流程的实施及安全标准的制定，曾从事系统、软件和硬件开发以及项目管理、流程管理及实施工作，我在书中介绍了很多工作中实用的技巧。读者通过阅读本书，有助于安全产品的推出。读者如果即将从事汽车安全方面的工作，例如安全工程师、安全经理、评估员或审核员，那就需要具备相关的知识和经验，通过阅读吸取他人的经验有助于知识储备并基于实际需要进行应用和改进。同样重要的是，在组建企业的安全组织时，需要了解自身的优势和劣势以规避潜在的陷阱，进而改善或组建一个高效的安全组织。如果安全组织是被收购的，或收购了其他的安全组织，则需要通过采取行动来保证系统安全。

如果您是具有其他行业经验的安全专家，那么在您完成本书的阅读后，您的视角就会与已经在汽车行业工作的读者不同：您已了解了系统安全方面的汽车实践，以及在汽车公司成功实施系统安全流程的关键考虑因素。您可能希望将 IEC 61508 的内容与这些汽车实践进行比较，并了解应用 ISO 26262 的常见实践。如果您从事过交通行业，比如铁路或航空行业，那么您会对自动驾驶车辆安全产生浓厚兴趣。ISO/PAS 21448 对于具有不同驾驶自动化等级的自动驾驶车辆安全提供了指导，与 ISO 26262 的关系也是考虑的因素。由于其他行业在系统安全方面发展得比较完善，这方面的信息将有助于对汽车系统安全的理解。

如果您是咨询人员，那么通过阅读本书可以获得有关安全流程实施的观察和判断。您可以向尚未建立正式系统安全流程但发展迅速的组织提供咨询服务，因此需要在当前开发中确保系统安全，并建立确保未来安全开发的流程。我曾为一家国际汽车供应商指导过系统安全项目的流程完善，对于此类咨询服务的基础知识本书会提供一些参考。读者可结合本书的内容进行具体实践。

如果您是企业高管，则需要确保拥有一流的汽车安全组织，以支持企业销售产品的开发和制造，而安全组织可能因许多原因而分成不同部分。读者也可能是有类似需求的产品线主管，希望安全组织能够达到企业的目标。您可能是支持多个领域（包括安全）的工程支持团队的执行者，这些支持团队可能需要集成到企业中以提供广泛的支持。本书适用于以上所有情况，并讨论了不同选择的利弊。

如果您是项目管理人员，负责管理跨多个产品线的安全相关产品的发布，并关注建立一个在保持进度的同时集成关键系统安全里程碑的流程，那么本书将会为您提供相关信息。您可能负责包括安全性在内的工程开发，例如对于工程开发领域和系统安全流程领域的管理；您可能是一名项目经理，负责管理安全相关产品的开发和发布，并关注如何在实现发布计划的同时实现关键的安全关键节点；针对以上类型的读者，本书均提供了相关的信息。

　　写这本书的目的是为了分享关于系统安全的经验判断，这些判断的依据是在汽车安全相关标准制定之前，积累的对汽车量产项目中安全相关工作的审核和管理经验，可为后续标准制定提供支持。我的经验还包括成功开发和建立全球性的系统安全流程，其他背景经验包括硬件、软件和系统工程及实践，以及军用红外和雷达设计、航空电子和无线电通信。

约瑟夫·D. 米勒

目 录

第1章
消费者、整车企业及供应商对安全的期望 ///

　　所有商业贸易都是建立在消费者相信其期望可以满足的基础上，而这种信任都是基于商业道德规范。消费者期望物有所值，在这一点，全球汽车行业都是相同的。在某种程度上，对商业道德规范的信任也得到了监管方的支持，例如媒体报道和召回。消费者认为受到道德的对待是一种权利，而不是一种特权；消费者对产品性能、品牌和实用性也有所期望，其中，实用性的一部分就是可信赖性。

1.1　可信赖性

　　可信赖性包括质量、可靠性、安全性和隐私性。近年来，人们对可信赖性的期望也在不断提高。关注质量的出版物会公布汽车企业之间质量竞争的结果，车辆生产企业在营销活动中引用这些出版物公布的数据，目的是让消费者相信他们购买了高质量的汽车。消费者不能接受由于存在质量缺陷，购买两周后就要送回经销商的车辆。他们希望车辆具有更长的使用寿命和更少的维修次数。消费者会查看保修期限和保修范围，以此提高他们对未来潜在维护费用可控的信心。消费者会对不同车型的维护修理期进行比较，从而做出购买决定。

　　消费者在购买车辆时，希望车辆能够安全可靠地抵御网络攻击，不会因车辆系统受到黑客攻击而造成服务不可用。尽管成功的黑客攻击已在媒体上有所报道，但在车辆设计中还应具有充分的考虑以保护生命安全。

　　最重要的是对安全的期望。即使车辆中包含高级功能，消费者也希望不会有额外的风险——消费者希望受到伤害的风险与增加功能之前相同或更小。当消费者购买并操控汽车时，表示他们接受了基于当前技术水平的车辆运营风险。消费者可能没有意识到要接受当前技术水平存在的风险——他们在购买时甚至可能不知道当前技术水平下的风险是什么。

　　消费者对安全的期望是什么？如何确定存在的风险与购买时的技术水平相一致？

这取决于对安全的定义以及如何在汽车开发过程中使用该定义。有几种安全的定义可供参考。

安全意味着"无事故"。当然这是一种美好的愿望，期望消费者在没有事故风险的情况下自由驾驶车辆，特别是以理想的成本实现这种无事故的自由驾驶。显然，当前技术水平尚未发展到这一阶段。为了朝这个方向发展，汽车制造企业正在增加相应的便利功能，并且在他们的营销活动中重申了这种共同愿望。新闻媒体报道了在实现这一雄心勃勃的目标过程中所取得的进展和遇到的挫折。显然，这一目标还没有实现。尽管如此，消费者在购买车辆时，虽然知道他们可能会在驾驶车辆过程中发生事故甚至死亡，但他们还是会开车。他们通过自己的行动表示接受这种风险。

安全的另一个定义是"没有不可接受的风险"。该定义适用于任何情况或场景，无论是否与汽车行业相关。在这个定义中，安全不是绝对的，它引入了风险的概念。风险被定义为伤害发生的概率和伤害严重程度的组合。伤害指的是对人的损害，或者更广泛地说，是对人身或财产的损害。"可接受"在这种情况下是模棱两可的，因为它意味着有人认为某些风险是可接受的。

安全的类似定义还有"没有不合理的风险"。该定义也适用于车辆及非车辆相关的场景。同时，该定义也作为汽车功能安全标准 ISO 26262 中的定义。似乎有理由得出这样的结论，即如果消费者购买或驾驶汽车，则表明他们认可存在的风险是合理的。虽然消费者更希望这种风险根本不存在，而且不会发生任何汽车事故，但在考虑到驾驶带来好处的同时，他们认为风险是合理的。这是汽车功能安全标准 ISO 26262 的基础。

存在的风险绝不能违反社会的安全观念。这些安全观念可能会随着时间的推移而改变，消费者的期望也是如此。然而，安全观念并不是理想的。如果汽车制造企业发现车辆存在的问题可能违反这些规范，则会进行召回。由于目前各种事故（包括致命事故）的发生率与安全观念相关，研究人员基于此安全观念，为消费者定义了合理的风险。消费者在决定购车时，认为风险并非不合理。消费者并不期望该车会比其他已经上路的汽车给人们带来更大的风险。相反，消费者希望风险相同或更小，这取决于他们通过媒体或经销商收到的包含最新功能的信息。

1.2　消费者的期望

消费者可能会选择购买一辆具有高级驾驶辅助系统（ADAS）功能的汽车，这些功能并非所有路面上行驶的车辆都有。虽然这些先进的驾驶辅助功能适用于路上所有的车辆，但也没有足够的数据来确定这些功能不会给社会带来风险。这些功能或许会得到改善并进一步开发，但同时也可能会与其他可造成危害的汽车系统有更多的交互。现在，这些期望变得不那么明确了，因为这些期望不是基于车辆上先进系统的相互影响。

这种期望受广告、类似功能的新闻数据和个人体验的影响。关于无人驾驶的新闻已有很多，但消费者还没有广泛接触过实现无人驾驶的车辆。尽管如此，人们的期望仍受到媒体信息的影响。媒体对自动驾驶汽车的大量报道提高了人们对长距离的成功测试的期待，以及对公开报道的任何错误或事故的关注。这些信息可能会提高或降低人们对与自动驾驶功能类似的高级驾驶辅助功能的期望。自动驾驶车辆具有与紧急制动和车道保持辅助系统类似的制动和转向控制系统。媒体的报道或多或少澄清了对驾驶员责任和意识的期望，对驾驶自动化系统的期望以及辅助能力的限制。

然而，这样的宣传会提高消费者对可用的高级驾驶辅助系统性能的期望。对自动驾驶的成功、失败、改进和目标的宣传越多，消费者对其可用性的期望就越高。消费者对自动驾驶功能的可用期望可能会误导其对有限功能的理解。正是这种循环导致消费者期望的逐渐改变，以至于用户最后可能没有充分认识 ADAS 功能的细微限制。

例如，用户最初可能对自适应巡航功能有很高的期望，希望系统可以在所有情况下执行如人类驾驶员一样的操作。早期的跟车自动制动经验更加验证了这一点。渐渐地，这种经验使驾驶员不再把脚保持在制动踏板上：驾驶员仅做观察但不干预，随后开始建立信心。然后，驾驶员误以为雷达巡航控制系统会对未被跟踪且停在交通信号灯前的车辆进行识别并做出判断，因为这与人类驾驶员的行为是一致的。然而，ADAS 没有响应，因为它忽略了视野中没有被跟踪的静态物体，比如桥梁和树木。这是系统的技术限制，但符合设计要求。消费者的错误期望没有得到满足，使得他们对产品的看法变得不那么乐观。

消费者的期望与对 ADAS 功能所要求的能力不一致。此外，该系统有时会在前车减速然后变道时错误地制动。因为该系统会认为前面的车辆似乎消失了，与系统突遇停止车辆一致。消费者的信心也因此进一步下降。

消费者的体验还在继续，他们会有更成功的跟随、加速和换道时的恰当行为。在这些场景中，ADAS 的反应方式与人类预期的反应方式非常相似。消费者的期望正在逐渐适应并进行调整。当超过 ADAS 的限制时，使用者准备进行干预，但当系统能够成功处理情况时，使用者不进行干预。总体而言，消费者并不觉得这种风险是不合理的。ADAS 并不是一个自动的驾驶员，也不会像人类驾驶员那样处理所有的情况。无论如何，ADAS 功能很不错，也似乎是安全的。

除非消费者相信某款车满足了他们对安全的期望，否则不会购买。这种信心可能受到公众宣传、公开报道的车辆性能评比及口碑的影响。显然，消费者对安全的期望对汽车行业至关重要，因为潜在客户对安全的担忧会严重制约汽车的销售。投入大量资源不仅是为了影响这些期望，更重要的是为了满足这些期望。

汽车制造企业投入大量资源来提升量产车的碰撞安全性，并花费大量资源来推广他们在防碰撞方面所取得的进展。资源主要用于被动安全系统的改进，从而在事故中保护乘客和行人。这些资源由原始设备制造商（OEM，又称主机厂）及其供应商部署，不仅包括为研发工程师提供的资源，还包括用于工程质量、安全管理和安全流程执行的资源。每家企业都有自己的流程和资源来确保产品安全，它们可以共享和协调资源，共同开发与安全相关的系统。在独立开发和联合开发中，必须有效管理安全资源。安全组织的有效管理将在第 2 章中讨论，其中评估标准和可替代组织将被 OEM 和供应商均衡考虑。OEM 和供应商都有定义安全的要求，并且必须遵守这些安全要求。监管机构和消费者都期望如此——这些期望必须得到满足。

1.3　整车企业的期望

对整车企业的安全期望不只考虑车辆不会把消费者置于不合理的风险之中，这只是车辆安全的最低要求。满足这一最低要求的证据对于认可整车企业为此做出的努力提供了支持。整车企业承担这种期望的责任，寻求通过进一步降低对消费者的风险来划分市场上的汽车，整车企业通过提供额外的资源来持续改进车辆安全相关内容的性能来努力实现这一目标。这是一项耗费资源和具有挑战性的任务，可以进行研究，以确定能够最好地部署资源的机会领域；将现实的目标作为企业未来的能力建设和提升的方向；这些目标可以被用来衍生出产品开发在指定时间内所需达到的特定目标。这就能对开发进行规划和资源分配，同时考虑特定时间和企业所使用的流程，以确保安全要求，从而实现合规。

第三方机构通过检测车辆的碰撞安全性以及各种 ADAS 的性能来独立评估车辆的安全性。碰撞安全性是通过特定的测试来评估的，以确定在可重复的条件下设计所能达到的安全阈值，以及之前确定的潜在危害是否存在（如确保婴儿在汽车座椅中的安全）。ADAS 所评估的功能包括车辆前进和后退时的紧急制动。

整车企业为车辆设计制定需求，指定车辆要包括的功能，并确定这些功能的需求。系统安全在确定这些需求中起着重要作用。例如，可以确定的是，为了改善与安全相关的功能，车辆将包含可以检测到正在接近车辆前部的行人，并自动停止车辆以避免与行人相撞这一安全功能。在功能层级上的需求包括行人接近时车辆将停车的场景、行人接近时车辆将不停车的场景，以及在故障情况下的降级策略。这些需求可以由整车企业与供应商共同开发，也可以由供应商自己开发。与巡航控制系统或驾驶员的请求相比，根据该功能提出的车辆请求的优先级仲裁由整车企业与供应商解决。功能集成可由整车企业或委托给有"一站式解决"能力的供应商执行。该供应商可以提供多个安全相关系统，或有能力提供其他安全相关系统，并可以利用这些详细的领域知识来确定安全策略以供仲裁。这样的策略可能需要确认，如 ISO/PAS 21448 中所述。然后整车企业支持需求计划，并承担最终的责任。

整车企业寻求这些任务完成并确保安全的证据，例如安全档案。这一证据包括为完成任务所采用的过程已满足相关标准的证据。需要有证据来证明已经进行了充分的分析，从而使人们相信，因为通过安全分析系统地推导出了需求，所以需求是完整的。整车企业还期望车辆满足适用于包括系统性能的法规。例如，如果车辆包含电子稳定控制系统，则必须满足每个有关电子稳定性控制系统的规定，可能还需要满足有关 ADAS 的规定。满足整车企业的安全期望有助于确保满足消费者的安全期望。

消费者可能不知道为引出和验证安全要求而采用的系统方法，他们可能也没有意识到为了证明符合适用的规定而进行的测试（尽管有些测试可能会在广告中出现）。然而，这些系统化的方法有助于确保只有安全的、无故障的系统才会向公众发布。成功地达到这些安全期望可以通过完全确定安全要求并完全遵守它们来实现。必须满足整个车辆生命周期的要求：概念阶段、设计阶段和验证阶段，以及生产、运行、服务、报废中的安全。安全生命周期将在第 6 章讨论，它可以为每个项目量身定制，并且范围可能会发生改变。

1.4　供应商的期望

一级供应商（直接向整车企业提供系统的供应商）希望提供满足整车企业期望的系统，前提是如果整车企业符合这些系统设计需求的基本假设。例如，一级供应商可能会假设整车企业将自适应巡航控制系统的制动指令限制在制动或驱动管理系统的安全水平。一级供应商还可能假设整车企业检查消息传输错误并采取安全措施。这些假设是必要的，因为一级供应商必须预测未来整车企业的期望来开发他们的技术。供应商开发这种先进技术所需要的时间，可能比整车企业为在某个特定时间上市一款车所允许的时间要长得多。一级供应商的计划必须考虑到开发这套系统的基线技术所需的前置时间。

例如，雷达巡航控制系统供应商必须开发必要的产品技术，然后供应商才能为整车企业提供车辆发布计划。用于频带和视场的天线技术需要更长的开发时间。对雷达传输进行编码以支持特定的探测目标也需要基本的开发以适应生产意图的概念。供应商必须进行安全分析，以确定安全要求，并提供符合这些要求的证据。某些要求的遵从性假设是基于整车企业的假设，例如系统指示内部故障时的车辆行为、安装校准和无遮挡视野。整车企业必须确认这些假设，或者在采购之前，需要就同等的假设和措施达成一致。例如，由另一个一级供应商对错误系统的外部检测可能由整车企业管理。供应商的这些假设若要成为整车企业的要求，则整车企业的安全档案需要验证该证据，并将这一证据追溯到供应商的假设，并期望这些要求被遵守。

标准（如 ISO 26262）支持了供应商和整车企业的进一步期望。该标准对支持安全相关系统联合开发的供应商和客户的角色提出了需求。在联合开发中的共享安全分析、由此产生的安全相关需求以及其他工作成果被明确。整车企业和供应商在创建标准时的协作有助于审查标准，并支持与标准范围相关需求的完整性。国际上来自许多国家的整车企业与一级、二级供应商一起参与决定了这些要求。就 ISO 26262 而言，其范围仅限于道路车辆的功能安全。

功能安全是指与功能故障相关的系统安全。功能安全与系统安全的区别将在第3章中讨论。然而，这些标准旨在为整车企业和供应商提供一种通用的语言和参考框架。这个参考框架包括符合标准需求的证据，例如工作成果。ISO 26262 规定整车企业和供应商应有开发接口协议（DIA），以安排有关功能安全的工作和信息交换。DIA 是客户期望内容的框架，它也将构建系统安全需求并影响双方 DIA 的期望。汽车系统安全的预期流程如图 1-1 所示。

图 1-1 说明了很容易被忽略的关键安全考量。消费者对新车的期望是顶层中心和最高优先级。只有当整车企业和供应商充分满足了这些期望，消费者才会购买车辆时，这些提高车辆安全性的期望才会促进该领域车辆的安全性。因此，实地车辆信息以及宣传的影响是这些期望的逻辑驱动。广告常常展示新的主动安全功能的优点，例如，由于先进的安全系统采取了行动，事故得以避免。另一方面，新闻可能会报道自动系统在特定情况下的故障，以及由于安全系统的进步，事故的总体减少程度。

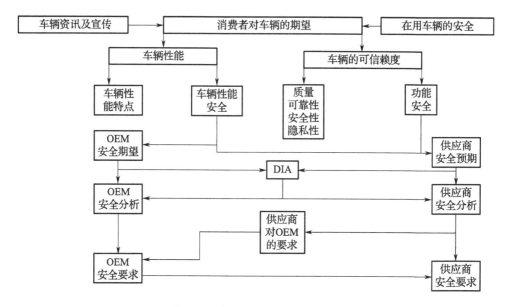

图 1-1　汽车系统安全的预期流程

图 1-1 显示消费者的期望包含了对车辆性能和功能安全的输入。通过消费者购买某个汽车制造企业的高级系统而不是另一个汽车制造商的高级系统的选择，汽车制造企业和供应商可以知道这些期望。发布的关于可靠性、隐私、安全性以及质量的信息也会影响消费者的购买偏好。这些首选项是形成汽车制造企业和供应商期望实现目标的基本输入。这个输入包含在一级供应商和汽车制造企业之间的协作中。供应商根据他们满足消费者需求的能力来竞争，从而区分他们所供应的系统功能。

消费者对汽车制造企业反馈发现的缺陷也会被一级供应商获取，并用于指导后续系统的改进。这促进了汽车制造企业和供应商之间的协作。为了使这种合作符合车辆与现场车辆一样安全的期望，必须考虑为实现现场车辆的安全提供指导的标准。图 1-1 显示了 ISO 26262 中引用的 DIA。它为供应商的选择以及每个协作方所扮演的角色提供了指导。所有相关成员都努力满足需求、满足消费者的期望。

那么，哪些关键方面可能会被人们忽视呢？

结合车辆新闻和宣传，调整消费者对车辆功能的期望。性能和可用性的限制：例如，系统的可用性可能是有限的，或者在恶劣的天气下可能会自动关闭；在高速弯道或急转弯时，系统性能可能不足以维持车辆在车道上的位置。

确定与车辆性能相关的现场数据，确保安全性不逊于现场。事故数据是此类信息的来源之一，可以从美国高速公路安全管理局（NHTSA）、国家汽车抽样系统（NASS）、通用评估系统（GES）获得。这些数据可以用来确定某些事故的风险和现场伤害的严重程度。

在 DIA 或同等文件中也包括预期功能安全（SOTIF）。SOTIF 不在 ISO 26262 的范围内，可参考 ISO/PAS 21448。根据 ISO/PAS 21448，可以导出任务并分配给相关方，以建立并实现预期功能安全目标。这些目标可能包括确定传感器的限制，以及建立和执行基于模型和车辆的验证确认策略。

由汽车制造商和供应商共同进行系统安全分析，例如架构和软件安全分析，并共享假定的需求。这些分析可能包括故障期间的探测和性能。分析可能包括系统架构和软件架构的危害与可操作性分析（HAZOP），以便各方能够系统地就失效降级策略达成一致，通过分析可以得出系统改进的方向。

这些都是重要的考虑，因为它们关系到安全需求。考虑这些点，意味着对保护消费者和公共道路其他使用者的努力。

这些需求都来自消费者的期望，但很容易被忽略，因为它们似乎有着各自独立的来源。客户期望、事故数据库、独立标准和系统安全分析似乎是无关的。例如，工程师可能会看到客户的需求，并假设它们是完整的。客户的要求很宽泛，涵盖了性能要求、产品概念，也许还包括一些具体设计的细节。验证需求和确认需求也被提及。从系统软件架构分析中提取需求并不需要满足这些广泛的客户需求。然而，为了符合社会规范，需要对该领域的制度进行这种分析，以避免不合理的风险。该领域的类似系统可能已经执行了这样的系统分析，以增加需求完成的信心。这样的分析表明为确保符合要求而采取行动是一个合理的期望。需求获取与管理将在第 8 章中讨论。

工程师设计失效安全机制是出于安全系统的设计，而不是系统分析的结果。最初的系统概念可能本身就包括被认为适当的安全机制。这些安全机制处于不同的级别，提供了冗余保护。良好的工程设计决策得以运用，但不是在前文所描述的预期上进行的。很难表明所有必要的安全机制都包括在设计内：经验可能是这一判断的基础，而不是系统的分析，而且这些措施可能有合理的推理。正如注入了故障，证明了安全机制的正确执行，并且该安全机制的验证可追溯至安全机制的需求。然而，图 1-1 中显示的完整性的证据依然是缺失的。很难以较高的信心来支持没有缺失需求的判断。这种完整性的信心来自结构化的需求获得方法，而不仅仅是判断。系统性的安全分析是执行这一推导的公认方法——这是系统安全的一个关键考量。

第 2 章
安全组织 ///

2.1 系统安全组织的必要性

要满足消费者对汽车产品系统安全的期望，就需要尽力确保消费者购买产品后不会出现不合理的风险。在产品的整个生命周期内，不得对消费者或其他使用或接触产品的人造成不合理的风险。产品的预期用途和可预见的误用不得造成不合理的风险，也不得因产品失效而对消费者或其他人造成不合理的风险。整车制造企业和供应商的整个产品组织必须始终坚持这种努力。消费者希望所有参与产品开发、制造、交付和维修的人员都能尽最大努力确保他们及家人的安全。这包括工程开发和运营方面（包括支持职能）的行政管理和职能管理。

图 1-1 显示了为了达到安全期望所必须完成的工作。如第 1 章所述，这些期望容易被忽视。大量的工程和运营人员参与了汽车产品的发布，所有这些人员都需要勤勉尽责，以满足客户对安全的期望。考虑到发布道路车辆所需的大量资源消耗，以及开发和发布每个车辆系统所消耗的资源，对安全采用系统性的方法是适当的。要在整个企业中部署这种系统性方法，是需要技术支持的，也需要流程管理的资源。

考虑某一家安全系统的全球一级供应商，该供应商提供高级驾驶辅助系统、制动系统、转向系统和被动约束系统以及具有安全要求的其他产品。这样的供应商在世界各地有多个工程开发中心，这些开发中心可以支持与本地和区域性汽车制造企业以及在该区域具有本地开发中心的全球汽车制造企业的协作。

各开发中心之间以及每个开发中心内的多个工程组织之间会存在文化差异。文化差异可能是由于日常生活和社会交往中的不同语言和行为，以及商业实践中的差异造成的。客户期望由客户以比较正式或不太正式的方式从一个技术中心传达到另一个技术中心。在整个发布周期内，车辆发布的计划以及内容可能是早期提前规划好的，也可能会在发布过程中临时修改。

技术中心的工程组织可以按照工程专业进行组织，如软件工程、电气硬件工程、机械工程和系统工程；也可以按产品功能进行组织，如应用工程或独立于特定应用的先期产品开发。应用工程和先期产品开发工程也可以按工程学科组织。通常会有一个工程质量组织检查项目样本，以确定流程步骤是否按时执行。在工程质量部的支持下，每个项目都可以按照统一的全球质量标准过程开发，以确保符合工程质量标准，并使企业的全球工程过程标准化。

每个工程专业都有特殊的设计和分析能力。系统工程为系统、硬件和软件提供了概念和上层需求。软件工程为软件架构、软件模块和软件单元导出软件需求。硬件工程开发电路等方面的需求和设计。然而，这些工程专业都不是系统安全。安全需求的开发和推导不在系统、硬件和软件工程师的特定领域内。安全流程的建立和执行也不包括在工程质量领域内。如何管理系统安全任务？这些安全任务又是如何充分地执行的？

许多汽车零部件供应商和汽车制造企业都有安全组织。建立、支持和执行安全流程的必要性在整个汽车行业中已被普遍接受。这超出了各国法规或安全系统法规中的性能要求。这些安全组织可以分为产品安全组织和功能安全组织，也可以合并为系统安全组织。

这些方法的差异在某种程度上是区域性的。在美国，常见的情况是系统安全组织包括系统在发生失效时的安全，并且也考虑在没有任何失效的情况下系统预期功能的安全。例如，当自动紧急制动系统在其定义的范围内运行时，系统安全组织要考虑在错误检测到物体的情况下自动紧急制动系统的安全性。在德国，预期功能安全由产品安全组织负责，系统失效时的安全由功能安全组织负责。第3章将讨论汽车应用中的系统安全与功能安全。

2.2　安全组织的职能

这些安全组织在整个安全生命周期内支持系统安全的达成。此生命周期包括概念阶段，即建立产品的总体功能概念并分析潜在危害的阶段，设计阶段、验证阶段、生产发布、使用、维修和报废。活动包括以下方面：

1）确定或推荐供应商或汽车制造企业的全球安全政策。此类安全政策指导企业关于安全的总体目标，并作为流程文档责任的参考文件，或该政策可能包括安全相关任务的具体责任。

2）开发和维护系统安全流程。安全流程将详细说明具体的安全相关任务、这些任务的执行管理以及执行、评估和审核责任。

3）对系统、硬件和软件进行系统性分析。这些系统性分析大多都是以 HAZOP 的形式进行的，例如系统功能的危害分析和风险评估。其他分析包括软件的架构分析、硬件的失效模式与影响分析（FMEA）及单点故障分析。

4）为实现系统、硬件和软件工程师，以及管理、运营和支持职能在达成系统安全方面的作用，需要开展对这些职能的培训。该培训可包括基本在线流程培训、各工程领域的专业培训、运营培训（包括与外部审核员互动的背景）、总体优先事项、管理层的期望、如何向管理层报告这些期望的实现情况，以及所需执行的行动。

5）评估工作成果。这包括评估每个潜在工作成果需要多大程度的独立性、执行这些评估哪些工具是可用的、作者和评估者之间的沟通、可能需要多长时间、评估内容应该包含什么、评估的发现项需要采取的行动、评估结果的存储、文件的发布，以及可能与客户或外部方共享的内容。

6）项目审核和报告。这包括由指定审核员对所有项目进行定期审核、采取行动并跟进所有行动、报告审核结果、尚未采取的行动，以及向高级管理层提出的任何紧急解决方案。

为了有效地执行这些活动，需要建立安全组织并配备相关人员。这些员工必须具备执行上述各项活动所需的技能。评估和审核需要由独立于产品发布组织的人员执行。安全分析需要由具备相关领域知识并与发布机构相关联的个人执行。

只要在评估和审核方面保持必要的独立性，该组织可以位于汽车零部件供应商或汽车制造企业组织架构的任何地方。从事其他活动（如培训和绩效分析）的工作人员也可以是独立的，但不是必需的。然而，安全组织的组织方式及其定位也各有利弊。有一些关键的成功因素需要考虑，下面将讨论这些因素。

2.3　组织成功的关键准则

系统安全组织需要考虑五个关键的成功因素：

1）组织必须有执行安全任务的人才。

2）系统安全必须集成到产品工程中。

3）安全人员必须有一条职业发展通道，让他们继续担任安全角色。

4）安全流程必须由项目管理部负责，这样才能对任务进行计划、资源分配和执行。

5）需要有一个定期的执行评审的节点计划，以确保流程得到遵守。

不幸的是，除非满足所有五个关键成功因素，否则系统安全组织将失败。尽管没有达成这些关键成功因素，在一个企业内仍有可能对安全进行组织；尽管未考虑安全相关产品的系统安全，依旧可以执行产品开发和发布，但这是安全组织的失败，企业本身也可能失败。

2.3.1 执行安全任务的人才

未能得到并留住执行安全任务所需的人才可能导致分析缺失、误导、不完整或错误。文档本身的编写方式可能导致所需的行动不明确。这些文档可能模棱两可，并对安全档案产生不利影响，因为它们无法清楚地阐述发现了什么问题、如何解决这些问题以及解决方案的正确状态。因此，在问题关闭时，可能采取了行动但是没有文档记录。如果没有发现这一点，则可能由于正在开发的汽车产品的安全要求缺失或错误而产生不合理的风险。如果发现错误，则系统安全组织将失去可信度，在汽车制造企业或汽车零部件供应商中变得不那么有效。安全组织本身可能被视为企业应当避免的潜在负担。不管怎样，所需的信任都会丧失，组织也会失败。

2.3.2 集成到产品工程

系统安全也需要成为产品工程的一个组成部分。理想情况下，系统安全专家应与产品工程部门共同工作，并参与所有沟通。产品设计和功能的变更以及细微差别应在所有安全分析中得到深入理解和考虑。如果系统安全组织独立于产品工程执行任务，则分析的基础可能存在缺陷。失效的实际影响可能会被误解。在评估预期功能安全时，可能无法准确地考虑规定的性能；它可能基于与产品工程概念不一致的产品设计假设。由于安全分析人员与所支持的产品工程人员的这种独立性，以及由此产生的无效沟通，这些误解可能无法得到解决。

前面概述的要求可能有缺陷，不是因为不称职，而是因为与设计人员沟通不畅。即使假设是正确的，安全机制和措施的实施也可能无法得到确认。安全专家可能没有途径来考虑验证的方法和缺失的验证。验证可能成功地显示了符合性，也可能没有成功地显示符合性。

2.3.3 安全从业者的职业发展通道

在世界各地，系统安全专业人员不仅对履行自己的职责有兴趣，而且对自己的职业发展也有兴趣。他们可能不满足于无限期地担任一个角色而没有机会扩大他们的技术专长或承担新的责任。为了留住具有汽车制造企业或汽车零部件供应商产品所需才能的安全专业人员，安全组织必须考虑到专业人员的职业发展愿望。随着经验和产品知识的积累，组织中每个安全专家的价值迅速增长。这些安全专家的经验和产品知识增强了企业的实力，这些经验和产品知识也可以分享给初级安全人员以及负责开发或运营任务的非安全人员。

如果要提高系统安全技能，应该在安全组织中建立职业发展通道。在安全组织中可以进行持续的指导，使用此策略可以在企业内确保工作的连续性。如果提供了职业发展通道，但不在系统安全组织内，那么具有很大潜力的安全专业人员将离开系统安全岗位，从事安全之外的职业。然后，安全就成为候选人获得并可能用于下一个工作的背景知识。在组织上，这导致了执行、审核和评估任务所需人才的持续缺口，可能对公众造成不合理的风险。对安全组织或企业来说，这不是一个可持续的环境。

类似地，如果没有职业发展通道，安全专业人员可能会在一个竞争对手处寻求系统安全的职业发展。然后，这家企业就成了安全专家离开并发展其职业生涯的训练场和垫脚石。系统安全组织的人员被竞争对手大量吸收后，竞争对手不仅能获得安全专家的系统安全知识，还能获得有关所离开组织优缺点的信息。这些将系统性地削弱安全专家离开的组织，将导致那个组织的失败。

2.3.4　项目管理中具有的安全流程

在没有按计划正确执行所有系统安全任务的情况下，是有可能发布汽车产品的。优先次序可能会鼓励发布小组推迟安全任务，以满足项目中的其他早期关键节点项目。完成早期安全活动的资源可能会被分配给其他任务，以满足与客户商定的关键节点。随着项目的增加，由于资源整体短缺，已分配给其他任务的相同资源可能会被再度分配给安全活动，而不执行安全任务可能不会从物理上阻止产品的开发和制造。例如，如果危害分析和风险评估没有完成，概念样件仍然可以生产并交付给客户。

安全任务现在被认为是这个行业的标准。汽车制造企业期望安全生命周期每个阶段的基本安全活动在适当的阶段按时完成。消费者希望在产品出售前完成正常的安全任务，否则可能会导致不合理的风险。例如，未能使用危害和风险分析来识别所有潜在危害，可能导致无法识别避免或减轻该危害的要求。

要确保正常的安全任务能按时完成，需要在生产前项目启动时对其进行计划、资源分配和执行。这必须以足够的优先级来完成，以便资源不会由于优先级冲突而再度分配。因此，必须通过将安全任务与项目管理所负责的其他任务一起统筹来确保安全活动得到规划。

企业要成功发布产品，必须有一个成功管理项目的组织。这意味着优先级得到维护、执行得到监控和保证。即使任务不在项目管理所负责的任务中，也可以执行这些任务，但可能无法确保资源分配。优先级冲突可能会导致由于紧急需要而转移资源。或者，如果该项目包含需要资源的其他任务，这些任务由项目管理层负责并包含在已批准的计划中，并且安全任务未包含在计划中，则可能会发生资源冲突。这会与安全发生冲突，因为对安全资源的需求不会得到批准。安全活动可能从一个关键节点持续推迟到下一个关键节点：项目在没有执行安全任务的情况下，从一个关键节点推到另一个关键节点，安全组织缺乏所需的资源，最终导致安全组织的失败。

2.3.5　执行评审

由于在没有按计划正确执行所有系统安全任务的情况下发布汽车产品是可能的，那么将它们纳入项目计划的动机是什么？当资源被提高到特定的等级时，这些安全活动可能会引起与稀缺资源的冲突，特别是在项目早期阶段。对安全组织的培训也会产生职业道德的驱动：工程师和经理不想为生产不安全的产品负责。安全培训强化了确保产品安全所需的活动和资源。如果工程流程包括这些活动，则工程可以请求所需的资源，并通过适当的渠道传达此请求，以便将所需的资源部署到项目中。

每个组织都必须有一个提出这些请求的流程，以便计划对所有项目进行资源的获取和部署。但是，当冲突发生时，以及当在没有执行所有安全活动的情况下实际可以交付产品时，如何影响参与者执行这些任务的行为？例如，假设安全专家需要与系统工程师和硬件工程师协作，以确定满足硬件安全指标所需的安全机制。如果系统工程师和硬件工程师的其他任务被给予更高的优先级，那么这些所需的安全机制可能会被延迟甚至略过。

通过提高企业内按时执行这些任务的可见性和重要性，应提高安全相关任务的优先级。按时执行安全活动可以成为公司管理人员成功的一个标准，这样项目管理就有权分配必要的安全资源，以成功实现包括安全任务在内的产品发布。然后，负责项目执行的人员将被鼓励支持项目管理提出的有关安全相关活动资源配置的请求，因为执行这些任务可以支持公司管理人员的个人成功。那些未计划安全相关活动、未提供资源或不能确保其按时完成的项目管理是不被接受的。

为确保可接受的绩效，当评审项目时间和状态时，项目管理可以提高安全相关任务的优先级。不允许延迟或阻止安全相关任务的执行，并且对该职位的行政支持应是显而易见的。

即使未执行安全任务不能从物理上阻止产品发布，但可以通过定期的高级管理人员评审来实现这一点。该评审对项目团队和管理层来说是显而易见的，因此他们将致力于成功通过这次评审。评审包括对每个项目安全流程的执行。在一个大的组织中，对这一范围的评审必须尽可能有效：评审应当是高级别的，而且应当简单明确，以便执行人员能迅速达成理解。

可以通过安全指标来促进安全评审。许多年来，质量组织成功地采用了度量的方法，以显示产品质量、内部制造质量以及基于工程组织的标准化成熟度模型的成熟度。安全指标可衡量成功通过安全评估的安全任务执行的及时性。安全政策和安全流程可以确定何时完成这些任务，并由此确定哪些工作产出物需要接受评估，并且该流程可以从每个项目获取数据。通过或不通过的截止日期以及标准必须明确，并且没有争议，以便最后有效地完成。最后对每个项目的这些度量进行总结。通过将这些度量与项目关键节点相结合，可以衡量每个项目的安全流程执行状态。

具有良好的状态可以成为每个项目团队和项目经理的目标和动力。然后，项目状态被合并到总体度量中。这种总体状态可以按产品和企业的每个业务单元或其他组织部门进行组织。这使得高级管理人员能够评估企业在安全方面的绩效，并将注意力集中在需要改进的部门。不符合目标状态的项目可由项目负责人和职能负责人（如项目管理和工程的主管）进一步审核。工程主管和项目管理主管将了解流程、项目状态和改进行动，以便他们能够有效地向高级管理人员介绍情况。

这些定期审核需要有足够的频率，以便在必要时采取行动，促进项目的改进。后续行动和新状态也可能包括在内。高级管理人员的行动集中在那些没有实现计划中改进的项目上。这一审核流程为高级管理者提供了一个通过按时执行安全任务而获得成功的机会，从而缓解了潜在的资源冲突。部门主管也通过支持与安全相关的活动并计划提供这种支持而共享成功。如果这些安全任务未包含在管理层审核中，则为所包含的任务提供资源可能会妨碍向安全组织分配足够的资源。如果管理层审核提供的优先级不利于安全活动，则可能会妨碍安全任务的执行，并且导致安全组织的失败。

从以上探讨中可以明显看出，如果不符合五个成功准则中的任何一个，几乎肯定会导致安全组织的失败，或者至少会降低成功率。此外，满足这些准则有助于汽车制造企业或汽车零部件供应商变得更有竞争力。培养或得到所需的系统安全人才将使安全相关汽车系统的竞争对手无法获得该人才。当组织被审核是否有足够的与安全相关产品的安全文化时，对将安全嵌入工程中也提供了有利的视角。有赖于与竞争对手相比有更好的职业发展通道，人才招聘可能会变得更加容易。在项目进度表中看到安全任务得以持续追踪可以增加信任和信心，即汽车制造企业或零部件供应商在安全方面是勤勉尽责的，并对业务产生有利影响。管理层审核安全流程的视角也可能产生类似的效果。此外，当这些度量足够有利时，汽车零部件供应商可以利用它们来寻找业务。做到以上五点，汽车制造企业或汽车零部件供应商的形象会得到改善，安全组织将取得成功。

2.4　安全流程的支柱

识别出汽车产品发布所需的系统安全任务（识别单个汽车产品应用的任务是系统安全的任务之一），并将其分配给在产品生命周期的不同阶段要实现的各个产品功能。在概念阶段有一些任务要执行，比如危害和风险分析；其他任务在设计阶段执行，比如硬件安全指标。所有的要求都需要验证。必须确认已达到安全目标，并确认预期功能的安全，还必须保证这些任务正确、及时地执行。例如，如果危害和风险评估在设计开始之前没有完成，或者完成不正确，则可能会妨碍设计考虑安全目标的达成。硬件安全指标可能没有考虑所有的安全目标或识别所需的安全机制。

安全任务及其正确、及时执行的保证形成了安全流程。所有与安全相关的流程搭建任务，都包含在安全流程中。评估这些任务是否被正确执行的方法也包括在安全流程中，报告其完成情况和定期审核安全流程本身执行情况的方法也包括在安全流程中。安全流程旨在确保在产品生命周期中认真考虑安全问题。

该流程创造了这种勤勉尽责的证据，比如工作成果。工作成果是提供符合流程要求证明的工作产出物。工作成果可以包括安全标准中工作成果的内容。安全档案是一份证据汇编，这些证据证明已经提出了安全要求并且勤勉尽责地符合这些安全要求。证据是安全档案所必需的。没有证据，就没有安全档案。

这一保证要求对流程进行审核并对任务进行评估。流程审核确保流程得到正确地遵循，并在遵循流程的情况下，支持特定项目解决任何问题。对任务进行评估，确保任务准确、完整地完成，并且不会影响产品安全或造成安全档案的遗漏或错误，从而有勤勉尽责的证据。前面的讨论涉及组织完成此流程所需的成功因素。这五个成功因素中的每一个对于在企业中建立一个成功的、健全的安全流程都是至关重要的，组织必须支持实现这五个成功因素。

这个流程需要一些独立的活动组作为其基础。系统安全组织及其与组织的集成使这些独立的活动组得以创建，这里称为支柱。下面讨论这些支柱。

系统安全流程有以下三个支柱。

1) 安全政策的确定。这建立了实现系统安全流程的框架。如前所述，它可能有些笼统，设置企业的每个业务单元必须遵守其安全流程的要求；或者它可以更具体，特别是当企业在产品供应方面受到更多限制时，可以指定由哪些职能部门负责执行支持安全流程的特定活动。无论流程的细化程度如何，有关安全的政策都指明了应遵循安全流程。

2) 安全流程的审核和评估。这些职能构成了第二个支柱，并且彼此区别。评估是对流程工作成果进行评估，以独立地确定其可接受性。当在一个企业中创建数以千计的工作成果时，需要根据企业制定的准则对每个工作成果进行公正的评估，以保持对系统安全要求遵守程度的一致性。这些标准由审核和评估职能部门确定。然后，审核职能部门定期评审每个项目执行流程的情况。

3) 执行安全流程中的任务。在每个项目中，与产品发布相关的人员也负责执行与安全相关的活动。这些人员可能包括一名或多名安全专家，以支持项目团队执行此项工作。该项目组独立于审核和评估人员以及安全政策人员。审核和评估人员也以独立的视角支持项目人员。

这些支柱通常是独立的。制定政策、评估对政策的遵守情况以及执行政策都是应该在不对彼此产生不当影响的情况下进行的活动。ISO 26262 要求执行第二支柱的人员独立于执行第三支柱任务相关的产品发布机构。根据实现安全目标所需的严格程度，需要不同程度的独立性。在安全流程的实践中，要求项目组在发布产品的最后期限内，不得对安全评估和审核人员施加影响。

第一个支柱也独立的情况并不少见，尽管这种独立性是通过审核和批准安全领域专家起草的政策来实现的。这个专家起草小组可以包括来自企业内各业务部门的安全专家，这有助于确保制度中所需的所有要素都包含在内，并且在企业的任何业务单元环境中不会误解任何要求。草案经所有的利益相关方审查后，提交审批，在政策小组审查之后，可能需要进行一些返工，这在公司政策中很常见。

图 2-1 反映了这些支柱之间的关系。为系统安全而批准的政策由指定批准此类政策的企业政策组发布。这是一个常规的公司政策小组或一个专门的小组，可以访问相关领域，如法律顾问，从而为产品发布提供充分的信心。

图 2-1 所示的关系不是一个汇报结构。审核和评估职能部门无须向政策发布职能部门汇报，执行政策和流程所需的人员无须向审核和评估职能部门汇报。本章稍后将讨论潜在的组织架构以及替代架构的潜在优缺点，这些组织架构将实现如图 2-1 所示的关系。

图2-1所示的关系是职能方面的关系。政策小组的职能是为审核和评估小组提供安全制度保障，审核和评估小组的职能是向负责执行安全流程和政策的项目人员提供评估和审核支持。拥有这些支柱的目的是在汽车制造企业或汽车零部件供应商内部实现对系统安全活动的充分管理。这些支柱使企业能够系统地制定一项安全制度，强制实施，并在整个企业范围内始终按照政策应用安全流程。这种管理是为了确保在系统安全方面的勤勉尽责，并确保用于实现产品系统安全实践的一致性，以便向公众发布。在汽车工业中，企业内部安全实践的管理至关重要。不一致可能会对安全档案产生不利影响，应予以避免。

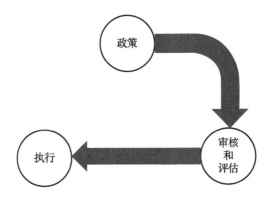

图2-1　安全流程的支柱

下面以一个具有全球布局的大型汽车安全零部件供应商为例。众多的制造设施都放置于为汽车制造企业客户提供高效服务的位置，这能降低汽车制造企业制造需求的库存要求和产品排序要求。该供应商还在不同国家设有多个开发中心，为本地和全球汽车制造企业客户提供同一系列产品。本地汽车制造企业客户有更多的动态需求需要适应，而全球汽车制造企业对为不同全球市场开发的产品版本有多种要求。一些本地汽车制造企业客户有最小的或多种明确的系统安全要求。在整个开发和产品发布周期中，需求是不断变化的。功能在开始时被定义，然后随着项目的展开而变更，需要更新已执行的概念和设计安全活动。

本地汽车制造企业客户对价格极为敏感，只有最具竞争力的报价才能赢得采购竞争。这可能会产生一种动机——只满足汽车制造企业明确表达的那些安全要求，因为赢得由于变更或所需安全分析的返工所带来的价格优惠是极具挑战性的。同样，一些全球汽车制造企业给汽车零部件供应商的每个项目的系统安全要求是一致的、广泛的和明确的。遵循这些要求符合供应商的内部流程。合规性由汽车制造企业监控，供应商要满足这些要求。

第1章讨论了消费者在购买车辆时的期望，即使用所购买车辆的风险不大于市场上其他车辆的风险，无论什么项目，消费者的期望都是如此。对于满足基于单个项目的这一期望，不允许任何让步。如果不同汽车制造企业明确表达的系统安全要求不一致，那么供应商如何在前面的示例中满足这一期望？

每个汽车制造企业也需要满足消费者的期望，汽车制造企业期望供应商能支持其来满足这些期望。供应商不能直接对质一个汽车制造企业与另一个汽车制造企业的不同系统安全要求，因为保密协议对维护信任和继续赢得商业定点是非常必要的。每个汽车制造企业都有保密协议要求，这些要求被写入开发支持和量产产品的采购合同中，与另一个汽车制造企业共享信息会违反合同的该项条款。因此，必须找到另一种方法来解决这个问题。

系统安全的第一个支柱就是针对这种困境。基于供应商的管理，这是有可能实现的。汽车供应商在内部建立了一个系统安全政策，每一个项目都需要遵守该政策。图 2-1 所示的关系确保了此政策的一致应用：它们是为该目的而建立的。这种符合性的证据产生了一致的安全档案。系统安全流程提供了能给出这种证据的工作成果，并且对这些工作成果进行评估，以提供一致性。因为这是供应商的政策，而不是任何汽车制造企业的机密信息，所以这些信息可以与每个汽车制造企业共享。供应商的工作成果可能与特定汽车制造企业所需的工作成果不完全匹配；或者汽车制造企业的工作产出物和供应商的工作成果之间的内容可能重叠，尽管它们总体上可能是一致的。可以就个别特殊情况进行讨论，以满足汽车制造企业所需的附加要求。例如，汽车制造企业可能需要不同的工作成果格式或证据分组；不同类型的分析都需要解决，比如定量分析和定性分析。

当汽车零部件供应商的系统安全政策要求超过了汽车制造企业明确表达的系统安全要求时，汽车零部件供应商可以利用规模效率来进行竞争。如果只有一个汽车制造企业或只有几个汽车制造企业没有这些系统安全要求，那么如何实现规模效率？供应商将合规性构建到其基础平台中，采用重用或修改的平台以应对价格高度敏感的投标。与修改产品相比，一致地遵循供应商的流程可能会更有效地符合已经提出的安全要求。通过考虑可用产品平台和汽车制造企业指定的特定版本之间的差异影响，可以重用这些分析。对政策的更新可以确保系统安全要求符合消费者的期望。这些更新可以由安全人员起草并由政策小组批准。这提供了进一步的勤勉尽责证据。安全档案是一致的，政策是其支柱。

与任何政策一样，解释政策要求总是必要的。整个企业中的许多不同的安全专家将阅读并形成一个受其安全功能背景影响的解释。政策要求很宽泛，需要进行解释，以便规划并实现每个项目的合规性。所有必需的活动必须在每个项目进行计划、资源分配和执行。这一解释必须在整个企业中保持一致，以便政策得到一致遵守，并有一个一致的安全档案。

还是以前面讨论的汽车零部件供应商为例。这是一家全球一级供应商，拥有许多广泛分布的设施，这些设施都有助于实现所供应汽车产品的安全要求。不同国家的多个技术中心以多种产品为不同的客户提供服务。不同的地方语言，不同的地方文化，不同的地方管理机构和管理风格，导致客户的安全需求是不同的：他们对系统安全有不同的要求，或者是有不同的最低要求。

开发团队分成多个团队，以专注于特定的客户，而团队之间只需要最低限度的沟通。每个团队的主要关注点都是客户。他们根据与客户的互动来细致地理解和解释安全政策。

此外，技术中心以本地为中心，相互之间所需的沟通很少。与客户的项目在项目开始后不需要与其他技术中心的人员进行广泛的互动。全球平台的定制是在本地执行的，以便为客户提供更高的效率和响应能力。技术中心的管理者要求保持这种本地的关注度。本地管理层的一个可衡量的目标是提供这种响应能力，并获得后续业务和额外收益。如何确保政策解释的一致性？合规性如何保持一致？

虽然刚才描述的多样性支持严格的产品聚焦，但严格的政策解释也需要聚焦。向高级管理人员提交的报告（如安全指标）必须基于对政策的一致解释，以便这些管理人员准确地引导企业实现其安全目标。企业的每个项目团队都必须清晰地理解什么可以构成对政策的符合性。为此，政策语言需要在文化上保持中立，并且与每个业务单元中使用的术语保持一致。

这可以通过一组致力于在他们之间达成一致的政策解释的安全专家来实现。企业的每个业务单元都应该有代表。他们分享经验，并在每一次分享的经验中就安全政策的解释达成一致。这些专家得到其业务部门的支持，以便进行评审和讨论，以审查政策的一致性解释。

这个安全专家组安置在许多不同的技术中心。理想情况下，他们在每个技术中心的角色包括技术安全领导，以便他们能够形成所需的一致性解释。然而，他们是集中化领导的，独立于技术中心的发布机构，其关注于实现一致性。

集中化领导有助于在安全专家中保持对政策的一致解释。如果专家之间对企业安全政策的解释出现冲突，集中化领导将予以解决。为了巩固对政策解释和实践的理解，以帮助实现政策目标，集中化领导发布了有关政策解释的指南。专家组支持并赞同这一指南，以利于其部署工作。

有了这个一致的政策焦点，这些专家可以独立地评估系统安全任务和工作成果在每个项目和基础平台的使用。这种独立性满足了 ISO 26262 对独立评估的要求，并确保了解释的一致性，从而确保了企业安全指标的准确性。任何项目团队中的任何个人对任何安全要求的误解都可以在整个企业中得到独立和一致的解决。

可使用一致性指导文件，如检查清单，这些文件统一提供，不仅可供评估人员使用，也可供安全工作产出物的作者使用。评估人员和作者使用相同的评估指南有助于提高项目的评估效率和安全指标。

该中心小组还审核用于实现系统安全政策合规性流程中系统安全任务的执行情况。审核人员可以审核来自多个产品线或业务部门的项目。这不仅使审核人员能够对项目状态做出一致的判断，而且还可以传播解决问题的最佳实践，如果可能的话，还能从错误的事件中恢复。如果采用一致的审核方法，那么每个项目都会对审核过程中的预期有准确的期待，并且可以计划使审核尽可能高效。这样可以节省在审核和其他项目任务上花费的时间。在这样做的过程中，生成的文档可以被编译成用于管理层评审的指标。这些审核报告可以将项目状态与相关事件联系起来。影响项目团队的问题可以和其他发现项一起予以解决。报告中的结果将有助于为高级管理层评审做项目管理状态和行政管理状态的准备，从而确保对安全政策的一致解释。

确保消费者对安全的期望始终得到满足，需要的不仅是政策和独立的评估专家。有一致的解释和重要的政策，以及独立的安全专家来评审和报告合规性，是必要条件，但不是充分条件。公司在开发过程中花费了大量的精力来执行安全分析，得出系统安全要求，并遵守这些要求，以便推出具有当今业界安全级别的产品。自 2011 年以来发布的每一个与安全相关的系统都考虑了功能安全，可能还考虑了预期功能安全，在产品生命周期的每个阶段都进行了分析。

ISO 26262 有 130 个功能安全工作成果，汽车制造企业和一级供应商希望在标准发布之前就遵守这些工作成果提出的要求。许多人认为，这已经成为其发布后的技术现状。

现在，为了提高系统的安全性，还需要付出更多努力。为了正确开发高级驾驶辅助系统，已经在这方面开展了许多场地测试和现场试验。参考文献［9］为验证这些系统的各个方面提供了一些指导，并在一些系统投入现场之前就进行了考虑。在全球专家多年的努力下，ISO/PAS 21448 中对部分实践进行了标准化，参与者提供他们已经作为标准化方法候选项的实践。因此，参考文献［4］中正在标准化的许多方法和措施已经部署在已发布的车辆上，并且可以合理地预期，无论标准是否发布，消费者都会在未来的发布车辆上利用这些方法和措施。

所有这些都意味着，需要付出巨大的努力来满足消费者对尚未推出的产品的期望，即执行至少与已在现场使用的汽车产品相同的系统安全任务。消费者在购买车辆时不会容忍承担额外风险，如果造成该风险，他们认为这是因为生产安全相关汽车产品的企业没有规划任务、部署资源或管理项目，以在规定的事件节点前完成预期活动。虽然这可能不是一种有意识的期望，但消费者并不期望承担由于制造企业未能成功执行安全流程所需的任务而造成的风险。这些系统安全任务涉及安全专家以及其他参与汽车产品开发和产业化的人员的活动。系统分析和规范由系统工程师提供，软件安全分析由软件工程师提供，硬件安全分析由硬件工程师提供。项目管理必须监督安全流程所需的任务，可能由安全经理协助。为了保证充分性，这需要系统地进行，整个企业都要参与其中。

考虑如何在汽车产品从启动到终止的一系列任务中实现安全性。当市场特性确定时，汽车产品的安全活动启动在报价需求（RFQ）之前开始。这些市场特性导致采购能够提供这些特性的系统。在准备 RFQ 的过程中，汽车制造企业确定需要供应商提供的安全注意事项，以确保所提供的产品满足消费者的期望。其中包括对功能本身的期望及其可接受的限制，以及当出现系统故障时，以避免将消费者或公众置于不可接受的风险水平的安全后果。这需要汽车制造企业对产品如何集成到整车安全架构中进行一些早期安全分析，可能包括对整车架构中其他系统接口的系统功能进行 HAZOP 类型的分析。根据功能的集成方式，可考虑可预见滥用的可能性和后果。所有这些都是为了在开始开发和部署安全相关的汽车系统之前，确保勤勉尽责程度符合消费者的合理预期。

在准备报价时，供应商必须确定必要的资源，以确保供应商的系统安全政策得到实施、评估和审核，以及根据该政策产生的安全档案的所有更新，这些更新需要满足 RFQ 中规定的附加要求。类似的项目可以用作起始模板，调配资源以适应此项目的独特要求。此外，类似项目的任何未完成验收条件都需要进行规划和资源调配，以使其不会保持未完成状态和阻止对正在考虑中的项目的验收。这种努力有助于执行安全流程，并有助于满足消费者的期望。

假设汽车制造企业需要供应商有足够的安全文化，以满足消费者对所提供产品的期望。全面而明确的安全政策的存在是这种安全文化的起点。企业高管对系统安全的重视有望支持一种强大的安全文化。为了使之有效并确认这些假设，必须有一种方法来传达组织中每个人所需的详细行动，以确保所发布产品的安全。这要求企业有证据证明开发工程师、经理和管理人员受过系统安全方面的培训。此培训不仅需要提供系统安全的一般概述，而且还需要提供每个角色成功实施企业安全流程所需的行动。通常，这需要针对每个涉及的专业进行多个特定的培训，并对高级管理人员和软件工程师都有适当的培训。然后，这些工程师和管理人员根据系统安全制度衍生的系统安全流程的要求执行系统安全任务。

即使在培训之后，工程师和管理人员也需要专家的支持，以使他们能够在项目中按时、准确地完成任务。一些分析最好由熟悉分析的安全专家带领的团队执行。所需安全专家的分配可包含在该角色的报价中，并与汽车制造企业的安全专家进行交互，以促进系统安全流程的执行。在确定特定项目的分配时，应考虑对该交互的预期复杂性和客户交互需求的了解；有些客户需要资源密集型交互实践。

系统工程和其他工程专业与验证人员合作，以确保有证据表明符合系统和子系统的安全要求。这包括构建要求，以便包含所有需要的属性，并链接验证方法。这些验证方法必须非常具体，例如使用通过/不通过准则详细描述测试用例。验证结果也必须链接起来。

在生产流程的准备过程中也会进行类似的活动。设计和潜在失效分析必须与生产流程和潜在失效分析一致。尽管这些分析通常由不同的人员执行，但不一致性（如设计 FMEA 和过程 FMEA 中严重度的差异）可能会对安全档案产生不利影响。然后对生产进行监控，同时也对系统安全异常的现场退件进行监控。生产质量过程通常提供对生产和现场问题的监控。这个流程通常包括识别、纠正和关闭的方法。在整个报废期间也要维持安全，这对报废人员是至关重要的：通常，有必要做出特定指示和警告。所有这些都需要系统安全的执行，执行是一个安全支柱。

从前面的讨论中可以看出，为什么制度、审核和评估以及执行被视为系统安全组织的三大支柱。制度流程是统一部署系统安全流程的基础，它提供了授权配置资源以实施该流程所需的合法性。管理不仅需要审核和评估，还需要确保流程执行的一致性。没有执行，流程就无法实现，而执行过程消耗的资源最多。这三大支柱相互独立，并用来构建系统安全组织。组织必须提供所需的职能，也必须提供所需的独立性。

对于这样一个组织，有什么可选的方案？它可以以多种方式部署到整个企业中，因为每个企业都有一个开发和发布汽车量产产品的组织。交互和管理方面的考虑将有所不同。在决定组织架构的权衡中，不同的组织有哪些优点和缺点？成功的关键因素是否考虑在内？整合是否受到组织的影响？人事发展怎么办？这些问题将在下一节中讨论。

2.5 可选择的方案及其优缺点

在前面的讨论中，列出了安全的组织活动及其成功的关键因素，解释了每个成功关键因素的重要性，并将所涉及的活动置于汽车产品发布的背景下。在组建或重建系统安全组织时，必须考虑这些因素。组织形成和发展的细节会增强或阻碍成功关键因素的实现，组织既可能会阻碍成功，也可能帮助确保成功。所有列出的活动都需要获得资源和管理，以便满足企业的需要并一致地执行这些活动。活动的组织方式以及资源的管理方式都会影响系统安全流程的执行效率和质量。

制定安全策略需要熟悉系统安全三大支柱的人员和组织。负责企业策略的组织可以促进安全策略与企业其他策略以及发布企业策略的机制的一致性。审核员和评估员具备所需的技术知识并执行评估和审核，开发确保一致性的关键考核因素，以及负责报告和数据的整理。参与客户对接的安全经理以及支持产品开发和运营的人员也可以提供与关键因素相关的建议，并且执行这些建议。同样，制定和维护安全流程必须考虑企业已有的开发流程，并在更高层级上适用于整车制造企业或供应商的其他所有产品开发。

安全流程包括在每个项目中统一的定义以及完成关键事件的节点，这类关键事件的节点会定期触发管理层或执行人员进行评审。评审可基于业务部门的已有摘要报告，报告可以使用相同的格式模板，以助于评审者理解。安全流程必须与产品开发兼容并且可实施，以便对硬件、软件和系统进行系统性分析。为了使安全流程适应现有的产品开发流程，可进行一致性评审、审核及评估，从而可以在违反流程之前采取纠正或补救措施。这一反馈过程也适用于安全流程相关的资源管理。

此外，组织必须为参与产品发布和服务的所有企业职能部门提供必要的系统安全培训。开展基本安全培训有助于建立安全文化，可以在整个企业范围内统一进行，甚至可以采用远程或在线培训的形式进行。特定领域的培训需要更多的人员互动，可以由相关技术中心的评估人员执行。培训还需要被扩展到日常工作中，用来指导和培养安全专家以及其他工程领域的开发人员。安全专家的培养可能需要花费数年时间，并且需要密切的交流以及导师一对一地教授，导师可以提供安全相关决策的指导和示范。

工作成果以及报告的独立审核和评估是必需的，并且必须得到组织架构的支持。外部各方进行评审时，组织必须保持其独立性。组织架构应明确定义汽车产品每项活动中的参与人员。职责定义中任何的不明确都可能是错误、重复或遗漏的潜在来源。尽管最终这些问题可以得到解决，但却牺牲了效率。这种由于职责模糊不清而造成的效率低下将不断重复，直到组织定义明确为止。组织架构应支持提升效率，而多种方案都可以实现这一目标。

例如一家拥有多个安全相关产品线的全球汽车制造企业或汽车供应商，在这些产品线中，部分产品或全部产品都含有电气和机械方面的部件。每个产品线都有工程组织，该组织涵盖系统、软件和电子硬件工程小组。这些小组可以部署在一个技术中心内或横跨多个技术中心，产品线可以为全球客户服务。每个工程小组负责安全相关产品的部分开发工作：硬件组有已部署并适配于客户的标准平台，并开发了可供重复使用的新平台；软件组也采用了类似的策略。每个工程组的管理人员均具备该产品线的丰富工程知识，并且熟悉所执行任务的所有技术环节。工程团队具有设计汽车产品所需的专业知识，管理者能够指导工程师工作并继续推进技术的发展。每个工程组织都具有工程管理架构，以保持明确的方向。工程部门向其产品线报告，可以始终如一地解决问题、确保优先级。这是一个可持续发展的架构。

为了在此架构中包含系统安全，另一种可选方案是在每个产品线的工程设计团队中增加一个系统安全小组。该系统安全小组可以像硬件、系统工程或软件工程那样进行组织，并向产品线管理层汇报，这与其他工程领域的报告相同。每个产品线都需要一名系统安全领域专家来管理系统安全小组，该专家可以来自中央系统安全审核和评估小组，也可以从企业外部招聘。安全领域专家拥有所分配产品线的专业知识，如果该专家来自中央安全审核和评估小组，则他对该产品线的知识可能来自审核。如果专家是从企业外部招聘的，则他对该产品线的知识可能来自竞争对手或来自以前的项目。否则，专家必须在工作中获得产品知识。此外，该专家通常在系统、软件、硬件工程或这些领域的组合方面具有相关专业知识，这些知识有助于理解相关技术、开展安全分析，并有助于专家更好地带领系统安全小组完成任务。

系统安全小组的任务是通过安全分析和其他系统安全任务，支持产品线符合相关流程要求，并且促进其他工程领域执行所承担的系统任务。例如，该组的成员可以担任 ISO 26262 中提到的安全经理，执行危害分析和风险评估，以确定汽车安全完整性等级（ASIL）及对应需要实现的硬件量化指标。软件工程师进行的软件安全分析也可能需要系统安全小组成员的指导。

此外，系统安全小组的成员可以帮助确定 ISO/PAS 21448 中所述的 Level 3（L3）驾驶自动化系统的三个层级验证的接受标准。第一级测试是识别触发条件。确定这些条件后，将在测试道路上进行第二级测试来评估触发条件，并辅以仿真。然后在公共道路上进行进一步的测试，系统地寻找导致触发条件的其他未知场景。

系统安全小组可以制定流程来支持产品线工程流程并满足企业的安全流程。将工作成果的内容（如安全分析）添加到由工程质量部建立的现有工作成果清单中，以作为系统安全的证据。

系统安全小组的人员配备，取决于产品线方案所需的支持。系统安全人员的预算投入取决于承诺的或预期达到的系统安全水平。系统安全经理以及小组成员可以在小组层面对员工进行指导，或通过与中央系统安全评估和审核部门合作，在整个企业范围内提供持续的系统安全培训。这样可以促进系统安全的一致性，尤其保证执行是一致的。

因为系统安全小组深度融入了所负责产品的产品线组织，所以该小组无法满足ISO 26262 要求的评估工作成果和审核过程所需具备的独立性，需要独立的审核和评估来支持系统安全小组。为了确保在执行审核和评估时，对企业安全策略的解释具有一致性，中央系统安全小组可以提供审核和评估，而不是每个产品系列都聘请外部安全专家。不同的外部评估人员不一定能对所有标准达成一致意见，也不一定了解企业政策和流程所建立的标准。

ISO 26262 支持使用中央安全审核和评估小组，如果审核和评估的成本不直接计入被评估和审核的产品线中，则可以提供更好的独立性证据。如果需要外部支持，则中央小组可以聘请外部安全专家并对其进行监督，以确保一致性。可将政策、政策的解释、标准和支持文档（如检查表），提供给中央小组聘请的外部安全专家，以便他们根据这些检查表进行一致性的文件审核评估。

中央系统安全小组由企业直接出资，以进一步增强独立性。通过考虑市场营销预测并预估资源需求，可以独立于产品线完成小组的预算。这将满足预期的审核和评估要求，而不依赖于被审核或评估的产品线。中央小组可以制定满足企业安全策略的系统安全流程，该流程由企业各个产品线评审以确保执行；然后，每个产品都可以直接使用该流程，也可以为其产品线量身定制一个符合该流程但专门设计的流程，以符合产品线的需要。可对每个产品线流程进行审核，以确保该产品线进行的任何定制均符合企业安全流程。如果在流程审核期间发现问题，则可以通过该流程的修改操作来解决问题。如果问题较普遍，则可以在必要时上报，由中央安全小组解决。

系统安全工作成果由中央审核和评估小组根据需要进行评估，以确保符合企业系统安全政策。这种对工作成果的集中评估，有助于在整个企业中为具有相似安全危害程度的产品保持适当且统一的严谨性。中央审核和评估小组应遵守企业系统安全流程，该流程将规定对评估和审核的要求，例如审核的频率以及在每个审核项目的各个生命周期阶段要解决的主题。此外，该小组还提供了如何进行审核的指导以及所需与会者的角色。

管理中央安全组织的系统安全专家也可以担任审核员。在此角色中，安全专家可以直接看到对审核和评估流程的遵守情况，还可以通过使用诸如系统安全流程软件、检查表等流程来确保中央审核和评估小组遵守企业安全政策。流程软件可生成定制化表格，使用标准属性来标识每个流程的执行和评估状态，也可以收集数据并进行分析。这种分析可以确定流程执行或评估中的系统性问题，然后加以解决。引入外部审查可以对上述流程进行补充，在建立企业中央流程时特别有用。这也确保了企业系统安全流程满足相关标准，从而实现通过构建企业中央流程推进对标准的遵守。这样一来，只需执行企业流程就可以符合相关标准的要求。

中央系统安全小组可以为产品线主管、经理和工程师安排统一的培训，以提升合规性；还可为安全小组所支持领域的人员提供培训，以提升每个产品线对系统安全小组的支持。培训产品线人员有助于提升产品线安全小组执行任务时的有效性。该培训的证据有助于向外部流程审核人员展示本企业的安全文化，包括培训记录、参与率、培训内容。这类培训也提高了产品线系统安全流程执行的效率。同时，中央系统安全小组还可以开展分析培训，以支持安全分析的有效执行，这有助于提高过程阶段分析的准确性和时效性；还可在绩效评估中对成功执行分析的人员进行奖励。

对工程小组进行培训可以减少每个项目中所需的辅导时间。产品线安全小组只需要进行有限的支持和指导，就能使员工具备必要的动力和技能。更精简的系统安全部署，也可以提高流程效率。

图 2-2 所示为企业组织架构的第一种备选方案。为了清楚起见，本书对其进行了简化，每个产品线显示相同的结构，功能关系也保持一致。企业的系统安全策略小组能够得到企业领导的支持，这对于企业人员必须遵守和期望遵守的政策至关重要。这种支持可以采用系统安全策略委员会或工作组的形式，也可以作为企业中央策略管理（包括由企业领导层批准的其他策略）的一部分。当然，也可能两种形式同时存在：可能会有一个安全政策委员会，以便于多个领域进行联合审查，如法律顾问、质量和工程部门领导。在该委员会的支持下，企业策略管理部门可以管理策略的发布和分发。然后，该企业系统安全策略小组支持审核并评估策略是否得到了满足。在每个产品线，产品线安全小组支持每个产品线经理集中开展审核和评估，相关审核和评估都得到应有的支持。

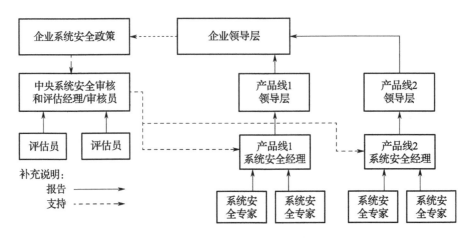

图2-2　系统安全组织架构方案1

第二种方案如图2-3所示。该方案与第一种方案有很多相似之处，例如支持系统安全策略的企业领导层和支持中央系统安全审核和评估小组的系统安全策略。在这里，企业是拥有多个产品线的全球汽车制造企业或汽车供应商，每个产品线都有自己的专用工程组，与其他产品组分开管理。工程小组包括系统工程、硬件工程和软件工程。为简单起见，图2-3中的每个产品线只显示了其中的一个工程小组。

在这种替代方案中，安全专家不由系统安全小组管理，而是向对应的产品线经理汇报。该经理可能有（也可能没有）安全专家相关的经验，但需要安全支持才能满足企业安全流程的要求或客户的安全要求。实际上，这些专家是具有专业安全知识的顾问或合同工程师。由于他们在该领域的专业知识，并且具有安全专家背景或接受过特殊培训，他们被聘为工程组成员。在图2-3中的工程组是产品线1的系统组和产品线2中的电气硬件工程组，安全专家被分配到工程组担任安全经理；或者，可以将安全专家分配给同一产品线中的多个工程组，这些小组的工程经理可以管理产品线中的安全专家，并向他们开放产品线相关文件和人员的访问权限。工程经理还可以协助和支持安全专家，以管理安全流程的合规性，组织执行安全分析并完成安全档案的证据。工程经理无需在安全领域对安全专家进行工作指导；事实上，安全专家应向其经理提供有关系统安全过程的详细建议。如果需要，那么安全专家的指导可以由中央安全组织来完成。

满足中央安全流程的要求和客户安全要求是安全专家的责任。如果尚未开发出与企业系统安全政策兼容的特定产品线流程，并且每个工程组的产品线领导和管理层都认为开发这种量身定制的安全流程不属于其团队的职责范围，那么可以指派安全专家来支持产品线流程。此时，已有的流程和工具可能被认为足以达到目的——项目需求推动了人员配备。

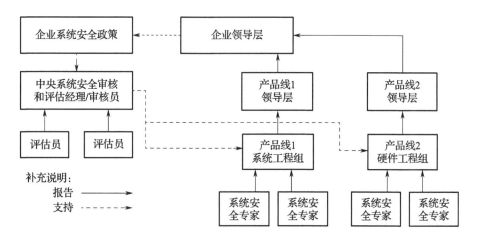

图 2-3　系统安全组织架构方案 2

企业依靠中央系统安全审核和评估组织进行指导和培训。例如，在图 2-3 所示的产品线 1 的系统工程组中，系统工程经理指导该组其他系统工程师。但是，系统工程经理不会指导系统安全专家，这个指导任务留给中央审核和评估组，可在评审过程中完成，也可在计划的审核中完成。这些活动也为安全专家解决安全分析中发现的问题提供了支持和可信度。

安全评估接受准则的一致性在组织层面由系统安全组织进行支持，但并不是汇报关系。安全组织对准则进行统一推行，对评估结果进行报告。审核的结果也将统一汇报给产品线并在产品线内解决，以确保一致性。因此，中央系统安全审核和评估小组的作用类似于方案 1：具备独立性，并且集中进行培训。

图 2-4 所示为第三种系统安全组织架构方案。与方案 1 和方案 2 中的企业相同，企业领导层支持系统安全策略，系统安全策略支持中央系统安全审核和评估组。在这种方案中，每个产品线的系统安全经理都直接向中央系统安全组织报告。这样一来，产品线安全经理完全专注于系统安全，并且独立于产品线架构。

系统安全经理可以直接向分配给该产品线的评估员报告，也可以通过另一个层级经理进行报告，该层级经理与评估员分属于不同的矩阵组织。无论哪种情况，产品线系统安全经理均由经验丰富的安全专家管理。与方案 1 一样，产品线安全经理是由中央系统安全评估和审核组织来指导的，并通过直接报告的制度得到了加强。

系统安全经理为产品线提供与方案 1 相同的支持，以涵盖该产品线所有与安全相关的流程。产品线领导层提供所需的程序文件和人员支持，支持产品线工程师进行必要的分析，以满足每个项目的系统安全节点。

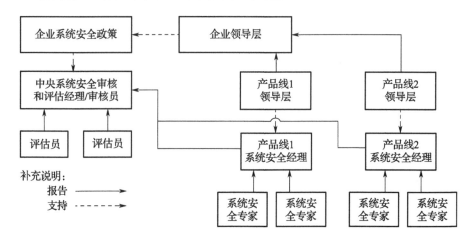

图 2-4　系统安全组织架构方案 3

通过直接向中央组织报告，可以确保产品线之间的一致性。在中央系统安全组织的支持下，产品线安全经理还向产品线人员提供指导。可以根据需要组织专门的培训，并且可以针对各种不同的工程领域和管理级别进行定制化培训。审核和评估独立于产品线，并由中央审核和评估组织负责，以满足 ISO 26262 的独立评估要求。这种独立性不会因产品线安全经理的直接报告而受到损害，这提供了超出要求的独立性，并且提供了系统安全的便利性。

这三个系统安全组织架构各自有何优缺点？在上述讨论中，对每种方案都展示了一些优点和缺点，而企业根据组织的自身情况，可能还会发现其他优点和缺点。例如，系统工程经理可能认为，不期望对安全专家进行指导是方案 2 的优点；也可以根据关键的成功因素评估优缺点。不同系统安全组织的评估见表 2-1。

表 2-1　不同系统安全组织的评估

序号	关键的成功因素	第一种系统安全组织	第二种系统安全组织	第三种系统安全组织
1	组织必须有能力执行安全任务	****	***	*****
2	系统安全必须融入产品开发	*****	*****	****
3	对于聘任为安全角色的个人，必须有相应的职业发展通道	***	**	*****
4	安全流程必须存在于项目管理中，以便安全任务的计划、协调资源和执行	*****	*****	*****
5	需要有定期的评审机制，以确保满足安全流程	*****	*****	*****

每种方案都可以为产品线的流程提供必要的人才，以符合企业的系统安全流程，这一点对于方案 3 来说最有优势。这种方案拥有一个巨大的系统安全专家人才库，可用于支持企业的所有产品线，因为该人才库是集中维护的。

方案 1 和方案 3 都有一个专家级安全经理，致力于根据预计工作量确保必要的人才储备，并能够就企业系统安全策略持续指导系统安全专家。产品线安全经理的职能不会因其报告结构的不同而改变。产品线安全经理主导产品线的安全专家团队，支持工程领域人员按时完成与安全相关的任务。然而，在方案 3 中，根据工作量的多与少，优秀的安全专家可以轮换或临时从一条产品线调到另一条产品线，这样可以整体上提高某些任务的执行效率。例如，可以将执行硬件安全指标的专家部署到项目中对于准时性要求较高的任务中；具有丰富经验的系统安全专家也可以被部署在软件安全分析方面。这种方法丰富了轮岗中的系统安全专家的安全技能，他们被轮岗到某一项目直到该项目完成，最终通晓产品概念并完成安全档案所需的各种任务。

方案 2 中，产品线安全专家的经理不是系统安全专家，并且可能没有实施或见证安全生命周期中每个阶段的安全活动。企业领导层支持系统安全策略，而系统安全策略则支持中央系统安全审核和评估组。经理的背景可能无法满足所实施的各种安全分析的复杂性和范围，对所需资源的预估也缺乏个人经验，而是基于管理人员熟悉领域的类似活动经验，可能不够准确和有效。因此，方案 2 的推荐性降低了。

在前述三种方案中，系统安全的职业发展也是不同的。由于组织架构不同，组织中的职业晋升也不同。这三种方案都可以在安全上提供技术的阶梯式提高。在每种情况下，中央安全审核和评估组织都会为每位安全专家提供一定程度的个人指导，还会提供集中的正式小组培训。随着安全专家技能得到磨炼以及熟练程度得到证明，组织可能会基于安全专家提升后的系统安全技能为企业带来的增值，给安全专家晋升的机会。安全专家的能力和判断力可以得到企业内外的认可。

方案 1 中，安全专家在担任系统安全角色的同时承担管理责任，这为他们提供了晋升到产品线安全经理或中央安全组织的机会，这是两条合乎逻辑的路径。但后者是有限的，因为中央组织由审核员和评估员组成，经验丰富的安全审核员和评估员亦是有竞争力的候选人，其在具有产品和安全流程知识的同时，还具有安全审核和评估组织的招聘经理容易观察到的绩效方面的优势。方案 2 因为取消了向产品线安全经理的晋升路径，所以受到了提升的限制，而且其产品线组织中没有系统安全管理职位。对于方案 2 中的安全专家而言，系统安全审核和评估中央组织的提升潜力是存在的，这可能是在组织上提升系统安全的唯一可能。方案 3 为审核员和评估员以及产品线安全专家和经理提供了在安全组织中职业发展的最大机会。它为系统安全线管理提供了最大化的组织，也可提供矩阵式管理岗位。此外，安全专家还可以晋升为非管理评估职位，这使企业在吸引安全人才方面更具市场竞争力；凭借强大的安全专家专业组织，对其他有抱负的安全专家非常有吸引力。与其他企业相比，系统安全专家的工作得到了支持，并且发展机会更多，这为系统安全的改进提供了动力和激励。方案 3 在这方面显然是最好的。

安全组织的形式对于项目管理对安全过程的管辖没有明显影响。支持项目的安全专家是否来自类似方案 1、方案 2 或方案 3 所描述的组织，可能不会明显地影响系统安全任务的计划、资源配置和项目管理。在审核或评估方面，中央系统安全审核和评估组织是一样的。该组织根据安全过程证据和审核评估中收集的数据来考核合规性，这些数据包括时间（包括延迟）以及其他数字指标，用于衡量与系统安全过程有关的项目性能。然后，该组织会确定不合规的直接原因和根本原因，包括缺乏恰当的计划或资源、组织和其安全专家之间的沟通问题等。如果直接原因是任务没有得到及时的资源分配和执行，则可以认为流程管理者对安全任务的分配不足，这也是让项目经理负责安全任务的原因。项目经理无需亲自执行这些任务，而是希望他们能够确保这些任务得以完成。所有三种方案都会出现这种情况，没有区别。

安全组织的形式不会对满足定期执行审查的要求造成显著影响。在每个组织中，审核对企业领导的需要都是相同的，企业领导层对政策的支持是最重要的；没有政策，企业很难支持系统安全流程。领导的支持使企业能够严格遵循系统安全流程。

企业可以考虑将系统安全组织作为质量组织的一部分，这样质量指标将包括安全性。几十年来，汽车企业的质量组织一直在提供有意义的度量标准。工程质量过程模型具有结构化的成熟度模型，这些模型使工程质量度量能够以标准化的统一方式呈现。因此，质量指标包括系统安全性指标似乎是合乎逻辑的。然而，这种方法也存在隐患：系统安全和工程质量不同，为确定过程成熟度而进行的抽样项目，并不等同于对推出的每个产品逐个分析以及对证据进行严格检查，以了解对产品安全性或安全档案完整性有不利影响的细节。虽然质量组织擅长使用度量指标，但却不擅长系统安全。系统安全几乎完全是工程领域的工作，在严格程度上与其他设计工作非常相似。确定系统安全性要求是否完整以及是否已满足这些要求，属于质量范围。在向高级主管提供企业数据期间，仅在某些情况下才会显示系统安全性指标，也不会在讨论所有质量指标时将其呈现出来。虽然质量主管可以对系统安全性指标进行有价值的审查，但他们并不是呈现和解释这些指标的首选人员。

此外，系统安全专家无法通过质量管理来指导系统安全。他们可能会在质量领域得到技能上的提升，但不会在系统安全领域得到提升。通常，系统安全专家是技术熟练的工程师，他们掌握了系统安全方面的专业知识。他们可以是在安全相关系统设计方面具有详细领域知识的系统工程师或软件工程师，已经掌握了系统安全领域的知识。这有助于他们支持其他设计工程师进行系统安全活动。因此，他们在劳动力市场上的薪资比质量工程师要高。随着驾驶辅助系统和自动驾驶产品的数量和复杂性的增加，对系统安全专家的需求可能会继续增长。如果系统安全人员在质量组织中，那他们与传统质量人员的薪资平衡就成了问题，因此，将质量人员和系统安全人员分开是明智的。尽管如此，工程质量的职能仍有利于安全过程的执行：质量必须支持系统安全。

对系统安全有影响的信息交流渠道可能会受到系统安全组织形式的影响。组织内的边界位置决定了跨界通信的必要性。在产品开发过程中，对于可能影响汽车安全性的设计变更要考虑进行沟通，这些变更可能涉及电子电气方面，如微处理器或软件操作系统的变更。

在方案 1 中，产品线系统安全经理监管此类变更，并可以建立一个产品线流程，包括在考虑此类变更时提醒系统安全管理人员。产品安全经理直接对安全专家负责，并在产品领导者的支持下实施这一流程。

在方案 2 中，没有产品线系统安全经理来建立这样的变更沟通过程。产品线的系统安全流程不是由产品线的安全经理来管理和维护的，而是由中央评估和审核小组来监管的。员工与经理的正常定期沟通是工程经理对变更请求的补充审查，这可能是周期性的或临时的。例如，当工程经理注意到某项变更时，只要该变更被认为可能对安全产生影响，就应由安全专家进行检查。如果需要上报发现的结果，则中央系统安全组织的审核可能会促使安全专家进行系统的变更审核。安全审核员可将发现的问题向上报告，并要求产品线领导采取行动解决问题。

在方案 3 中，系统安全经理与产品线之间存在虚线汇报关系。尽管安全经理不直接向产品线领导层汇报，但产品线系统安全经理的表现会影响向高级行政管理层报告有关产品线安全流程的执行情况。这种关系促使产品线领导层与产品线安全经理之间进行更密切的合作。产品线的系统安全经理不直接控制产品线系统安全流程，但可以要求将其纳入对潜在安全相关的变更请求进行的审查中，并且这一部分可能会影响产品线流程。中央系统安全审核和评估组织可以通过每月报告或审核报告来支持这种请求。这一过程可以由内部组织来进行，也可以由外部组织来进行。

保证上市产品的安全是基本需求。如果没有系统地审查这些变化对安全的影响，将是系统安全流程的不足。为了保证功能安全，ISO 26262 对此进行了要求：任何外部审核机构或客户都将对此进行审查，并期望符合要求。上述三种方案都遵循这一点。

企业内不同产品线之间的沟通渠道也受到组织形式的影响。这些沟通渠道涉及系统安全问题的解决方案和最佳实践。与这些实践的显著差异对安全档案是不利的。在方案1和方案2中，中央组织通过分享其他评估和审核实现沟通。解决问题的方案可以在审核中制定，或者在计划执行期间、发现和解决产品问题期间制定。由于审核员通常会审核多个产品线，因此可以在定期审核期间实现这种沟通。如果存在对产品安全有不利影响的重大差异，则可能需要纠正操作规范，并在后续审核中进行评估。如果随后的审核发现该措施未得到实施，则审核员会要求产品线领导支持实施改进措施。

由于类似的问题在不同的产品线中出现并且需要解决，审核员可以与其他已成功实施的产品线共享方法；建立与其他产品线的联系，以帮助解决问题。这样的联系可以进一步改善不同产品线之间有关系统安全主题的沟通。此外，中央系统安全组织可以主办全球研讨会，以促进企业内所有产品线之间交流的最佳实践。除了分享最佳实践之外，此类研讨会还为参加研讨会的安全专家以及其他工程人员和管理人员提供了非正式的沟通和联络机会。

在方案3中，产品线安全经理是中央系统安全组织的成员。中央系统安全组织内的日常活动需要该组织的安全专家进行沟通。每周或每月召开例会，安全专家可以了解企业的所有产品线正在考虑什么，以及正在采取什么措施来确保系统安全。在组织中，产品线安全经理相互之间是同事关系，可以直接分享最佳实践和经验。除了解决已经发生的和将要发生的问题，讨论还可以促进安全专家找到应该实施的最佳实践，而不仅仅是实施已有的实践。安全专家可以在产品线之间轮换，系统地实施最佳实践并拓宽其专业知识。这种轮换不仅增加了他们对不同产品线的了解，而且还增加了他们在执行特定领域安全分析时与产品线工程师和经理之间的沟通。他们可以咨询产品线安全经理，获取其支持或协助。这不仅有利于安全专家的技术知识提升，还会因为他们与其他产品线上的人员进行沟通，促进产品线之间的交流。此外，轮换有助于产品线安全经理做好评估、审核和其他系统安全管理职位的准备。这种轮换可以使沟通渠道成倍增加，从而使信息流动更加顺畅。

每个组织架构方案的选择都需要权衡利弊。这些方案的选择既影响企业的层级，又影响系统安全人员的管理。尽管方案3对企业而言似乎有明显的优势，但其组织机构可能不受产品线的欢迎：他们可能不想放弃对安全专家的直接管理。系统安全管理层可能不愿提出这个组织机构方案，因为它看起来是为了自我服务或"夺权"。

方案 3 虽然具有执行系统安全流程的优势，但可能在部门关系或人际关系上不利，无法在企业中实施。

在这种情况下，需要其他方法来优化可实现的组织架构，以实现系统安全。如果企业不是由产品线构成，而是根据其他属性或职能构成，则可能会将安全专家委员会变为企业的实体组织，但可能类似于本章中提出的三种方案。其他方案也是可能的，例如，本章介绍的两种或多种方案的混合方案。尽管某个方案可能具有优势，但另一种方案可能由于在企业中具有优先级而更易实施。产品线管理层可能会给某些工程领域分配比其他领域更高的优先级，或者可以将某些工程领域交由其他工程领域来进行管理或合并到其他工程领域。

例如，方案 1 中的产品线领导层对产品线的系统安全负有直接的实线管理责任。系统安全的直接报告可能会使生产品线领导层感到不安。产品线领导人员可能没有机会获得管理系统安全功能的经验。除系统安全外，其余领域的管理可能复杂且耗时，需要解决一些棘手的问题，如满足客户需求和确保交付。工程质量组织可能已经有一份支持汽车软件过程改进和功能确定（SPICE）的报告。遵守 SPICE 基本规范的要求是苛刻且耗时的工作，但多数情况下与客户可交付成果没有直接关系。

报告到哪里结束？是否可以将这些额外的报告委派给另一个直接汇报关系，以减轻产品线管理层的压力？可以指派产品线系统安全经理向另一汇报线（如系统工程）报告，该汇报线已经在产品线工程管理层中占有一席之地。因此，产品线工程执行人员减少了其他直接汇报关系。中央系统安全组织可能仍会指导产品线安全经理。产品线安全经理可以就建立或改善产品线系统安全流程的必要性向系统工程经理解释，并向产品线管理层建议在整个产品线实施改进，并获得支持。这是必需的，因为在此示例中，产品线管理层中没有包含系统安全管理。此外，中央系统安全审核和评估组织仍可以通过提出意见、审核报告和其他定期系统安全报告的方式来提供支持。

上述讨论可能有助于识别三种方案的不同变化的缺点。评估组织形式的重要标准有五个关键成功因素，如果一个组织未考虑这些因素，则可能会导致问题得不到解决。在这种情况下，可以采取措施减少由于权衡或妥协而出现的问题，这时可能需要更改组织架构或为系统安全人员实施独特的职业发展路径，可对采取改善措施的责任进行分配，并进行持续改进。

第3章
汽车应用：系统安全与功能安全 ///

3.1　安全术语

在汽车工业中，"安全"一词用于许多不同的语境中。例如，当提到车辆乘员免于车辆碰撞中的伤害时，可以使用安全性，这可以通过不同类型的碰撞假人的行为和施加的压力来模拟。产品安全要求包含在质量标准 IATF 16949 中，但该标准未定义产品安全性。读者需要根据标准中包含的要求来理解标准所指的产品安全。

车辆上的安全系统通常分为被动安全系统和主动安全系统。这两者的区别主要是在碰撞发生后运行的系统和"主动"防止碰撞或降低碰撞严重程度的系统。被动安全系统包括安全带和安全气囊系统。安全带系统是标准配置，包括预紧功能、安全带锁扣升降功能等高级功能。主动安全包括高级紧急制动和车道偏离预警。高级驾驶辅助系统有更多的自动化功能，也被认为是主动安全系统。

功能安全是指系统发生故障时的安全性。一些企业设有功能安全组织，负责功能安全流程。尽管"功能安全"一词的范围有限，仅包括发生故障时的安全性，但有时该术语被误用为包括无故障时的安全性。产品安全有时用于区分无故障时的安全和 ISO 26262 中所述的功能安全。该术语用于无故障系统的安全，并且广义上包括预期功能安全（SOTIF）以及系统的物理安全性，例如无飞边和锐边、人机交互安全。系统安全用于功能安全和产品安全（包括 SOTIF）的组合，是一个更宽泛的术语。

3.2　功能安全标准与系统安全

3.2.1　背景

自 2011 年以来，汽车行业的功能安全已与 ISO 26262（2018 年修订）高度相关。此功能安全标准已在国际安全界和整个汽车行业进行了广泛宣传。自发布以来，每年都会召开许多会议，并且还有许多关于此标准的课程。即使标准本身不赞成认证，但仍有很多 ISO 26262 的认证课程。

在 ISO 26262 第一版发布之前，部分公司将 IEC 61508《电气/电子/可编程电子安全系统的功能安全》或军用标准应用于汽车产品开发。诸如 IEC 61508 之类的标准考虑了产品生命周期的各个阶段。这些阶段可以与汽车开发阶段保持一致，并且该标准的要求可以在公司的汽车产品开发过程中采用。公司使用自己对标准的解释或安全顾问的解释来做到这一点。这样，在汽车功能安全标准达成一致并发布之前，就能够证明符合安全标准。其目标是确保产品发生故障时的风险水平可以接受，并生成证据证明这一目标达成。即使没有强制性的工作成果，满足这些要求的文档也有助于表明对安全的关注。

IEC 61508 和 ISO 26262 标准在功能安全方面的方法有所不同。IEC 61508 旨在成为几乎所有行业都可以遵循的标准，或者成为行业标准的基础。ISO 26262 旨在成为 IEC 61508 的衍生标准，专门用于道路车辆。表 3 - 1 说明了这两种标准之间的区别。

表 3 - 1　IEC 61508 和 ISO 26262 对比

标准	IEC 61508	ISO 26262
区别	• 应用于电气电子和可编程电子系统 • 广泛适用，独立于应用 • 应用于系统，但非应用领域的国际标准 • 基于安全完整性（SIL）具有避免危害的定量目标 • 先建立用于系统的生命周期，再进行确认，如化学或核设施 • 使用基于风险的 SIL 1～4 等级对标准要求进行索引 • 无明确的工作成果	• 应用于包含电气电子系统的安全相关系统 • 用于量产车辆领域 • 用于量产车辆的国际标准 • 对于避免危害无定量目标 • 使用汽车安全生命周期，在量产前完成对相关项的确认 • 使用基于严重度 S、暴露概率 E 和可控性 C 的汽车安全完整性等级（ASIL）对标准要求进行索引 • 超过 100 项的规范性工作成果

3.2.2　功能安全标准的应用

上述两个标准中任何一个都可以为实现汽车产品的功能安全提供指导。两者都有生命周期，可以根据特定汽车产品的需要进行定制，以备上市。要使用 IEC 61508，必须根据量产产品量身定制生命周期。这与非汽车产品不同，非汽车产品是在制造工厂或发电厂等基础上加上安全机制的。安全机制需要纳入设计中，并在批量生产和公开销售之前进行验证。然后，可以通过分析哪些危险是适用的，以及它们是如何由故障引起的来确定功能安全要求。通过系统分析得出要求，使人们确信安全要求是完整的。同样，使用 ISO 26262 进行类似的活动以引出功能安全要求。有一些规定的安全分析，例如确定硬件架构度量标准以引出对检测硬件故障的安全机制的要求；合规性的证据可以完成安全档案。该证据必须追溯到每个单独的安全要求，以提供证据证明没有遗漏任何要求。该标准的所有其他要求都需要证明其得到了满足，而工作成果有助于实现这一点。

然而，对于汽车产品来说，遵守 ISO 26262 并不一定能实现系统安全。系统安全包括但不限于以下方面的证据：①ISO 26262 的要求得到了满足；②产品在故障期间的安全性要求得到了定义；③这些要求得到遵守。汽车产品在使用过程中，即使没有故障也应考虑安全要求。无故障产品的安全要求超出了 ISO 26262 的范围，这不是功能安全的一部分，因为功能安全仅包括发生故障时的安全性。制定功能安全标准的目的不是在没有故障时提供引发安全要求的指南。在没有故障的情况下，系统安全也需要考虑产品的安全。例如，对于自动紧急制动系统，故障可能导致不必要的紧急制动，这可能对随后的车辆造成危险。这种不必要的紧急制动也可能是由于传感器或算法的局限而导致的。为了实现系统安全，必须实现功能安全，但仅遵从 ISO 26262 是不够的，系统安全需要考虑更多。

尽管如此，不将功能安全与系统安全区分开的组织可以使用功能安全标准作为指导。为功能安全提供的指南也可用于标准范围之外，用于考虑除了软硬件故障以外的、导致"故障行为"的其他原因。相同的故障行为可能由于系统局限而非故障造成。可以通过分析来确定这些局限并确保系统安全运行，包括正常运行时与系统的人机交互：通过深思熟虑的设计，减少可预见的误用，消除对系统功能的混淆或误解。

当系统不运行时，还要考虑维护期间割伤、擦伤等危害，如由能量释放所引起的伤害。这种考虑会导致采取安全措施、警告以及维护程序，如拆解车辆时避免安全气囊展开的危害程序。系统安全的工作成果包含得出这些要求的分析证据，及满足 ISO 26262 工作成果所需的证据。这可以是功能安全证据的扩展，包括系统安全性证据。ISO 26262 对于实现系统安全很有效，但不充分。

3.3　预期功能安全

对于 ADAS 和自动驾驶来说，汽车产品正常使用（没有故障）时的安全性是一个需要特别考虑的重要话题。世界汽车组织（OICA）和国际机动车工程师协会（SAE）定义了 ADAS 和驾驶自动化的不同级别，分为以下 0~5 共六个级别。

1）L0 定义为无自动驾驶，可包括转向系统或制动系统。

2）L1 是驾驶辅助，具有转向辅助或加减速辅助，可包括车道保持辅助或自动巡航控制，但不能同时包括以上两者。

3）L2 是部分自动驾驶，具有转向辅助和加减速辅助功能，可同时包括车道保持辅助和自动巡航控制，可能带有自动紧急制动。

4）L3 是有条件自动驾驶和动态驾驶任务（DDT）自动化，当自动驾驶系统发出请求时驾驶员将进行接管。这可以包括应用于高速公路的自动驾驶功能，但在某些不利条件下或系统发生故障时，驾驶员可能会在合理的时间内接管。

5）L4 是高度自动驾驶，可针对特定驾驶模式自动执行动态驾驶任务，而无需驾驶员接管。在 L3 概述的条件基础上，L4 系统必须独自达到最低风险条件（Minimum Risk Condition, MRC），或者必须具有足够的冗余和可靠性以完成驾驶任务。

6）L5 是完全自动驾驶，可全天候自动执行动态驾驶任务，而无需驾驶员接管。

为了实现系统安全，汽车产品既需要运行时安全，也要保证失效时安全。功能安全属于 ISO 26262 的范畴，它的所有要求都适用于这些系统。在制定第二版标准时，ISO 26262 中特别包含了有关失效运行的注意事项及指南。

ISO/PAS 21448 旨在为最高为 L2 的驾驶自动化系统的使用安全提供指导。范围之所以受到限制是因为编写此版公共可用规范（PAS）的专家认为，该领域更先进的产品的成熟度有限，无法支持对更高自动化级别提供明确的指导。尽管如此，ISO/PAS 21448 的第一版指出，其指导对于更高水平的自动化也可能有用。预计在 ISO/PAS 21448 标准制定过程中，该要求已由熟悉该领域的安全专家小组审查。当基于 ISO/PAS 21448 的 ISO 21448 标准发布时，计划为适用于更高水平自动化的汽车产品提供指导：预计将包括实现 SOTIF 的规范性目标。

当前的 ISO/PAS 21448 包含了一些新的定义，以支持 SOTIF 相关危害事件模型，包括场面（Scene）、事件（Event）、行动（Action）和场景（Scenario）中的工况（Situation）。ISO/PAS 21448 中也包含了 ISO 26262 中的定义作为参考（ISO/PAS 21448 中包含了一个声明，即 ISO 26262:2018 – 1 的定义适用于 ISO/PAS 21448）。这有助于保持道路车辆安全领域中功能安全和 SOTIF 语言的一致性。这些定义既支持初始分析，也支持汽车产品的验证和确认。基于 SOTIF 危害事件模型的分析，考虑可能使用该功能的所有相关用例。许多考虑因素都涉及触发条件，这是确定 SOTIF 的关键，接下来将对此进行讨论。

3.3.1 触发条件分析

1. 背景

触发条件很重要，因为它们充当汽车系统进行任何反应的触发器。汽车系统会根据传感器感知到的外部条件自动做出响应。汽车系统使用算法来处理这些感知条件，该算法决定是否做出响应，如需响应，则进一步确定如何对感知条件做出响应。响应是由驾驶场景中的条件引起的，因此场景中的这些条件即为触发条件。

例如一个车道保持辅助系统，通过转向转矩或转向角度来对车道中的车辆进行横向控制，并使用摄像头检测车道边界，基于此指挥电子转向系统进行控制。当摄像头感知到车辆开始偏离车道中的理想位置并接近车道边界时，车道保持系统开始发出指令。触发条件可由以下条件组成：

1）车道边界足够清晰，以便可以清晰地被感知到。例如，在车道的每一侧只有一个车道边界标记，没有其他多余的标记，并且车道边界的颜色落在摄像头的带宽之内。

2）转向灯信号未激活，表明并非驾驶员有意离开车道。

3）由车辆的横向定位判断出其将要越过车道边界，并且关于车辆位置无矛盾信息或其他歧义。

如观察到在驾驶员没有离开车道的意图时，车辆可能会偏离车道，且没有其他迹象表明这个判断是不正确或不可靠的，则此条件将触发摄像头向转向系统发送指令信号，开始纠正车辆的横向位置。

这是一个触发条件。感知到的条件会触发系统的响应，因为系统运行正常且对感知有信心。如果正确进行且没有故障，则车辆应在离开车道之前开始移动回车道中心。这是系统按规定运行时的预期功能，以避免意外的车道偏离。由于这是对系统设计的正确反应，因此根据 ISO/PAS 21448，这是一个已知的安全场景：区域 1 包含已知安全场景，区域 2 包含已知不安全场景，区域 3 包含未知不安全场景。前面讨论的场景归入区域 1。

现在考虑修改条件后的同一系统：

1）正常车道边界足够清晰，可以被感知到，其他施工车道标记也足够清晰，可以被感知到。例如，道路施工车道标记是不同的颜色，该颜色也在所用摄像头的带宽之内。

2）转向灯信号未激活，表明并非驾驶员有意离开车道。

3）由车辆的横向定位判断出其将要越过正常车道的边界，但在驾驶员输入转矩的引导下处于施工车道的标记内，并且没有矛盾的信息或其他关于车辆位置或驾驶员输入转矩的歧义。

此条件可能会触发摄像头向转向系统发送信号，以开始纠正车辆的横向位置，因为正常的车道标记是清晰的，并且车辆即将越过它们，而转向灯信号未激活，表示这并不是驾驶员的意图。在这种情况下，车辆会在可能离开车道之前开始响应，以回到正常车道的中心。系统的这种行为属于系统的已定义行为，并且可能是纠正驾驶员错误的正确反应。然而，正确的反应也可能是什么也不做，而是继续遵循施工车道标记：基于驾驶员遵循施工车道标记的受控转矩输入，可以将其视为驾驶员的意图。第三种可能性是关闭车道保持系统并通知驾驶员该系统已禁用，因为在这种情况下，系统无法确定适当的响应。在这种情况下，驾驶员将在没有车道保持系统帮助的情况下继续操作车辆。

这些条件是另一个触发条件。需要确定和定义正确的响应，以便可以在其他类似场景中重复执行。在确定适当的响应并且评估是有利的之后，可以将此场景分类为安全场景。若我们假设此系统的响应是不确定的，可能无法重复实现安全响应，则根据 ISO/PAS 21448，这将成为潜在的不安全场景，归入区域 2。

2. 系统性分析

触发条件分析需要针对汽车系统可能遇到的因触发条件导致不安全响应的每种情况进行系统分析，包括仅在销售该系统的某些国家、地区遇到的独特情况。例如，如果要在韩国使用车道保持系统，则分析必须考虑到使用蓝线标记公交车专用车道。车道内的其他标记需要通过各种系统进行处理，如自动紧急制动，因为这些标记因国家、地区而异，并且从不同高度接近时，外观上也存在差别。

尽管很难证明完整性（例如，如果黑天鹅坐在摄像头上怎么办），但通过系统地开展分析，对分析完整性的信心会大大增加。每个相关的道路类型、环境条件、可能的相关车辆交互作用、驾驶操纵、道路使用者、路线切换、交叉路口等都需要进行评估，并在足够多的证据下寻找未知的场景。确定此类评估是否充分的指南可以来自 ISO/PAS 21448 或其他来源（如专业咨询）。如果定义的某些部分是从已经过验证和确认的先前产品中继承下来的，则可基于可接受的理由来调整当前产品的验证和确认活动。

例如，考虑一个自动紧急制动系统，该系统已经使用特定车辆的车队数据和模拟进行了验证。除了系统以极低的速度运行外，系统定义没有变化。在这种情况下，在对要保留的现有数据进行标称验证之后，确认的其余部分可能会集中在已更改的低速场景的潜在触发条件上。为了实现系统性的触发条件分析，首先要考虑系统可能引起的危害，例如命令转向辅助系统进行了错误的转向辅助。与 ISO 26262 或 SAE J2980 中的说明类似，使用危害和可操作性分析（HAZOP）技术和执行机构权限与系统外部通信的引导词（例如，过多、错误的时间、错误、丢失）是一种系统性的方法。

然后列出将要使用该系统的潜在行驶条件（例如，高速公路及其入口、城市道路），并系统地考虑所有的潜在条件。如前文所述，这些考虑因素所涉及的范围可以分为多个类别，如速度范围、交通条件、环境条件、基础设施及其因地而异的变化（例如，韩国的蓝色公交专用道标志）、光照条件和特殊条件（例如，隧道和桥梁）。了解系统的传感器限制或其他先验知识有助于对需要评估的方案和条件进行优先级排序。

必须考虑所有参与者的行为，如驾驶员（疲劳、惊恐、分心等）以及其他道路使用者和车辆（例如，骑自行车的人转弯、推着自行车步行、甚至出现跌落；货车横穿，包括长度不等的半挂车和全挂车；紧急任务车辆通过；客车停靠站）。每一种行为都要在多个略有不同的场景中加以考虑。必须考虑与传感器局限（雷达范围、摄像头信噪比等）有关的行为，若确认有效，则可结合道路数据进行仿真，从而提高效率。

必须考虑潜在的误用行为（例如，在收到信号后无法接管），如果确定仿真方法有效，则可进行仿真，以提高效率和扩充评估场景的范围。尽管有些误用可能通过系统功能予以避免，但上述误用场景分析时不进行考虑。

所有这些要素都必须结合起来考虑。例如，若与被评估的系统有关，则应将误用场景与大型货车横穿的十字路口结合起来考虑。如果其他组合看起来合理，则也会考虑使用这些组合，即使暴露于此类组合的可能性极低。这将成为对可预见的项目的大规模分析，就像 ISO/PAS 21448 中扩大区域 1 和 2 的要求一样。对所有已知的潜在触发条件的分析，需要大量详细的编译和组织。ISO/PAS 21448 第 6 章和第 7 章以及附录提供了进一步的指导，这些指导有助于理解所需开展的活动及对评估触发条件有用的信息；此外还提供了引导词和示例，以及可预见的误用指南，有助于形成受控的系统性方法。

构建包含潜在危害的表格清单和数据库有助于形成用于评估的系统性方法。首先，针对每种潜在危害考虑不同的驾驶条件，以确定它们是否适用。由于系统内部限制或使用的地理限制，某些驾驶工况不适用于要评估的全部系统。例如，用于地面运送乘客的自动驾驶系统可能不用评估高速工况。因此，组织对此系统进行评估时，可以将高速条件排除在考虑范围之外。

表格矩阵或数据库随着每个类别和每个条件的考虑而增长。此类条件包括速度、交通状况、潮湿的道路、大雾等，这些条件可单独考虑，也可以合理组合（如速度和交通）考虑。如果组合不可行，则可以将其删除。可能的环境条件涵盖在大雾天气或雨天行驶，或在结冰的街道上行驶。再考虑传感器的局限性以及其他道路使用者的行为：车辆跟随经常改变车道的摩托车，大学城里经常乱穿马路的行人，以及其他可预见的行为。每种情况下都必须考虑潜在的误用，例如，正处于自适应巡航控制和车道保持的车辆，在摩托车改变车道时，驾驶员没有紧握方向盘或者驾驶员分心，为了避免碰撞，将需要超过巡航控制系统能力以外的制动力。

使用仿真方法可以更有效地开展这些分析，因为仿真方法可以为场景和条件的组合提供数据，从而进一步考虑最相关的情况。这种方法还提高了准确性和完整性。仿真可以更准确地评估工况，对于相同场景下的不同工况，可以直接实施仿真并评估结果。对于仿真的评审，不仅是安全组织的要求，也是工程领域专家的要求。

他们可能会观察到场景中的缺陷或预期系统行为中的缺陷，这些缺陷可以被纠正并重复进行评估。与其他分析一样，分析结果会导致改进行动。传感器或算法中需要的修正可以进行仿真和重新评估。通过限制预期功能的使用范围，可以避免系统行为的局限。ISO/PAS 21448 对此类定义更改的说明：在评估每个区域之后，如有需要，进行产品改进。

此外，在实际的道路使用中可以找出更多的触发条件，这会导致对仿真模型的更新；还可以对仿真模型进行修改，以构建不容易理解的或由系统性分析得出的方案，从而可能找到属于区域 3 的触发条件。通常，这是通过在开发过程中运行的车队测试来完成的。在汽车开发中，通常会让一些生产型车辆的车队在不同的环境中行驶，以便在批量生产和公开销售之前在公共道路上进行广泛的评估。系统被打开，但执行机构被禁用，以避免车辆发生潜在的危害行为。可以通过查看数据或通过在车队测试期间保留的警报或记录来发现潜在的危害行为；还可以在车队测试车辆上同时评估多个系统，例如，自适应巡航控制、自动紧急制动和车道保持功能都可以被安装在每辆车上，以便在车队测试期间进行评估。车队在计划的路线中积累里程和场景，对每个关键场景进行评估，并监控系统间的交互。对于使用相同执行机构的系统，需要进行仲裁以决定执行正确的优先级。例如，车辆配备了通过转向校正实现车道保持功能的系统，在一个分离路面上行驶（左右侧车轮所在路面的摩擦系数差异较大），当自动紧急制动功能正在执行减速时，车道保持功能发出转向命令可能会发生矛盾，因此必须确定优先级。在车队评估期间，可以对系统行为和传感器输出进行记录（可包括视频记录），以增强测试后的评估和确认过程中对测试过程的理解。

接下来我们将对确认进行讨论。

3.3.2　确认

依照触发条件分析对 SOTIF 进行公共道路使用的确认。通过对场景的广泛评审实现对系统的评估，并完成所有需要的改进。其目的是确认汽车系统不会对公众造成不可接受的风险，并证明其符合政府和行业法规。这需要一个准则来评估对于公众来说风险是否可以被接受。为此，需要制定确认目标、验证和确认计划。确认计划要考虑实践因素，因此构建该计划必须要考虑达到确认目标的方法。

3.3.3　确认目标

确认目标会根据所选的确认方法（如里程累积、仿真和分析）而有所不同。如果提供了足够的理由证明可以通过分析完成确认，则接受准则可以是没有导致危害事件的潜在触发条件。通过分析可确认不可能违反此准则。

如果确认方法选择车队测试，则可根据可用的交通统计数据对潜在发生的事故类型进行统计，确定无危害事件的里程数作为确认目标。触发条件引发的两次潜在危害之间的里程必须超过根据交通统计数据得出的相同合理事故类型之间的平均里程。有时，为了保守起见或减轻恐惧因素并支持市场接受度，可以使用大于 1 的因数将目标提高到远高于通过交通统计数据计算得出的里程数。与其他运输方式（如飞行）发生的情况类似：即使飞行是最安全的旅行方式之一，一旦有事故发生，人们也可能不选择乘坐飞机。为了避免这种过激反应，与日常已经接受的风险水平相比，运输工具或自动化功能，风险可能需要低到可以忽略不计为止。然而，这并不是合理风险水平的有效确认准则，实际上，通过后续使用自动化功能，风险会得到降低。然而，出于商业原因，这个目标仍然是令人向往的。

结合已定义确认目标的手段，可以进一步提高效率和信心。对于在驾驶中难以遇到的场景或难以同时发生的场景组合，通过适当的仿真算法自动选择场景条件或行程段进行仿真模拟，可以针对此类方法定义等效的里程目标。然后考虑从分析和论证获得的置信度，从而降低对实际行驶里程所需的置信度要求，将所需的行驶里程减少到可以达到的水平。此外，还要考虑专家的判断，以减少所需的累积里程，这对于可实现的确认计划可能是必要的。这些里程缩减需要一个可接受的理由。

ISO/PAS 21448 设想了这种务实的方法，包括多个示例，这些示例允许考虑某些替代方法，并支持类似的想法，以确保确认工作是可完成的。不同等级的自动化系统，其目标都是改善汽车安全性。这成为确认和发布这些系统的动力，从而更好地服务公众。这些系统提供的安全性改进可以抵消发布这些系统的部分风险，即潜在的好处可以抵消潜在的危害。安全带和安全气囊之间也存在类似的争论。安全带可能会使汽车乘员免于发生意外事故，而安全气囊可能会由于展开力而导致乘员受伤。使用这些被动安全系统存在一定的风险，但是事故风险的降低远远超过了这种危险本身。但是，对于这些风险，汽车供应商和汽车制造企业很少做出折中。汽车制造企业和供应商倾向于认为，这种论点即使有效，也可能是出于自我考虑，因此采取更为保守的方法或让监管机构来决定。监管机构会对这种风险与收益的平衡进行研究，如安全气囊系统一样。他们不会从要求装备这些系统中获利，他们的目标是全面提高安全性。

3.3.4 需求验证

在开展确认之前，对系统和子系统的需求进行验证是有益的。这是好的系统工程实践，特别是对系统安全尤为重要。在确认设计满足安全性确认目标时，需要确保设计已正确地实现。这可以通过系统性地提出需求并验证是否符合要求来实现。需求的来源将在本书的第 8 章中进行讨论。

传感器尤其关键。传感器需求及验证需求的符合性，对于识别系统能力及局限性、寻找和评估潜在的触发条件、确保预期功能安全（SOTIF）至关重要。为了确认系统在传感器定义的性能局限的安全性，首先应验证传感器是否会达到这些局限边界。这对于使用仿真或测试对系统进行评估的方法很重要。例如，人为提高信噪比，从而引起响应，然后对此进行评估。当然，也可以使用其他仿真方法对传感器能力局限下的行为进行评估。

验证计划需考虑已定义的全部要求。为确保所有要求都得到验证，需要具备对于包括算法和执行器在内的可追溯性，还需要具备算法验证通过或失败的准则。ISO/PAS 21448 说明了这类验证及集成测试。

前面讨论到的三个区域对于确认来说也很重要。分析触发条件后，将继续进行确认，以识别或解决发现的问题。场地测试可对已发现的问题是否按预期得到了解决进行验证，而道路测试可表明未知的触发条件不会引起不安全的系统行为。对如下过程中发现的问题进行改进，以使确认得到最终通过：①分析；②非道路测试，如试验场；③道路测试。反复进行分析和测试，以确认改进有效。因此，SOTIF 的工作流程首先是区域 1，分析评估触发条件；然后到区域 2，创建验证和确认计划并评估已知的触发条件；最后进入区域 3，评估未知的触发条件。依据此流程，可有效地开展工作。此外，在开展道路测试之前，需要进行非道路测试，直到获得成功的试验场结果，以证明在考虑公众安全方面的努力。为确认活动的通过准则设立目标，并且确保对公众造成伤害的风险不能处于不合理的水平。

安全要求的目的是避免由预期功能引起的潜在危害，因此应确定这些危害。首先需要一个功能定义，尽管它可能很简短（如 ISO 26262 的相关项定义），这样就可以确定系统边界并明确其功能。如果风险可以接受，则无需进行进一步的系统安全分析和安全确认。例如，因为有独立的外部系统监控并限制了系统的权限，使其不足以引发危害，如转向系统将其从摄像头接收的转向指令限制到安全可控的范围，所以系统不会带来不合理的风险。如果真的存在无法接受的危害风险，那么如前所述，在区域 1 中进行触发条件的分析。分析需要涵盖功能定义中与功能范围相关的全部用例（包括可能在之后出现的用例）。针对每个用例，评估是否会引发不可接受的风险。这其中，并不是所有的非预期行为都是不可接受的：可能会发现未知的安全行为。如果发现问题，则对功能定义进行更改，进行性能改进或限制，排除是不可接受的风险。如果不需要进一步的功能定义更改，则从区域 2 开始进行验证和确认。

如前所述，对传感器和子系统验证工作进行计划和执行，必须详细说明传感器和子系统，以便理解其预期的局限性。至少验证它们的能力可以达到这些极限。

然后确认系统对触发条件的响应。明确传感器和子系统可达到预期性能极限后，就可以进行确认，同时需考虑位于这些极限内的潜在触发条件以及超出极限的潜在触发条件，如远处的物体、静止的物体或模糊的车道标记。可以通过仿真执行一些确认，在仿真中，目标感知发生系统性降级，从而确定在超过已知极限时系统的性能是否仍然安全。车辆实测也经常使用这些方法，并且可能会重复仿真中执行的某些测试。这些重复的测试还有助于确认模型的准确性。经过确认的模型，不仅增强了模型的安全性，也增加了仿真结果的可信度。

触发条件和场景可以划分为等价类，以减少要评估的场景的数量和范围，从而提高效率。通常，边界情况称为边界用例（Edge Case）或边角用例（Corner Case）。边界用例在单个感知参数的极限处，而边角用例在多个参数极限的交点处。通过确认边界用例或边角用例，可将其作为接受整个等价类确认结果的理由。此类评估提供了已考虑"最坏情况"的证据，强化了安全档案。

当采用机器学习来训练汽车安全系统中使用的人工智能（AI）时，识别边界用例也很有用。通过重复分析，可以提高确认的效率和一致性。边界用例或边角用例可用于训练机器学习模型，从而将经过确认的行为授权机器学习模型。等价类中的其他参数可用于验证，这也实现了对选取等价类有效性的证明。在进行确认之前，先要执行 AI 算法的验证。

在区域 3 中寻找未知的触发条件。这主要是通过车队测试来完成的，测试策略倾向于探索在分析、场景测试或仿真中未被发现的用例。如果将无危害事件里程定为目标，则可直接根据交通统计数据确定测试里程目标，也可基于之前系统的数据经验或专家判断（根据测试计划的挑战性和严苛性）对该里程目标进行调整。里程目标的达成主要通过实际情况检验安全系统，按比例评估所有的驾驶条件、位置、环境条件、设计运行的工况以及可合理预见的那些超出定义范围的上述情况。可以将车队按比例分配到这些区域，再将里程汇总起来以更有效地达到总体目标里程。如果存在异常，则进行纠正以消除根本原因，然后再累积里程数。

例如，假设已累积三分之一的里程目标，期间没有触发条件导致自动紧急制动系统做出不安全的响应。然后，发生了不被期望的紧急制动事件。在分析根本原因后，我们发现在极少数情况下，视野中的反射情况会触发此事件。为此，对定义和视野进行调整，以消除再次发生这种情况的可能性，预期的功能均未更改。这时，不需要忽略已累积的数据重新开始里程累积，可以接受使用经过修改的系统继续已累积的里程测试。这是可以接受的方式，它继续保护公众免受不可接受的风险，并且符合 ISO/PAS 21448 的规定。如果担心更改可能对先前的评估产生不利影响，则可以将先前工况的记录输入安全系统，重新确认之前的验证里程。这样的操作还可以证明纠正措施的有效性。仿真可用于里程累积，但仅依靠仿真是不够的。可结合仿真和实际测试，定义二者的目的和目标。通过仿真，可以测试在现实生活中很难遇到的合理情况，或者可以比实际驾驶更安全地进行测试。但是，未知情况可能是由于仿真范围之外的情况导致的，而仿真难以生成此类情况，此时实际驾驶更有效。

3.3.5 生产发布

ISO/PAS 21448 可用于确定 SOTIF 是否已得到充分确认，以推荐发布汽车产品的指导和流程图。该流程图包含在 ISO/PAS 21448 中的图 14 中，它总结了 PAS 第 12 章中讨论的内容。首先，需要有证据表明确认策略已考虑到所有用例。如果不考虑相关的用例，则可能会降低对需求是否完整以及已证明合规性的可信度。前面讨论的策略可确保在实际操作中尽可能做到这一点。可以使用组合方法来确保没有潜在用例被忽略。对引发触发条件采用了系统性分析方法，可以确信该策略的完整性。可以用有说服力的理由来证明这种可信度。然后，通过等价类直接验证或通过先前产品的验证，系统地对触发条件进行确认；也可以考虑采用专家判断，因为它通过选择要评估的用例来强化感知的最坏情况。证据可来自于包含理由的分析或报告。

其次，需要有证据表明该产品达到了最低风险条件，不会对车辆乘员或其他道路使用者造成不合理的风险。最小风险条件的切换取决于自动驾驶级别，从通知驾驶员后关闭系统到系统接管，无需驾驶员干预。同样，先前描述的系统性方法应该通过系统地检查相关场景（包括超出传感器定义或可预见的驾驶员误用场景）提供证据。汽车安全系统受触发进入的后备状态，必须满足法规要求，且对公众的风险是合理的、可接受的最低风险条件。仅允许指定的驾驶员交互：这些交互可能包括在一段时间内接手，也可能不接手。预期在发生这种后备情况时会向驾驶员发出警告。即使系统不需要，系统也允许驾驶员接管。而后，驾驶员将负责安全地操纵车辆，而不需进入系统最低风险条件。该系统后备策略可确保将风险降至最低，并记录过渡过程。

第三，需要执行足够的验证和确认，以提供证据证明在启动后遇到的任何情况下都不会触发不需要的行为。这可以通过系统地提出和验证需求并实现确认计划中建立的确认目标来实现。再次，如前所述，完整性的证据是该理由的关键。证明完整性可能是非常困难的，但是所采用的系统性方法有助于增加完整性的可信度。

由于首先对系统进行了验证，系统定义确保不会由于任何触发条件而导致非预期行为，因此定义的完整性和确认也都有了可信度。这是因为确认是基于定义的，并将定义的功能在所有相关用例中都安全地执行作为确认的目标。然后，充分满足确认目标，以确保没有不合理的风险，从而成功完成确认过程。

当完成所有这些操作后，建议发布与 SOTIF 相关的产品。通过从用于批量生产和公开销售的系统中消除根本原因，任何意外异常都已得到解决，没有发现不合理的风险，并且证据充分。

如果触发条件分析、验证和确认均未发现不可接受的行为，但是完成针对未知触发条件的确认测试需要花费更多时间才能达到目标，则可能有条件释放。这种有条件的释放需要基于这样的判断，即从优先级最高的用例中获取了足够的证据，确信最终将成功地通过确认。这种方法因系统而异，并且随着自动化程度和使用范围的增加而受到更多的限制。

如果存在未解决的不可接受行为，则不建议发布。在这种情况下，可能首先需要对问题进行根本原因分析，寻找解决方案和永久性纠正措施。纠正措施可以提高产品的性能，或防止出现不必要的行为，如车辆限速导致产品脱离。需要验证该纠正措施是否永久性地解决了问题。对于回归测试，需要确保在不引起任何新的不可接受行为的情况下进行了适当的纠正。有条件释放是基于有足够的证据来提供成功通过验证的信心的判断，是基于所考虑场景中的保有量和使用率。有条件发布可支持启动批量生产，在大批量生产后的合理时间内应实现确认目标。可以对达到这些目标的日期和最终释放的条件做出预测。

如果没有发生不良行为，则满足条件，并建议完全释放。然后，更新发布文档以关闭此前提出的有条件发布中的条件。如果发布后出现不被期望的行为，则可能有必要采取现场行动来遏制它。这将由汽车生产企业与安全相关系统的供应商合作完成。需要确定并纠正不良行为的根本原因。根据不良行为的严重性和可能性，可能会发起召回来替换已发布给公众的所有系统，或者可以通过后续车型更新来消除根本原因而无需召回。如前所述，回归测试应确保进行了适当的更改，不会引起任何新的不可接受的行为。该回归测试的范围仅限于与异常和基于工程判断出的任何其他潜在有害行为相关的用例。在纠正措施通过验证并部署到产品后，针对未知触发条件的确认目标恢复了可信度。完成确认后，建议完全发布，并且取消有条件发布。

3.4 预期功能安全和功能安全的集成及其他考虑

3.4.1 背景

功能安全通常是针对系统故障引起的潜在危害，而 SOTIF 是针对系统无故障而引起的潜在危害。编写 ISO 26262 标准和公开可用的规范 ISO/PAS 21448 就是为了解决这些不同类型的危害。在批量生产和公开发售之前，要发布的系统既需要功能安全，也需要 SOTIF，这两个主题本可以合并为 ISO 26262，但工作组全体会议对此进行讨论时存在争论。最后通过投票否决了将 SOTIF 和功能安全结合到 ISO 26262 中的提议。

这主要是因为一些企业完全独立地处理 SOTIF 和功能安全。如果将 SOTIF 包含在功能安全标准中，这样的组织不太被接受，并且可能会导致行政工作方面产生困难。功能安全组织负责适用于功能安全的三个安全支柱，并且在组织上支持这三个支柱的独立性。该功能安全组织起草批准的功能安全政策（可能参考了 ISO 26262），执行了过程审核和工作成果的独立评估，确保所需任务得到执行。组织可使用第 2 章中讨论的三个替代组织方案之一，或者对这些组织方案进行修改。

另外，产品安全组织的产品安全政治可能会引用功能安全以外的法规和安全标准，如易燃性或 ISO/PAS 21448。该产品安全组织的职责是明确的，并且执行安全流程以确保企业发布产品的安全性及过程的高效性。

如果对此类组织进行拆分，则 ISO 26262 的所有方面均由功能安全组织处理，而系统安全的其他方面由产品安全组织处理。使用这种分隔，系统安全的所有方面将由两个专门小组解决。在这样的企业中，没有将 SOTIF 添加到 ISO 26262 中是好事，这与这两个小组的职责保持一致：SOTIF 在 ISO/PAS 21448 中，避免了与功能安全的混淆。

有些企业可能拥有同时处理 SOTIF 和功能安全的系统安全组织，只有一个组织结构，安全专家在 SOTIF 和功能安全方面都是可以胜任的。安全支柱不在 SOTIF 和功能安全之间划分，而是结合在一起。这使企业领导者可以清晰地理解和支持合并后的组织。系统安全策略考虑了功能安全和 SOTIF 的要求，支撑了企业的组合流程。该流程将 SOTIF 与功能安全相结合，以确保策略得以执行。对系统安全性的审核包括 SOTIF 和功能安全。参加这些审核的工程师会得出对功能安全性和 SOTIF 的要求，最终需要具备符合这些要求的证据。该过程构建了实现这些期望的蓝图。被评估的每个工件都具有解决 SOTIF 和功能安全性的内容。中央系统安全审核和评估组织在检查这些工件时使用的评估清单包括对 SOTIF 和功能安全的要求，在检查诸如工作产出物之类的工件时也是如此。

确保 SOTIF 和功能安全的两种方法各有利弊吗？基于阻止将 SOTIF 加入 ISO 26262 的投票结果，每个从业者都可能会说"是"。这在很大程度上取决于企业和安全组织的历史。这一历史决定了维护两个独立组织或拥有一个系统安全组织需要多少变更。

如果首先具有了一个法规或产品安全组织，并且功能安全性方面是在 ISO 26262 之前的开发过程中单独处理的，或者直接依赖于 IEC 61508 的指南但应用于汽车生命周期的组织处理，则保留此分离避免了组织上的障碍。功能安全不需要由原来的监管小组处理，并且法规通常不是功能安全小组的任务。在安全的不同监管方面，都有专门的专家以及功能安全专家参与。这些不同的专家没有理由在日常活动中进行协作。但由于任务是独立执行的，组织间的沟通还需避免不一致，这可能会带来挑战。

如果将功能安全和 SOTIF 结合在一起，则可以避免一些多余的任务，从而提高效率。SOTIF 过程模型和功能安全过程模型有很多共同点。考虑初步的危害分析：

功能安全和 SOTIF 都需要此工作产出物，并且危害分析有很多相似之处。对于属于 ISO/PAS 21448 范围内的系统，由功能故障引起的所有潜在危害也可能由系统非故障诱发，例如算法或传感器的局限性可能导致这种结果。此外，必须通过 SOTIF 和功能安全分析来解决可预见的误用问题。解决系统功能安全时，系统使用不当会影响可控性，甚至会导致机械故障。通过添加到系统中的功能可以解决可预见的误用问题，其他系统修改也可以使功能安全和 SOTIF 受益，因为它们解决了在故障情况下和正常运行期间如何控制系统的问题。例如，考虑监视驾驶员的方向盘。当检测到驾驶员的手未放置在方向盘上时，向驾驶员发出警告；否则，当由于传感器限制而未检测到车道边界时，可能会影响车道居中系统的可控制性，或者在转向系统由于故障而失去辅助时影响驾驶员的接管控制。尽管如此，系统安全和 SOTIF 通常会考虑由系统正常运行所引起的危害，如操作者受到惊吓，但在仅考虑由系统故障引起的危害时不会考虑这些风险。在评估可控性时，功能安全会考虑在发生故障时惊吓到驾驶员。然而，这种人机界面是与 SOTIF 相关的，并在 ISO/PAS 21448 中有所考虑。

SOTIF 和功能安全性的结合也使工程师培训受益。该培训本质上是务实的，并向工程师传授如何通过将它们结合到现有工作成果中来有效地满足所有 SOTIF 和功能安全的要求。除了包括额外的 SOTIF 分析和验证之外，无需更改包含这些工作成果的过程。通过培训认识到工程过程只有一个，所有的工程工作都必须在同一过程中完成。这种高效性使公司在资源与成本竞争力方面受益匪浅。

3.4.2 分析和验证

如本章前面所述，触发条件分析是 SOTIF 的特定工作。ISO 26262 中未讨论触发条件，因为触发条件不会引起软件和硬件发生故障。当考虑初始触发条件时，系统运行正常，由分析得出要求。如前所述，这是系统性的分析，有助于要求的完整性。一旦要求被提出和确定，它们就会被包含在设计中并经过验证。为功能安全要求而维护的数据库被扩展至包括 SOTIF 的要求。验证可以追溯到 SOTIF 要求以确保其完整性。然后，完成纠正措施以弥补缺陷，随后进行确认。这些纠正措施包括更新需求数据库和验证方法。验证和确认方法在功能安全性和 SOTIF 之间有所不同，ISO 26262 和 ISO/PAS 21448 均包含各自的指南。ISO 26262 提供了验证和确认方法的表格清单。对于 SOTIF，参照本章前面提到的，遵循特定流程的三个领域。

整合功能安全和 SOTIF 的系统安全流程如图 3 - 1 所示。与仅包含功能安全的流程相比，有些活动得到了扩展；对于有些在功能安全和 SOTIF 间有明显差异的环节，显示为单独执行。此流程假定相关项定义足够详细地描述了系统的设计和意图，足以支持分析的完成。功能安全和 SOTIF 均需要此相关项定义或初始定义。符合 ISO 26262 中的相关项定义要求应足以达到该目的。所需的相关项定义提供了足够精确的系统边界和功能，以支持功能安全分析和 SOTIF 分析。

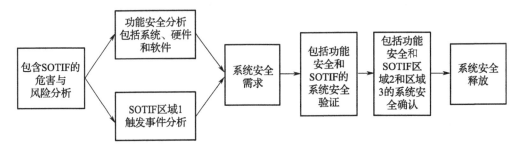

图 3-1 整合功能安全和 SOTIF 的系统安全流程

进行危害和风险分析，包括所有功能安全危害以及系统与驾驶员或其他道路使用者之间的相互作用，这些相互作用可能会导致无故障的危害。与功能安全的危害和风险分析相比，这可能是范围的增加，具体取决于功能安全危害和风险分析的详细程度。选出的用于评估失效的场景可能会对不含失效的 SOTIF 用例也有很大的覆盖。

然后，对设计进行功能安全分析，如系统失效模式和影响分析、单点故障度量以及对软件架构的 HAZOP 分析，从而得出功能安全要求。

执行触发条件分析以得出 SOTIF 需求。如前所述，根据系统的复杂性和自动驾驶等级，这种分析的范围可能非常广泛。分析得出的需求包含在系统安全要求中，并且制定了验证和确认计划，涵盖所有系统安全需求。用于验证的方法可能有很大的不同，但是诸如可追溯性、确定通过与否的明确标准以及验证方法的文档之类的验证要求是通用的。将需求数据库链接到 SOTIF 验证方法，可以促进需求的可追溯性。

在大多数工程组织中，验证均如常进行。验证前，需要具备待验证的需求规范或需求数据库，制定验证计划及使用的方法。部分验证是通过检查、演示和分析来完成的。例如，仅通过演示来证明实现了特定的功能。但如 ISO 26262 中所述，很多验证还是依赖于具有足够覆盖度的测试来实现的。例如，通过故障注入测试来证明特定安全机制的实现。SOTIF 提供了更进一步的验证指导，尤其是在传感器方面。

在 SOTIF 验证中，基于已定义的感知局限对传感器进行测试特别重要，因为它提供了有关传感器潜在局限性的信息，这在识别触发条件时很有帮助。与大多数组织一样，测试报告包含证据，并与需求数据库进行了关联。所使用的特定测试流程、采用的测试准则及测试结果均具有可追溯性。针对探测到的失效，规划应采取的措施，以便预防失效。在系统确认之前，对验证中所有发现的问题都予以纠正，以防止在确认中重复出现。

3.4.3 确认

系统安全确认通常在验证完成后开始，以便解决验证中发现的所有问题，并将生产方法和工具用于要验证的产品。当以固定设备的形式添加新的或额外的生产能力时，通常使用设备供应商所在地生产设备的零件来构建确认系统。这允许将生产意图系统在计划进度表中的较早时间进行确认。确认的目的是确保不会因不遵守安全要求而引起普通公众的不合理风险。对于功能安全以及 SOTIF 都是如此。确认的完整性对于确保安全至关重要。

对于具有自动驾驶功能的系统，确认活动有很多重要的补充，由于这些补充，验证活动涉及内容非常广泛。随着自动化水平的提高，它们具有更大的意义。如本章前面所述，这包括验证区域 2 中的已知场景和区域 3 中的未知场景。为了维持发布时间计划表，完成这些 SOTIF 确认活动可能需要大量的时间和资源；这就是在需求已知时就要规划这些活动的原因。

在将功能安全和 SOTIF 结合在一起的系统安全组织中，强烈建议聘请一个熟悉 SOTIF 概念的分析师，他需要有足够的创造力、分析能力和数学能力来有效地规划这些确认活动。应该优先选择由高潜质的人来驱动并向安全和工程人员传授这些方法，并在外部论坛中代表企业，以便与时俱进并为这项技术的进步做出贡献。例如，分析人员可以使用贝叶斯统计方法，将工程专家的理念与测试相结合，以提高区域 3 的确认效率。由于该方面的专家也可能参与设计，此类技术需要谨慎使用，以确保安全。这些实施贝叶斯统计的计划需要对这些假设进行审查，并且涉及大量资源。

根据上述步骤对证据进行评估，可以为产品发布提供系统安全建议。尽管可能会进行广泛的评估，但对于安全性是否足以用于批量生产和公开发售的建议必须是明确和无歧义的。该建议可以是"接受""有条件接受"或"拒绝发布"。ISO 26262 和 ISO/PAS 21448 都针对这三种可能性制定了标准。企业内部需要此建议的一致理由。这些标准需要系统安全组织进行一致的解释，可以使用在企业内发布的指南进行管理，以供提出建议的人员参考。

"接受"表明安全的证据是充分的。通常，此判断是在审查安全档案后做出的，包括工作成果物的评估报告和审核报告。最低标准可能是安全证据不少于以前的同类产品。若符合标准，则可考虑接受，并且绝大多数的情况都应实现。

"有条件接受"表明没有迹象表明该产品构成了不可接受的风险，但是需要进一步的证据来确认。产品变更被判断为没有引入额外的风险，但仍需确认，所以可能需要额外的分析。通常会为获取证据设定截止日期。

"拒绝"表示有证据表明该产品存在不合理的风险，或者现有证据不足以达到"有条件接受"。该产品可能由于证据少于以前的产品而被拒绝，也可能由于缺少已发布产品中包含的分析而被拒绝。

第4章
安全审核及评估 ///

4.1 背景

第2章讨论了安全组织的三大支柱。第一支柱是企业级系统安全政策，第二支柱是独立的审核和评估，第三支柱是企业安全政策及支持过程的执行。这三大支柱虽相互交叉但彼此独立。独立的审核和评估活动包括审核安全体系流程（系统安全流程的审核）和评估系统安全工作成果（系统安全工作成果的评估）。这些工作成果在企业产品线内独立于审核和评估活动执行，并作为启动批量生产和公开销售的汽车产品具体计划的一部分。

此外，第2章还讨论了生产汽车产品的企业（无论是汽车制造商还是零部件供应商）实现这三大支柱的几种方法。可以使用不同的组织方法来实现工作成果，并保持审核和评估以及企业系统安全流程的独立性。我们已经讨论了各种方法的优缺点。在每一种情况下，审核和评估通过确保产品发布的安全风险合理性和提供支持尽职的证据而产生价值。审核和评估活动的独立性对于保证安全性的公正和可信至关重要。这种独立性是公认标准（如 ISO 26262）所要求的。遵守公认的标准强化了这一论点，而审核和评估也支持合规性。

4.2 审核

此处讨论的对工程项目的审核，是在开发期间或之后以及在确定发布建议之前执行的。在项目执行过程中进行这些审核很重要，以便能够及时进行必要的变更或改进，从而实现良好的发布建议。审核的目的是确认已经采取了正确的步骤、选择了合适的发布时间，以及是否需要根据审查结果采取任何额外的措施。这些审查结果可能包含完成工作成果的及时性，如对独立于环境的安全要素的假设等需求的获取（比如微处理器或软件操作系统）。审查结果还可能涉及在开始验证活动之前所需完成的安全分析，以确保要求已完成。

审核还为产品人员提供这样一个机会，使他们可以独立于其直属领导而向某人提出任何其他担忧，而不必担心会受到影响。这些问题由审核员指出，他们可以在审核之外与产品线人员或企业的执行人员一起解决这些问题。这些也可以作为审核结果或审核报告加以说明。

此外，审核报告还为负责产品的高级管理人员提供实现系统安全性的相关情况，包括审核员认为值得上层领导特别注意的任何问题，如员工对安全的顾虑。由于审核是在项目的重要时间点之前进行的，审核报告中的信息可以帮助管理人员准备在这些时间点上进行核查准备。这使管理人员能够跟进行动和升级，并通过分配资源来支持实现系统安全。由于向工程主管和项目管理人员提交的审核报告要先于高级主管在重大时间点对产品线进行审查，因此有助于留出足够的时间与高级主管一起改进。经验表明，工程主管将利用这一时机提高安全状态来与其他产品线的同行竞争。它有助于管理者区分产品。因此，审核是务实的。

在审核过程中，随着审核结果的讨论，审核员可以通过解释其他项目中相关问题的解决方案来推进问题的解决。审核员可能会审核许多来自不同产品线、基于各种文化背景、有着不同状态的项目。然而，在此类审核中存在并得到解决的类似问题并不罕见。审核员在运营、工程以及安全管理和评估方面的个人经验越丰富，这些解释的广度和深度就越大。一般来说，我们提倡这样的解释，特别是当提供或引用了可用于解决问题的资源时，如内部或外部的承包商或供应商，并且提供了同事的联系方式作为实际参考，即使该同事在另一个产品线中。这可能是审核中有价值的部分：对协助的期望有助于参与者在面临巨大时间压力的情况下克服参与审核的惰性，这在汽车开发项目中很常见。

组织审核应该尽量减少对项目的干扰。审核工作应该是有用且切中要害的，并且遵循一个一致的、被充分理解的议程。这可以通过尽量减少审核时间和尽量提高审核效率来实现。例如，有时审核计划在项目结束时才进行。这对项目团队来说不一定是有效的，也不一定能产生最大的价值。审核员检查的可利用证据来自项目的整个过程，研究这些证据非常耗时。针对安全要求的详细审查主要审核可追溯性、验证证据和符合标准方法的证据。如果在项目结束时才进行审查，几乎没有时间来改进相关的发现点，因为项目的验证阶段已经通过了。培训机会微乎其微，而且状态报告的时间较晚，可能来不及支持项目团队和执行人员进行有效改进。让生产线主管采取行动来改善项目状态可能并不可靠。审核可能会持续数天，在此期间会涉及很多人，但收效甚微。这样做的效率很低。

或者，可以在项目进展的不同时间点安排几次较短的审核。本着最大限度地发挥效用以及更新当前状态的原则来选择审核日期：例如，第一次审核安排在项目启动后的概念阶段，第二次审核放在测试之前的设计阶段，第三次审核放在测试中或测试后，第四次审核放在验证的完成和项目生产发布时。根据相应的审核阶段来选择相关的审核目标。例如，启动后的审核重点是概念阶段、基线计划的变更、这些变更的安全影响分析以及对当前安全生命周期的调整。

可以合理安排审核时间，以确保在讨论不同主题时，相关人员能够出席。这可以通过按照专业领域组织每次审核来实现。例如，所有的软件工作成果和分析都可以在议程上安排到一个时间段。同样的方法可以用到硬件相关审核工作，如硬件构架度量和故障运行的冗余要求等。

产品线主管及时收到审核报告信息可以增加信息的有用性和价值。报告应对重点信息进行总结，后续的改善行动要清晰、简洁、实用，以使主管在查看简报或总结邮件时能立即发布指示。

如果有充分的计划，那么这样一个复杂项目的审核可以在两小时内完成。要做到这一点，参与者必须做好准备，需要提供前期审核要求的当前完成状态，并且必须准时到场或委派代表准时出席。如果一个项目的安全档案中有足够多的可复用项（从其他通过审核的项目），则审核可能只需要不到一个小时。参与者必须同样做好准备，且审核范围会更小。这样的审核要求项目团队由一名优秀且备受推崇的安全经理进行大量准备工作。安全经理帮助项目团队成员准确地了解审核的内容和应做的准备。例如，产品团队可以为审核做好充分的准备，他们可以预测审核人员的问题，并为解决相应的问题准备相关的数据和计算证明。经验证明，如果准备得非常充分，这是行之有效的。

4.2.1　审核方法

标准的审核方法有助于有效地进行定期审核。该方法有助于负责此项目的安全经理、评估人员和项目团队进行相关准备。以下是该审核方法所包含内容的示例。

1）项目经理对项目所包含内容的描述，以及自上次审核后项目范围或重要日期的变更。这可能包括一套以前用于简单汇报的 PPT 以及日程安排。

2）跟进上次审核后进行的变更。这应该是预先准备和记录的，例如，记录在整个企业通用的标准模板中。

3）由于 1）导致的其他操作，包括描述、负责人、分配日期、截止日期和状态（如任务分配）。这些是在审核期间准备并记录的，例如，在整个企业使用的标准模板中记录。

4）确认工作成果的截止日期与1）中的日期相对应。在一个汽车项目计划中，当做项目管理时，项目日期变更是很常见的。

5）评审到期工作成果的状态，包括对重要工作成果的评审或梳理，例如，如果一个重要的复用可信度被采纳，则需进行影响分析（假设工作成果的详细评审是由独立的评估人员按照要求进行的）。记录所有需要的操作。可以使用企业的标准模板，如果它是根据到期日期和其他属性（如完成状态）排序的，就会非常方便。

6）评审从系统需求的引出到硬件和软件需求再到验证需求的追溯性，包括使用的方法。这包括所有三个需求来源（在本章中简要讨论）。记录所要求的操作。直接评审和审核需求数据库以及任何可跟踪的信息是一种有效的审核方法。在每次审核中，需求审核是每次审核的优先项，因为工作成果不提供这些信息。

7）检查是否有其他人希望独立提出的其他问题。这可以很简单地处理，就像审核员在审阅审核摘要之前发出公开邀请一样。

8）审核记录（由安全经理或评估员记录），并提交给产品线主管，确认得到主管同意。注意报告的度量状态。正如安全度量指标所反映的那样，尽管审核记录不一定会呈现一个有利的项目状态，但重要的是，项目团队应基于企业安全政策或对标准流程的理解并认可其准确性。

9）关闭审核。

10）之后，将报告连同摘要一并发送给每一个被邀请的人和适当的主管，记录出勤、缺勤、替代人员以及准备情况和参与情况。这可以是一个简短的报告，但它的透明度促进了审核过程中的可信度和信任度。

如上文所述，这样的审核可以非常迅速和有效地进行。这些步骤是有序的，以便按逻辑进行。只与相关人员一起审查相关的信息。支持审核工作的持续改进。与会者会因其出席率和准备情况而获得信任，这对产品线主管是可见的。这有助于避免由于项目时间压力而导致的参与度问题，因为受邀者的自身利益为他们的出席率提供了动力。有限的时间可以分配给所有相关人员以获得最大利益。每个人都可以看到并认可项目所有阶段的安全状态，这有助于为其他评审做准备。经验表明这是有效的。

在某些人看来，这里介绍的方法似乎是马基雅维利式的，就好像审核员正在寻求对产品团队的话语权，从而获取企业的系统安全。你可能会问"乐于执行和因为敬畏执行哪个更好?"，答案可能是"两者都好"。审核不在于审核员，而在于有效确定和报告项目安全流程的状态，以促进对该流程的遵守。理想的情况是花费最少的时间和资源来完成审核工作并确定结果发出报告。

遵循此方法的审核员可以确保产品团队获得最大利益，因为审核可以使团队的工作成果获得良好的可见性，从而在确保企业推出产品的系统安全性方面表现出色。行政领导期望这种出色的表现能够通过最大限度地减少因对安全过程不够认真而造成的现场安全问题给企业带来的风险而增加价值。

审核员还可以为产品团队带来节省时间和节约预算的解决方案。这些可能来自与其他项目和产品线的协同作用，而这些协同作用是由审核员在产品线之间的沟通所实现的。当需要帮助时，独立审核员会独立识别，这样请求就不会显得是为某个产品团队服务的。将需要和所需的行动有效地传达给具有所需权限的执行人员。审核因此增加了比它消耗的资源更多的价值从而得到高管和产品团队的赞赏。

然而，如果审核报告不是完全有利的，那么可能会因为抱有威慑审核员的动机来推迟或阻止审核报告。即使仅仅是试图恐吓或威胁审核员也是不能容忍的。作为对出现不利报告的一种回击方式，项目人员或产品线人员可能会表现出这种行为。任何此类企图都必须迅速、有力、公开地予以纠正，绝不能有任何迹象表明，恐吓会成功地阻止一个安全状态报告的发布从而促使系列生产和公开销售目的的达成。公开并不意味着要在企业外部或公共平台上发布：公开不是让企业暴露在公众的批评之下。事实上，恰恰相反，通过防止内部的恐吓企图，可以避免企业未来暴露在公众的批评之下。但是，任何内部编写的内容都可能以不利的方式被公开。内部书面通信必须谨慎进行，并应根据企业向员工提供的法律顾问的建议进行。事实上，使用律师－客户特权通信请求律师进一步建议可能是必要的纠正行动。这在一定程度上保护了通信的隐私，并提供了获得律师关于企图恐吓的咨询意见的机会。不过，为了维护企业的安全文化，任何目睹了这种企图恐吓的人也必须目睹这种纠正措施。他们可以被列入律师－客户特权通信中，以便他们被告知恐吓企图的解决方案，并接受律师提供的任何建议。

此外，如果审核员犯了错误，则审核员必须承认错误。承认错误必须迅速且有力地完成。因为审核员要以身作则，所以必须保证审核员的廉政性。

4.2.2 外部审核员

项目审核有时由外部组织执行。该组织没有获得 ISO 26262 等安全标准的认可，也没有汽车安全标准认可的认证证书。此类认证和证书是由别的组织（如咨询公司）提供的，如果需要，它们也可以根据合同对项目进行审核。如前所述，这种审核可以是周期性的，也可以在项目结束时进行。有关提供何种审核服务的决定在双方同意订立审核合同时做出。

外部审核员是独立的，因为他们向外部组织报告，而不是向项目的发布机构报告，这满足了 ISO 26262 的独立性要求。例如，有才华、有经验的外部审核员可以为审核工作带来内部所不具备的经验。审核组织可能为其他汽车公司和其他行业提供审核。这可以为需求跟踪的评估提供一个新的、更广阔的前景，以及所遇到问题的潜在解决方案；可以共享用于确保或评估可追溯性的技术，以及用于解决问题的资源。客户可以指定由外部进行审核并需要特定的审核实体，或者客户自己也可以执行审核。

由每个产品组独立管理的外部审核可能会破坏整个企业审核实践的一致性。每个产品组可以选择不同的审核员，例如，如果采购是由每个产品组自己决定的，则这样的采购决策可以有不同的标准，如果一个产品线被一致地应用，则可以使该产品线受益。这样的采购可能不会促进一致性，因为与其他产品线的一致性不是采购标准。成本和可用性可能具有更高的优先级。此外，如果发布机构也是审核人员来源的合同管理人，则可能存在违背独立性的可能。被审核的项目向审核实体支付报酬，财务独立性可能会受到挑战。

如果外部审核团队是由中央组织承包的，那么外部审核的好处是可以实现的，同时又可以避免其缺点。中央组织将各产品线的一致性作为选择外部审核员的标准。中央组织采用的审核程序由一名合格的外聘审核员执行，由一名内部审核员遵守，反之亦然，以确保与内部审核的一致性，就像在审核人员中增加一名内部审核员一样。

外部审核员是独立选择的，这种选择使审核员的才能和经验与被审核的项目相匹配。例如，对安全相关软件的开发具有特别广泛的知识和经验的审核员可以与支持多个车辆功能的外部硬件平台上的软件产品相匹配。

外部审核员的审核反馈可用于中央组织的持续改进。外部审核员从外部角度反馈关于解决产品线或企业潜在系统性问题，而产品线则反馈他们认为特别有益的外部审核员的审核风格。同样，可以从其他产品线中筛选出表现不佳的外部审核员，尝试弥补他们的缺陷，或者不让他们参与后续的流程。通常认为中央审核和评估组织不直接由产品线支付报酬，因为这可能会对独立性产生不利影响。审核资源不应直接依赖于被审核实体，审核的独立性需要得到保证。

4.3 评估

4.3.1 系统安全评估

最终的功能安全评估在 ISO 26262 中进行了讨论。在此评估过程中，要评估整体的安全档案，以确定它是被接受、有条件接受，还是不被接受，以作为产品发布、批量生产或公开销售的充分条件。此外，ISO 26262 还讨论了对工作成果的评估，并且要求独立审查这些工作成果。

这两种评估——最终的功能安全评估和工作成果的评估——可以结合在一起，只要安全经理在最终安全评估中收集了所有与工作成果有关的系统安全证据，并且该文件由系统安全评估员独立评估就可以。这样的文档是系统安全过程中包括的工作成果，并且还包括预期功能（SOTIF）安全的证据（与 ISO/PAS 21448 一致），同时还评估了 SOTIF 所需的适用任务。通过这种方式，采用单一包含 SOTIF 和功能安全的系统安全流程的企业可以提高效率。执行该流程的产品线以及中央安全组织也均享有这种效率。该流程可在整个企业中部署。

如果将组织中的功能安全和产品安全分开，则每个组织可以分别部署该流程。不同的组织可以实现类似的效率。刚刚描述的程序（可扩展的）代替了 ISO 26262 中描述的最终安全评估以及由评估人员单独编写的报告，这消除了 ISO 26262 最终安全评估所需的程序延迟。

4.3.2　工作成果评估

工作成果评估不同于审核或设计评审。审核是为了审查流程的符合性，并检查工作成果是否符合流程的证据。设计评审涉及对设计合理性的技术评价。工作成果的系统安全性评估则可以确认满足工作成果的要求，并且该工作成果适合作为安全档案中的证据。这些工作成果的要求来自参考的安全标准以及内部指南。

用于该过程的工作成果可以从安全标准的多个工作成果中提取要求，以提高效率，减少工作成果的数量并与其他标准（如质量标准）保持一致。检查程序属性，如正确的引用；引用的正确性非常重要，因为需要能准确地检索出安全档案的证据。检查陈述的正确性，因为不一致或可疑的理由可能会对安全档案产生不利影响。例如，在一个产品的影响分析中，一个关于工作成果可以被重复使用的论据会被检查，以确定工作成果是否可检索和确认，以及重复使用的理由。如果设计变更对这个基本原理有影响，那么工作成果可能需要返工，而不是全部重复使用。

这些评估比审核更广泛。审核会检查是否发生了这些评估，而评估是更细粒度的，并且关注单个的工作成果，而不是程序上安全流程的完整执行。它们与设计评审不同，因为评估和审核不会验证设计本身的正确性。这样的技术评审应该在工作成果提交评估之前完成和批准。缺乏这种评审的证据是在没有被评估的情况下将工作成果返回给作者的充分理由，因为如果技术内容不正确，那么这样的评估就是无效的。这样的评估可能会占用大量资源，可以寻求更高的效率。

对工作成果的评估需要在内部执行，还是可以外包？咨询公司可以根据合同进行详细评估。检查内部参考文件正确性的能力需要提供给外部评估员，或者需要在内部单独完成。

在某种程度上，讨论过的审核原则同样适用于工作成果的评估。虽然执行审核的目的与执行工作成果评估的目的不同，但是对独立性的要求是相似的。获得工作成果需求达成的外部解释是有好处的，但是不同的解释也会导致不一致和混乱。例如，假设一个硬件工程师在许多项目中对一个安全气囊诊断模块进行了单点故障度量（SPFM）分析，并且这个工作项目一直由内部评估人员进行 I3 独立性评估。外部评估员评估下一次 SPFM，并且可能不赞成通过冗余路径和比较来达成声称的诊断覆盖率。客户的类似评审与之前的评估结果一致。现在必须解决不同的评估解释。

在需要进行独立评估时（如影响分析），由产品线聘请外部顾问会带来与独立审核相同的挑战。影响分析是确定生成安全档案所需资源的关键，因为它能确定重新生成工作成果或者通过返工得到工作成果的必要性。关于这方面的独立性，评估的财政动机和来源可能会受到质疑。

这些缺点可以通过由中央组织使用外部评估补充内部评估来弥补。即使雇用了同一位顾问来评估影响分析，也不存在独立性问题。同样，中央组织应在财务上独立于产品线，这样可以集中确保一致性，并保证独立性。

与审核不同的是，部分评估可以远程进行，比如在成本较低的国家，由企业内部组织或外包企业进行。通过对企业基础设施的适当访问，可以远程检查引用，并使用清单进行初步评估。远程评估应遵循中央系统安全审核和评估组织批准的流程，确保足够的技能。这有助于确保评估的一致性和完整性，这些评估将提供给多个内部评估人员并作为他们最终评估的基线。

远程资源可以保留关于不符合项被拒绝的总体度量。这些包含度量指标的准则通过持续改进而细化，并可用于企业的改进培训：作为培训师要强调和解释的一部分主题。然后，具有相关产品领域知识的评估人员可以审查工作成果并完成评估。对于任何更改的反馈都可以与海外合作伙伴共享，从而创造改进的机会。任何更正均可与作者当面讨论。一对一的个人讨论是有益的，这是一个无风险的训练和指导机会，可以促进未来的评估人员和安全管理人员的产生。这种评估和指导是可扩展和可持续的。

第5章
安全文化 ////

5.1　背景

ISO 26262 讨论了安全文化是一个组织持久的价值观、态度、动机和知识，其中，在决策和行为上，安全优先于商业竞争目标。这是一个明确的观点，它表明了汽车行业在决定下一步采取什么行动时，会倾向于采取能确保安全的行动。成本、进度和政策的紧迫性都不应高于安全的优先级，从而确保公众不会因企业的行为或疏漏而承担不合理的风险。

在使用 SOTIF 时，安全性仍然是指不能存在不合理的风险。因此，安全文化意味着一种确保没有不合理风险的执念。这个概念似乎广泛地应用于系统安全。系统安全的目的是确保产品在无故障运行和故障出现时的安全。该组织致力于实现安全，并且为安全文化提供了授权。

ISO 26262 讨论了安全文化的积极和消极指标，这些指标显示了负责实现或维护功能安全的人员以及组织中执行或支持安全活动的人员是否具有奉献精神和诚信。直接衡量一种文化是困难的，甚至是不可能的。安全文化对于建立和维护某个流程是至关重要的，该流程可支持实现向公众提供的汽车产品不会造成不合理风险。此外，整个组织的安全思想将会鼓励质疑和追求卓越，避免自满。每次产品或者需求的变更都将对其安全隐患进行检查。当举办一个活动时，企业也会考虑公众是否会在不知不觉中承担更大的风险。组织应当培养员工承担责任和自我监管的意识。

5.2　安全文化的特点

安全文化的正负特性已在 ISO 26262 中列出。正向（积极）指标包括以下方面。

1）决策的责任必须是可追溯的。例如，一个具体的责任人对已采取的和未采取的行动（包括设计和规划）负责。

2）安全第一。例如，以时间有限为由而未能以可追溯的方式验证所有的安全需求是不可接受的。

3）设置奖励系统时，相对于成本和进度应更倾向于安全，而设置惩罚系统时则相反。例如，使用指标为每个产品线设置相应的安全目标，使每条生产线高管的风险薪酬在安全目标方面所占比例最高。安全指标贯穿每条生产线，能够确保生产线具有一致的安全方面的激励。

4）程序应当确保是可查的、平衡的，同时也是具有独立性的。实施"三大安全支柱"这一措施可以确保这一点。

5）应及早发现和解决问题，包括在现场问题出现之前就要引起管理层的注意。由企业主管进行定期的审核、评估和指标审查可以提供这方面的证据。

6）应提供充分合格的资源，以尽早执行安全任务。由项目管理中系统安全任务的所有者来提供这种资源，由高级主管来定期审查安全任务中不够充分的计划和资源。

当正向指标缺乏时，则使用负向（消极）指标来描述。例如，对决策和进度的模糊问责制、把预算优先于安全进行考虑等，这些都属于负向指标。

系统安全文化意味着企业承诺有一套完整的系统安全要求，并承诺遵守这些要求。为达成这一点而提供证据是创建安全档案的根本目的。对该承诺达成一致是很重要的，不仅需要将这种承诺作为一种持久的价值观嵌入组织中，还需要采取行动来得到管理层的支持，从而促进管理层授权来执行这些任务。这些行动可能来自中央安全组织、安全经理、企业领导甚至客户。中央安全组织负责执行审核、评估、培训、指导和技术安全备份，以促进产品团队的成功执行。安全经理通过执行安全任务、与客户或供应商安全经理沟通协调，确保日常系统安全流程的正常。客户方面也需要支持安全第一的观念。图 5-1 总结了这些角色的职责，可以看到，所有角色都对组织的安全价值观做出了贡献并发挥了重要作用。

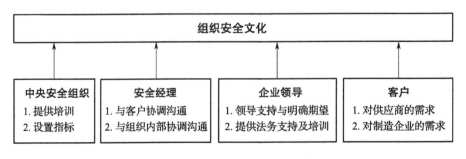

图 5-1　影响组织安全文化的因素

5.3 中央安全组织

中央安全组织应具有全面的系统安全知识。这些知识不仅来自于个人的学习和训练，也来自于多年来在工程、运营和系统安全方面的项目经验。系统安全经验包括能够进行多样的安全分析并了解汽车产品的完整安全生命周期，这是中央安全组织提供每个汽车产品生命周期阶段相对于其他阶段的具体行动成因和影响的基础。

中央安全组织应当知道在安全文化中应该保留什么样的价值观，需要尽早系统地提出一整套安全要求，以确保合规性，并系统地建立证据证明已实现合规性，从而避免产品带来的不合理风险。这些价值应该激励中央安全组织，这就是中央安全组织提供系统安全过程和工件评估与审核的原因。这些行动是出于向公众提供安全产品的信念。每一个行为都有一个动机，中央安全组织的行为昭示了潜在的系统安全文化的信念体系和持久的价值观。细致的检查、指导和正式的培训显示了系统安全第一的态度，报告和指标则能够衡量这些措施的有效性。

中央安全组织的正式培训有助于增加组织的知识，并确保价值观的持久性。产品线领导和企业领导都必须接受正式培训。向公众提供与安全相关的汽车产品的企业，在对企业高管、管理人员和工程人员进行培训时，应将重点放在他们岗位角色所期望的职业道德行为上。这种职业道德行为的责任不仅应从法律的角度考量，而且也应从监管的角度以及成本和商业信誉的角度来考量。这种职业道德行为可能会影响该组织是否有资格获得新的安全相关业务的奖项。

领导层需要了解，在量产的最后期限才进行风险评估是不可取的，公众是不能接受与安全相关的任务可能未完成的风险。例如，管理人员不能说"我有很强的信心，愿意承担风险"，因为这种风险在未经公众同意的情况下，已经被强加给了公众而非管理人员。培训可以通过清晰地传达中央安全组织在审核和评估过程中所展示的文化，从而强化系统安全在企业中的优先地位。

培训还可以通过分析和验证来引导安全需求的预期内容。考虑到不这样做会对一般公众造成风险，就可以更容易地将其重要性内在化。企业中没有人会通过推出不安全的产品来故意给公众带来不合理的风险。关键是将其与系统安全过程联系起来，如此一来，那些接受培训的人员就会自我激励，从而支持安全文化。

中央安全组织还可以通过设置度量标准来支持安全文化，这些指标可以通过图形表示，并将被考察的内容转化成量化的数值，从而提供更为直观和清晰的数据。通过数值，能够帮助组织进行快速与直观的理解。指标也可以通过激励非常具体的行为来改进正在被考察的内容，以达到一个最佳的度量标准，可以用来判断是否达到安全标准或是否合规。在生产线或企业层面直接衡量启发性和合规性是非常复杂且困难的，用一个抽象化的概念来表明它们即可，例如，以按时完成评估中可接受的安全分析作为一个指标。

安全文化是组织的一种属性，因此将衡量系统安全过程是否足够早地应用于每一个产品来作为一个指标。这需要多维度的衡量，而项目进程完成表对于量化这些因素非常有帮助。例如，在项目早期设置目标时，可以通过评价是否成功评估了早期的工作成果来衡量这个流程是否可以应用于每个程序。另一个指标可以通过是否已经及时完成达成安全需求的所有必要分析来验证。这样的指标凝聚了所有安全分析的工作成果，并体现了对重复性安全分析的重视（在某种程度上，这也鼓励了复查，并给企业带来额外的经济利益）。其他的目标也可以用来衡量项目中期的工作成果，具体已在第 4 章安全评审的相关内容中讨论过。这些内容包括安全档案的验证和确认以及安全档案的完成和验收。审核将以这些指标作为衡量尺度，高级管理层的重视与支持将有助于流程的合规性，一种良好的安全文化得以培养并传承。

5.4　安全经理

无论企业组织架构如何，安全经理应当被纳入产品开发组。在第 2 章的图 2 - 3 中，安全经理的角色由职能经理承担，如系统工程经理或电气硬件工程经理。这个角色通过促进执行系统安全过程中每一个项目的启动来培养组织的安全文化。安全经理需要以身作则，争取更多部门同事的理解并肯定这项工作的价值。

如果说中央系统安全审核和评估小组提供了度量标准，那么安全经理就是沟通过程中系统安全项目状态的联络人。因此，如果安全经理的决策与帮助能够改善系统安全各项指标，且其他同事和产品线领导因此得到了支持和鼓励，则对开发安全任务的各方面都是有益的，安全经理的支持度也会得到巩固。

联合开发

典型的情况是汽车制造企业（VM）的安全经理和汽车供应商的安全经理进行联合开发。在这种情况下，两位安全经理都应充当安全沟通的联络人。两个组织可以通过使整个产品线组织的沟通透明来共同确保和加强安全任务的优先执行。汽车制造企业的人员应知道供应商需要什么、为什么需要，以及计划可能对进度造成的影响。同样地，供应商的人员也应知道汽车制造企业在项目各关键节点上的需求。当务之急是协调安全要求，以便及时支持用于验证的 B 样件（设计意图系统和车辆）的设计。任何未经验证的非完整安全需求都有可能造成样件验证无法完成或者延迟完成。特别是 B 样件用于公共道路，包括 SOTIF 相关产品的车队测试，尤其需要注意。这些目标和战略都应由双方共同规划并完成，这将有助于形成共同的安全文化。

每个安全经理都将这些需求带回他们的组织内部，以完整地实现安全目标的要求。所需完成的安全分析应由项目各区域的成员执行，如软件安全分析和硬件安全分析。为实现项目目标，需要他们以团队的形式执行安全任务。在项目回顾会议上，每个团队成员都要明确地知道他们需要什么，并明确了解每个安全任务的价值，从而加深团队对安全文化的理解。

5.5　企业领导

发布时间表上的每种产品最终都由企业高管负责。这些高管对投入批量生产并公开销售的每一件产品承担成本、进度、性能和安全上的责任。不履行本应知晓或本应执行的安全任务从而给公众带来的风险，最终都将对企业构成风险，甚至可能对负责的主管领导造成个人风险。

中央系统安全审核和评估组织提供的正式培训，以及在审查（如指标审查）时提供的报告，加强了主管人员对这一责任的认识。他们必须防止不履行职责所带来的后果，从而积极采取对应的措施。系统安全审核员可以在审核报告中提供建议，以支持执行部门在其权限范围内对项目的执行。当执行人员采取建议的行动时，就会提高执行人员安全责任意识。当员工在其所负责的领域被鼓励采取相应的安全行动时，就支持了企业内部积极的安全文化。安全第一的理念可以渗透到组织的各个层面和职能的目标上。高管们可以通过强化管理资源分配，使所有人员共同参与实现这些安全目标来培养安全文化。

责　任

责任的问题往往围绕着企业如何证明对安全的重视，包括确定产品上市时的安全技术水平。这是真正的功能安全以及 SOTIF 所讨论的内容。

制定安全标准的动机与责任有关。在功能安全领域，符合 ISO 26262 标准的证据是为了显示在开发和生产产品时所使用的安全方法和措施是充分的。这些证据有时需要被明确解释，然而，解释有时可能不足以证明系统安全的全部成果。另外，尽职调查的方法也可以用符合 ISO/PAS 21448 标准的论点来支持，尽管 PAS 也需要解释，并且解释可能会随着使用而演变。

在许多安全会议上，律师们就与责任有关的问题会发表陈述。在这些陈述中达成了一些共识，尽管它们很笼统，不足以支持关于遵守企业系统安全制度和日常工作过程中产生的责任问题，但是，来自企业法务部门的建议和忠告对于组织的安全文化是十分宝贵的。组织中如果缺少这类法律顾问，则可能面临政策中有不被企业法律顾问认可的假设或不合法的其他信息来源。

组织内具有汽车产品诉讼经验的律师在责任方面特别具有公信力，在促进积极的企业安全文化方面也具有很大的影响力。他们才华横溢，且有一定的组织声望，这也能够进一步增加他们在产品线人员中的可信度。

法务部门的领域是法律，而不是安全标准或系统安全，所以在系统安全培训时将法务部门包括在内是不容忽视的。为了让法律顾问获得关于安全流程和相关责任方面的充分认识，法务部门应该定期对相关的流程进行综合培训，以确保他们能够提供充分的法律咨询。

安全过程会生成工作成果和论据，这些产品和论据将作为合规性的证据进行维护，这一点非常类似于工程图以及故障模式和影响分析（FMEA）。此类证据或缺乏证据可能会成为法务部门法律顾问的关注点。衡量系统安全过程指标是否合规的因素，以及这些因素的定义，连同审查为了达到调查目的而提供迅速行动的证据，可以从法务部门就指标的定义获得有用的法律建议。

法务部门对系统安全过程的证据，以及对系统安全指标的发声和积极支持，对于建立崇尚公正透明的安全文化至关重要。这种支持应当定期向整个企业组织公开，例如在系统安全研讨会或联合安全组织的定期会议上公开。特别地，对安全、工程和项目管理人员的法律培训，应当包括与安全相关的责任的主题，这能够为他们提供法律角度的理解。尽管一些法律培训可以由外部律师提供，材料和文件可能也是准确的，但它无法和内部支持的培训产生相同的作用。即使培训的材料和文件与外部律师提供的完全相同，但由内部律师提供的培训也更加可信并更能鼓励内部员工提出问题。在律师进行培训之前，可以进行线上公开讨论来决定培训的内容。这种线上交流可以提供基本的理解并提出一些额外的问题。线上交流之后，参会者能够更好地准备具有个人深度理解和更加适应内部情况的法律培训资料。

5.6　客户

正如在第 1 章中讨论的那样，消费者的期望为汽车制造企业提供了强大的动力。汽车制造企业必须在所有方面充分满足消费者的潜在期望，才能引导消费者购买正在制造的汽车。这些潜在期望包括与系统安全相关的期望，因为达到与消费者安全相关的需求是必需的，也必须确保该项合规。所有的系统安全要求都是为了满足消费者对安全的期望。随着对这种联系的认识在整个企业中广泛传播，一种安全文化也随之形成。首先，汽车制造企业要了解潜在的危险，并为员工提供培训，以加深对"所有的系统安全要求都与避免这些危险有关"的理解。如果汽车制造企业出于社会责任和竞争的考虑，积极地为消费者提供最高水平的安全，并最大限度地满足消费者的需求，那么也会从另一角度推动安全文化。

同样，这种热情也将蔓延到汽车供应商和整个汽车行业供应链，并通过彼此联系和分享价值观来培养安全文化。比如，每个汽车供应商都努力满足客户的包括安全在内的要求，这就可以建立一个确保客户满意度可持续、可扩展和可维护的流程。当供应商表现出有能力和专注于提出一套完整的安全要求并遵守这些要求时，客户对供应商也会更有信心。供应商努力赢得这种信任，并保持与客户的良好关系。

只有这样，供应商在财务和程序上才有充分的理由获得汽车制造企业的信任。此外，项目和评审的执行效率越高，越能促进客户对供应商能力的认可，也越有助于在供应商内部促进安全文化。项目人员会认为这种认可是对他们在安全领域满足客户需求努力的回报。客户可以让供应商的主管意识到这种认可；主管反过来也可以认可项目团队在系统安全方面的成就，从而进一步促进积极的安全文化；客户也可以通过这种方式增强对安全的重视程度。

5.7 安全文化与组织

以上所讨论的不同组织架构可能对有效促进安全文化产生影响。每一个潜在的组织架构都是几个因素之间的权衡，最终的组织架构代表了权衡后的结果。组织架构本身会影响企业能感知到的安全价值。这种看法部分是基于系统安全管理和专家在组织架构中的地位。如果整个安全组织向企业领导层实线汇报，则可以认为它具有更高的价值。在直接汇报对象和系统安全组织的人员配备水平之间必须进行权衡，这增加了安全组织支持流程的可信度。管理层对安全相关话题的关注可以表明系统安全工作在企业中享有较高优先级。与企业价值观相一致的激励制度有助于安全文化的培养。

以第1章中第1种能保持安全三大支柱独立的组织架构的备选方案为例。在这种备选方案中，中央系统安全组织执行审核和评估，同时向企业领导报告。企业领导通过为企业提供系统安全制度来支持审核和评估工作；同时审核和评估系统安全流程和产出物也确保了对制度的遵守。安全经理向产品线领导汇报工作，同时管理产品线上的系统安全专家。这为安全专家以及由其他工程学科执行的分析提供了直接的支持。在产品线内建立这种汇报结构，可以培养一种支持是可见的、有效的，并且专注于产品线需求的安全文化。

在单一产品组织中，系统安全被视为具有与系统工程或软件工程同等的地位，或在多产品线组织中等同于产品领导者的地位。在工程项目和工程审查中，系统安全优先级应得到平等对待。这促进了将系统安全纳入决策的文化。在矩阵组织中，系统安全管理员是资源管理员。系统安全在产品线工程决策中具有同样的优先级。

第 1 章中的第 2 种备选组织架构方案可能不适合支持安全文化。此架构虽然也能在安全的三大支柱间保持独立性，但产品线领导将系统安全指派给一个功能经理，如电子或系统工程经理，该经理担任或聘用系统安全专家。与备选方案 1 一样，企业领导通过为企业提供系统安全制度来支持审核和评估工作；审核评估系统安全流程和产出物也可确保对政策的遵循。

与其他备选方案相比，第 2 种备选方案的系统安全在组织层级中的地位降低了。系统安全专家可以外聘，而不是直接来自于产品线。这些专家被指派来支持生产线，按照系统安全流程来执行系统安全任务，与其他替代方案相比，这不利于培养安全文化。项目人员可能认为由安全专家支持的任务比其他项目任务的优先级低。此外，系统安全可能不会被视为职能经理的最高优先级职责。除了其他领域的职责外，职能经理可能还被指派了安全专家的职责，以便产品线领导可以避免另一个直线汇报的麻烦。由于在这个组织架构中，没有通向系统安全管理职位的职业通道，因此职能经理被认为是由于他在系统安全以外领域的专业知识而获得了其他人向他汇报工作的地位。系统安全优先级会影响安全文化的培养，采取直接的行政措施来确定安全任务的优先级，可以减轻该组织对安全文化的不利影响。

第6章
安全生命周期 ///

6.1 背景

第3章讨论了适用于量产汽车产品的安全生命周期。相较于 IEC 61508 中一般性的生命周期，ISO 26262 中定义了专门针对汽车的安全生命周期，这种定义对第3章中所提到生命周期提供了支持。汽车行业普遍接受的是，系统安全必须在产品投产前体现到产品设计中，而不是在产品制造后再添加到产品中。正如第5章所讨论的安全文化应用中所期望的那样，系统安全应该在最早的概念阶段便开始考虑。甚至在合同签订之前，系统安全相关要求已经包括在报价请求和随后的报价中。然后，系统安全必须在整个设计和开发过程中得到实现，并在运行（生产和维修）和报废中进行维护。系统安全流程可以用来确保上述活动都能充分地实现。

汽车生命周期从概念阶段贯穿到报废处理阶段。采用系统性的方法对每个阶段进行审核和评估，确保系统安全流程的执行。这应该由安全政策强制执行，并由安全流程来保证实施。任何流程的遗漏或疏忽都可能导致不可接受的风险，因此需要谨慎对待。

消费者对安全的期望也需要我们对安全慎之又慎。ISO 26262 提供了按阶段系统性地实施安全流程的指导方法。通过评估工作成果来确保系统性的方法可用于功能安全开发。第3章讨论了如何将这种开发方法进行扩展（包括 SOTIF）。同样，工作产出物的内容也可以进行拓展（包括 SOTIF 需求）。

汽车每个生命周期阶段都有要执行的不同活动和任务。系统安全流程负责监控和确保这些阶段中活动和任务的执行。这些监控活动贯穿整个开发和发布过程，包括在维护与报废活动中识别异常情况。通过这种方式，可以在产品发布前对产品发布后的系统安全进行规划和审查。

开发流程中，前一个阶段可能是后续阶段的前提条件，这些前提条件可以定义在系统安全流程中。企业内安全流程的全面实施是整个企业在安全方面做出努力的最好证明，既需要系统安全专家的支持，也需要积极的企业安全文化。企业高层的管理者及系统安全流程、审核、评估、系统安全指标和审查都需要以此为目标。每个阶段的实施者均需要参与系统安全的实现。

6.2 概念阶段的安全

6.2.1 初步危害分析

车辆安全产品的概念阶段可能在整车制造企业交付 RFQ 给潜在供应商并得到初步的回复前便已开始。整车制造企业可以考虑从商业方面（比如市场营销）获得有关消费者对汽车特性方面的需求建议。然后，这可以发展成为足以进行初步危害分析（PHA）的初始需求。根据 ISO 26262，早期系统描述或相关项定义对于 PHA 非常重要，需要考虑系统的边界、功能以及对这些功能执行能力的评估。例如，对于执行能力而言，需要考虑克服非预期的车道辅助所需的方向盘转矩，如果转矩能力是 $2 \sim 3 N \cdot m$，而转矩要求是 $6 \sim 10 N \cdot m$，那么可能造成不同的潜在危害。

PHA 允许汽车制造企业对接口和集成等特性进行早期评估，以便在 RFQ 和随后的报价评估中能够明确需要供应商支持的相关要求。这些要求可以包括监控接口信号是否在一定范围内，以及在此监控基础上采取什么行动。由于 PHA 也提供了汽车安全完整性等级（ASIL），这些安全需求的 ASIL 等级属性（其中 D 是最高等级，A 是最低等级）也可以包含在 RFQ 中。选择供应商时，可以将潜在供应商是否能够满足该 ASIL 等级考虑在内。整车制造企业以前可能已经根据系统的安全分类将这些要求准备成了一个单独的文档，所以可以通过参考该文档和其他一些系统安全需求来覆盖这些内容。另一个需要参考的文件可能会列出对类似于 ISO 26262 中开发接口协议（DIA）的联合开发要求。如果产品属于 ISO/PAS 21448 的范围，则其也应该包含联合开发的接口要求，如验证、确认等要求。同时，供应商还被希望在随后的报价中检查并回应这些要求。这样能够保证 RFQ 的一致性，且减小遗漏的可能性。

供应商也可以通过实施 PHA 来调整供应商系统安全流程中的活动，以支持报价中的成本估算。如果客户在 RFQ 中没有向供应商提供 ASIL 等级，那么供应商可以独立确定，以评估需采用的安全流程的范围。PHA 也可用于评审客户提供的需求。供应商可以评估接口及需求的适用范围、额外危险的 ASIL 等级、ASIL 等级的差异或者预期功能的非预期行为。例如，对于转向锁止系统，客户未识别到车辆行驶时非预期的转向锁止的危害，但供应商通过实施 PHA，将其识别为 ASIL C（基于数据）或 ASIL D（满足客户需求）的危害。如果供应商中标，则会打算满足该 ASIL 等级，因为之前供应商提供过满足 ASIL D 要求的系统。如果 RFQ 中存在差异或冲突，则可以要求澄清说明，以便报价是基于共同理解生成的。供应商可以选择在较高的 ASIL 基础上报价，以生产不增加公众风险的产品。这可能是供应商管理者做出的基于社会责任的决策。整车制造企业被期望同意该决策，除非存在供应商不知道的其他缓解该危害的措施。

协议对于功能安全是很重要的，包括针对各种潜在危险的安全防护协议。随着对 ASIL 等级需求的增加，严谨性要求和资源需求会急剧增加，安全机制和其他架构要求的成本也会增加。因此，为了保护公众安全，ASIL 等级不能太低，但为了避免高成本及增强系统（这类系统通常成本较高）的可用性，ASIL 等级也不能过高。对于需要满足 ISO/PAS 21448 的第 3 章中讨论的区域 1、2 和 3 活动的 SOTIF 相关产品，成本就变得更加重要了。

对于验证/确认需要做什么以及如何做，达成一致是很重要的。供应商可能已经完成了产品的一些验证/确认要求，但所使用的验证/确认方法必须是透明的并且要得到整车制造企业的同意。双方也应该对第 3 章中讨论的验证/确认效率达成一致：可以使用行驶里程、基于专家判断的最坏路线选择，以及仿真三个方面的组合，验证/确认效率需要在报价中进行考虑。相关项定义完成后便可开始进行这些工作，因为此时就可以对危害进行确定了，然后根据确定的危害进行危险规避的验证/确认计划。

通过对安全相关系统的外部接口采用危害和可操作性分析（HAZOP），可以更有效地实施 PHA。这不仅包括执行机构，还包括通信通道和人机接口（HMI）。HAZOP 的指导词应该是功能性的，并且与执行器和数据接口直接相关，例如，太多、太少、错误、丢失、错误的时间、太早、太晚、太频繁和不够频繁。举一个电动转向系统的例子，执行机构的执行错误包括助力方向错误和无需求时的非预期助力。这两种错误都可以被 HAZOP 所覆盖，并可对影响进行评价。这两种错误都可能导致 ASIL D 的随机事故，这是 SAE J2980 附件中所推荐的、公认的安全隐患，而不是基于交通统计数据（此附录由整车制造企业和一级供应商列出潜在危害及相应 ASIL 等级范围）。如果执行器未能按要求提供转向转矩，则会在 SOTIF 相关应用中产生类似的危害事件，也就是未能识别转向转矩请求。可以通过考虑执行器的执行能力来识别这种危害。

6.2.2　初步架构

利用引导词对被分析产品功能进行 HAZOP 分析。这种系统性的分析方法可以保证危害识别的完整性。这种方法增加了 PHA 结果的可信度——HAZOP 文档显示了安全分析的严谨性。

在概念阶段，需要构建系统的初步架构，在此之前已经明确了系统的边界及接口上的预期功能。初步架构描述了一种实现这些功能的方法，并可以指导后续的设计。该架构由功能模块和分配给每个功能模块的功能需求组成，可追溯至安全目标的安全需求也需要分配给这些功能模块。该架构的安全需求可以通过对结构的系统性分析来得到，这样可以增加得到的架构需求的完整性。

系统分析方法包括故障树分析（FTA）、事件树分析、诊断覆盖率和对来自其他系统的需求的分析。每种类型的分析方法都有各自的优缺点。FTA 是一种相当有用的分析方法，它能够分析得到造成 PHA 所确定的危险的失效组合。然后，使用演绎方法（如 FMEA）评估导致这些失效组合的共因故障发生的可能性。如果单个故障可能导致危害，则需要评估确定此类故障的发生可能性是否足够低，例如机械故障有足够的、超出产品要求的设计裕量，如对齿轮齿条转向系统中的齿条进行 3 倍寿命测试——在单寿命周期内进行超出产品要求 3 倍的测试。这就可以保证由于齿条严重故障导致转向中断的可能性是极低的。如果单个故障的发生概率不足够低，那么可以对架构进行冗余设计以降低该故障的风险，并确保在出现此类故障时的安全运行，这是一种失效运行（Fail-operation）状态，包括了一个最小的风险条件。这些设计冗余可以通过更新 FTA 来显示。

ISO 26262 的第 3 部分指出，可以使用 FTA 和 HAZOP 来导出系统需求。虽然 HAZOP 技术是众所周知的用于工厂或其他设施中的分析方法，但它也适用于功能分析。当 HAZOP 定性地应用于架构故障分析时，也被称为事件树分析（ETA）。ETA 是系统地确定架构需求的有效方法。

在 ISO 26262 第一版编制时曾讨论过，在架构级别确定诊断覆盖率并不是一种获取系统需求的理想方法，但对于在项目早期导出基于软件实现的安全机制是非常有利的。这对于软件来说特别有用，因为软件开发通常是项目中劳动强度最大的活动。ETA 对安全流程的优势在于，通过使用在架构级别估算的故障率，便可以确保在后期的硬件详细设计中满足产品的单点故障度量（SPFM）要求。在极少情况下，后期可能会需要对安全机制进行改进。如果该架构为重用架构，并且硬件设计满足所要求的 SPFM，那么就没有必要再进行架构层次的诊断覆盖率分析。如果没有影响硬件设计的更改，就可以假定前面的诊断是充分的。但是，对于一个新的设计，诊断覆盖率分析可以提高设计成功的可能性。利用架构级别的诊断覆盖率可以很好地估计硬件层面诊断覆盖率。系统层面的定性 FTA 也可以实现类似的功能，同样，该 FTA 所包括的诊断应具有足够的诊断覆盖率，然后，将所需的诊断需求体现在架构和软件实现中。就这一点而言，包含了诊断需求的 ETA 具有同样的功能。两种方法导出的诊断需求会体现在架构需求以及后续的硬件及软件需求中。

6.2.3 需求

当这些系统性分析完成后，就可以有效地保证系统安全需求的完整性了。这些安全需求包括由 PHA 导出的安全目标以及系统架构级别的顶层安全需求（包括最高层次的硬件安全需求及软件安全需求）。为了满足置信度要求，需要对分析进行评审，如独立的同行评审（Peer Review），该评审应包括各个领域的专家以及系统工程专家；还可以通过需求仿真和对故障注入测试的方式，以确定故障是否得到了正确的管控。架构级别的仿真，是通过使用架构模块的行为模型来验证对架构需求的符合性。使用模型仿真结果来对架构进行评审是一种更加有效的方法。

对安全需求的任何修订都会分配给架构模块，负责这些模块的领域专家需要确定该模块能够满足所分配的需求。这些架构模块同时也需要实现系统功能需求，系统安全需求不能与功能需求产生冲突，并且要易于识别。安全需求应该具有唯一的标识，具有原子性，并根据 ISO 26262 是可验证的，同时需要具有 ASIL 等级和状态。SOTIF 安全需求也具有类似的属性，但无需 ASIL 等级，因为 ISO/PAS 21448 无 ASIL 等级分配。

安全需求和架构是分层的，可以通过控制层次结构中每个层级模块的数量来降低复杂性。通常，为了便于理解，每个级别模块的最佳数量为 7±2。这与人类的单维度绝对判断力和记忆容量有关，更长的和更多不同刺激会产生不利影响。在这个需求层次中，较低层级的安全需求需要满足了上级安全需求。

以一个最高级别的硬件需求为例，如果没有可以导致违反安全目标的单点硬件故障，则该需求作为上级需求。由 SPFM 导出的确保这一点的某个安全机制需求是满足该上级需求的低层级需求。在设计中，这些安全需求分为硬件安全需求和软件安全需求。例如，一些由 SPFM 和潜在故障度量（LFM）导出的安全需求是硬件需求或软件需求。此外，为了实现安全，分配给其他系统的安全需求记录了对相关系统行为的假设。雷达巡航控制系统可能取决于对发动机管理系统的需求，以识别巡航控制请求是否超出范围或标志位无效。这对后续的需求验证和追溯提供了支持。

6.3 设计阶段的安全

当系统需求被导出，在架构中体现并被审查时，它们被用来支持系统、软件和硬件的设计。如果由于进度紧迫，软件或硬件设计必须基于软件或硬件设计组预期的系统需求开始，那么这就降低了预期的风险。在没有可用的先决条件的情况下开始，类似于脱离上下文设计安全元素，其风险在于，当系统层面要求可用时，部分设计可能需要修改，或者设计中包含的内容不是基于前提要求，也不是必需的。这些不需要的内容可能导致异常的行为，会在程序产品的后期验证中或验证后被检测到。

保证系统物理设计与架构一致是有利的。例如，这样可以避免与物理设计无关的纯功能架构的潜在低效性。纯功能方法在分析上可能是有用的，但是不能直接应用于物理设计分析，因此必须按域对功能进行排序，以便可以在不必重用和扩展已有架构顶层分析的情况下，针对物理结构进行分析。这种一致性允许架构分析直接适用于设计。

6.3.1 设计层安全需求

顶层需求是为系统的物理分区（如电子控制单元硬件、传感器和软件）派生的。由此，设计可以直接满足系统的安全需求。这些根据系统物理分区而导出的安全需求成为系统设计中每个分区的上级需求。此外，推导出的详细硬件设计安全需求可追溯到分配给硬件的系统安全需求。这种追溯可直接到硬件元器件级别，如稳压器。

随着硬件设计的开发，进一步的分析被执行，以导出额外的安全需求。例如，对硬件 SPFM 和潜在故障进行分析，以证明所实施的设计符合 ISO 26262 要求；该过程也可能会导出额外符合 ISO 26262 要求的软件安全机制需求。此外，根据实际组件选型，还可进行共模和共因分析。例如，使用来自同一个供应商的同一批次的相同组件，可能存在造成共模故障的缺陷。设计需要考虑由于流体进入易损的机械部件或电子器件而导致的失效影响，这可能导致未受保护的组件短路，如果第一个可能短路的部件是可预测的，那么便可以触发安全状态或最小风险条件。如果适用，则还需要评估液体泄漏造成的潜在中毒危害，可以采取措施控制或消除有毒物质，并将风险降低到可接受的水平。

硬件设计可以进行更新，以符合额外的系统安全需求。例如，可能需要针对组件故障采取额外的冗余或其他措施，比如针对潜在的级联故障采取强化措施。如有必要，则需对软件需求或系统级安全需求进行修改，例如，在系统功能需求范围发生变化后，所有的修改都需要被记录以支持可追溯性。

可追溯的、详细设计的软件需求来自于分配给软件的系统架构需求，其方式类似于详细设计的硬件需求来自于分配给硬件的系统安全需求。如果系统架构中软件模块与软件设计分区相匹配，则可以更有效地实现这一点，因为顶级的软件详细设计架构将与系统架构兼容。否则，就很有必要通过说明和调整将系统级需求与最高级软件需求联系起来，以实现可追溯性。

然后，最高层级的软件需求被直接分配到详细的软件设计架构中。可以通过架构的层级化设计减小复杂性，同时提高可读性。通过对软件设计进行系统级软件安全分析，可以由软件设计推导出进一步的安全需求。这种分析应该是系统性的，如专注于特定危险的软件 FTA，或其他专业的分析方法，如下面要讨论的 ETA。

使用 ETA 分析软件架构，其方法与概念阶段所讨论的针对系统架构的分析方法相同。每个软件架构模块的接口均使用指导词来进行评估，如"缺失""错误""太早""太晚""频率小于预期""频率大于预期"等。如果硬件中有安全措施，那么一些指导词可能就不适用了，比如，如果处理器是一个受保护的锁步核，能够检测计算错误从而达到安全状态，那么"错误"就不适用了。软件设计架构 ETA 可以系统性地导出需求，以提高软件安全需求导出的充分性。这种分析有助于导出软件应对硬件故障异常反应的安全需求，以及应对死锁和活锁的需求，而不必关心故障原因是什么。如果软件是重用的，那么只需要对变更进行分析。

软件设计需要保持更新，以满足额外的系统安全需求。例如，如果执行失败被确定为一个特定软件进程的非安全故障，那么要对这个进程进行执行监视，可以使用安全操作系统中存在的功能来实现（如果适用）。必要时，需要修改硬件需求或系统需求。例如，可以通过选择微处理器版本来获得硬件内存分区保护需求。所有修改都需要进行记录以支持可追溯性，可追溯性可以通过配置控制过程来实现。成熟的软件过程可以控制系统性的软件错误。为了促进这种控制，工程质量人员可以审核软件过程，并通过度量来支持更高成熟度级别的实现。成熟度级别可以参考 ISO/IEC 12207 派生出的相关标准。软件多样性也是适用的，这里不进行讨论。

推导出设计需求并设计完成后，需要验证其是否满足系统安全需求。需要制订验证计划，以确保所提出的每一项安全需求都得到验证。选择适当、有效的验证方法，并将其与被验证的需求链接起来，以实现可追溯性。如果使用 ISO 26262，则验证方法应该基于功能安全需求的 ASIL 进行选择，也可以选择可替代方法来代替或补充这些验证方法。使用符合 ISO/PAS 21448 的方法来验证 SOTIF 的相关需求，这些验证不仅包括系统性能，也需要包括传感器性能和相关限制。

6.3.2　验证

使用适当场景和条件的测试或模拟，可以用来在对未知用例确认之前进行已知用例的验证。通过使用边缘与极端用例来限定等价类场景以减少用例的数量，从而提高验证效率。为每个需求制订验证细节（如测试用例），并进行可追溯性链接。

在验证测试计划中明确这些验证方法及通过/失败标准之后，便可进行验证的执行。这通常是由企业内部的一个独立小组来完成的，如有必要，该小组也可以通过外部资源的支持来完成规定的验证内容。系统验证按从下到上的分层方式执行，这有助于确保所包含的子系统能够按照预期功能运行，以避免在高层级的测试中不必要的重复。

评审每个验证措施的执行结果，以确定其是否满足通过标准，并记录评审结果。必须注意确保验证方法是有效的、执行是正确的，以避免产生误导性的结果。实施纠正措施并进行记录，以解决任何不符合验证要求的问题。需要对所有需求的状态进行系统性审查，以确保验证的完整性。可以制定度量标准并进行周期性评审，以确定验证的进展及问题，并确保所有安全需求验证的完整性。有一些需求数据库工具支持使用自动化来确定需求状态，这样简化了审查过程，并支持系统性审查。

6.4　制造阶段的安全

在制造阶段，系统安全的目的是在整个生产和组装过程中，以及在制造产品时将设计的安全性保留在汽车安全相关的系统或组件中。设计的安全性需要在投入生产前完成验证和确认：对安全档案进行评估，以确保有充分的证据支持量产及公开销售，包括证明设计安全已在生产中实现的证据。

然后，通过系统性分析来导出完整的系统安全需求。这包括为确定具体的设计相关的生产因素和评价生产过程的适宜性而进行的分析。设计失效模式和影响分析（DFMEA）可用于识别和评估制造过程中需要控制的关键特性，并在生产图样和技术要求（SOR）发布前，将这些关键特性记录在图样和技术要求（SOR）中。之后，根据关键特性和适当的过程控制建立制造过程，也可以基于现有的制造过程进行更新。图样可能需要在设计验证（DV）完成之前、关键特性确定之后进行发布，以便选择关键设备及工装。

过程 FMEA（PFMEA）也可用于导出安全需求，以减少生产过程中潜在影响的安全相关错误。这些缓解措施包含在由 PFMEA 产生的控制计划中。如果不能实现这些要求，也可以将影响过程的设计问题反馈给产品设计部门。然后定义新的设计需求以解决这些问题，使产品设计部门能够在设计中实施适当的变更，并重新验证受变更影响的已有需求。

设计变更和制造安全需求需要进行记录，以使其可追溯至制造过程，包括 ISO 26262 中特别提到的可配置软件，并对每一个需求追溯链接的符合性进行验证。应建立生产变更控制体系，并对其进行评估和审核，以确保在提出生产过程变更时始终考虑到安全需求。该过程与企业软件工装开发中所使用的变更控制过程相结合，以实现软件工装的经济性。如此，便可以确保更改后的流程与所替换的流程一样安全。这有助于制造过程不引入不合理的风险，确保系统安全。

6.5　使用中的安全

如果设计安全在整个开发过程中得到保证，并在制造过程中得到维护，那么产品在使用中就有望是安全的。这种使用中的安全不仅包括车辆驾驶员，也包括在使用过程中接触到该产品的所有其他道路使用者。这对所有与安全相关的汽车产品都是如此（无论 ISO/PAS 21448 是否适用），包括人机界面的安全性、系统功能的安全性和系统失效时的安全性

例如，对于取代液压系统的电动转向系统，以上这些方面都是需要关注的。除了系统响应，人机界面基本上是相同的：当液压系统起动或停止提供辅助时，液压油会抑制方向盘上辅助转矩的突然出现和丢失。这在某种程度上软化了从系统到人的接口，不会让驾驶员感到很突然。电动转向系统没有这种液压阻尼，所以感觉可能会比预期的生硬。因此，电气系统需要在不同的使用条件下进行评估，以确定辅助转矩的启用和关闭是否会带来潜在的危险。当系统起动时，辅助系统可能比驾驶员反应更快，并且方向盘可以在驾驶员无预期情况下转动。其中一种场景是当系统在静止状态下上电时，可能存在残余转矩导致方向盘转动。这可能会伤害到驾驶员吗？这是一种快速的运动，但很容易控制。此外，当辅助功能因为故障而被移除或在驾驶过程中恢复时，可以增加一些软化的开始和停止，以避免驾驶员感到突然。

同样，对于 SOTIF 相关系统，针对 SOTIF 范围内的系统和较高等级的智能驾驶

系统，需要考虑到 ISO/PAS 21448 的相关要求。在这些情况下的操作还应该确保驾驶员对系统功能有正确的理解，并确认这些功能在所有预期使用情景中是充分的。这些考虑在第 3 章中讨论过，包括潜在的不明确的情况下的安全性以及可预见的误用。滥用用例可能被认为超出范围，但可以在实际可行时加以考虑。在可能的情况下，模拟或实际测试可以为比较简单的系统提供足够的证据。有时，这些模拟是由模拟驾驶运行中无经验的参与者来进行的，以此对交互进行评估。验证可能会随着智能驾驶的范围而增加，可能包括在许多国家不同环境条件下城市和高速公路的驾驶用例。验证过程需要收集大量的数据，从而为评估提供证据。

6.6   维护中的安全

维护中的安全既要考虑用户手册，也要考虑维护手册，因为两者都包含了与车辆维护和车辆安全系统相关的信息。除此之外，还会向驾驶员发送易于理解的信息和信号。例如，用户手册包含了关于潜在误用的警告以及预期的维修需求。作为进一步措施，车辆也可以通过信号信息来对这些注意事项进行告警。

以一个舒适性系统为例，如自适应巡航控制，它可以在大多数标称条件下正确地执行纵向控制。用户手册解释了所有限制条件，如恶劣的天气、驾驶条件，以及对静止对象的不响应。销售人员应该建议用户在购买车辆时阅读用户手册，以便帮助用户对系统操作能力及范围有正确的认识。但是，用户可以选择不阅读用户手册中的所有信息。如果车辆有消息中心，那么消息中心可以在系统使用期间或之前进一步加强用户对手册的阅读期望。此消息中心支持用户对预期用途的了解。该消息是一个提醒，而不是强制要求。用户也可以从经验中学习。

为了支持在生产后安全地安装车辆安全相关系统，维护手册中应有安装说明，其中包括对安全相关系统安装不当后果的警告，可以使用图片、文字和彩色符号来说明。例如，以一个与安全相关的汽车系统为例，雷达的校准错误可能会导致潜在的危险：在正确车道上行驶的车辆可能由于路径被错误解读而得不到良好的监控。说明书解释了如何校准雷达，并警告雷达的校准不当可能导致不适当的制动、制动缺失或非用户预期的加速，并且包括了对于每一个警告后果的解释。

举另外一个例子，施加在转向中间轴螺栓上的转矩至关重要，转矩过大或过小都可能导致转向断开。随着时间的推移，螺栓可能会松动或疲劳。该手册包括对这一临界状态的警告和说明，以及对正确转矩的应用说明；还提供了解释维护相关测试和维护信息的诊断信息，以及对维修不当可能导致的后果的解释。

有时，为了安全起见，需要对系统进行更换，而不是维修，这就需要在维护手册中有明确的说明以及适当的警告，包括拆卸和更换说明、相关警告、注意事项以及这些警告所避免的后果。

一些可预见的维护异常可能需要特殊的指示。例如，如果安全系统意外丢失，那么该如何操作？手册应解释损坏的潜在后果。可以检查是否有损坏，或者建议在某些情况下即使损坏不明显也不要使用该系统。系统内部可能受到损害，这取决于系统丢失后的严重程度。确定性对安全很重要，因此必须建立明确的标准。

除了维护系统的安全，在进行系统维护的准备工作以及进行安全报废的维护活动时，也需要考虑维修人员的安全。特别是，为了防止与储存能量接触而造成的伤害，可能需要采取措施确保维修人员不会因能量释放而受伤。例如，带有压力蓄能器的系统，其维修说明可能包括释放这种压力的安全方法。类似地，建议在车辆报废前打开安全气囊，这样做可以保护人员免受推进剂能量的无意释放而造成的伤害，但需要使用适当的警告标签和维护手册警告。针对所有与压力或推进剂的连接相关的警告，也可以在系统本体上粘贴物理警告标签。

还应该考虑到意外的移动。例如，在举升机上，连接到蓄电池的电动转向系统的移动，需要做好维护准备，建议断开电动转向系统的电源。手册中需要有警告并说明潜在的危害。

现场维护数据有助于促进持续改进，使用这些数据进行帕累托分析以促进后续开发，使其对质量和可靠性产生最大的积极影响。现场数据的收集对于初次引入的新系统是很有用的，因为这样的系统没有像其他系统一样成熟的历史，所以现场数据分析结果是独一无二的。在历史记录被开发出来用于定制数据收集之前，建议采集尽可能多的数据。维护手册可以包括关于记录和返回哪些数据的说明。工具可以提高数据收集的效率和执行力。现场数据采集支持产品维护的改进。数据收集用来证明安全的严谨性。

6.7　报废中的安全

产品生命周期的最后一个阶段通常是报废。尽管有些部件还可以在维修时回收利用，但这是产品寿命的终止阶段。报废被认为是维护的延伸，因此前面关于维护的许多讨论也适用于报废。报废涉及人员以及在报废后涉及该产品的人员的安全是首要关注的问题。

维修手册中提供了报废说明，包括对不注意这些说明而可能造成的后果的警告，以便相关人员在报废处理过程中能够理解并优先执行这些说明。例如，在回收能量存储系统附近的其他部件或系统时，为了防止潜在的伤害，恰当的做法是在报废前将储存的能量释放掉。另外，在车辆报废时应将安全气囊打开，否则安全气囊非预期打开可能会伤害到附近的回收人员。

有些系统可以作为旧设备进行回收，因此应考虑任何安全需求，例如防止由于校准其他车辆而导致安装不当的需求。举个例子，如果稳定控制系统（SCS）是针对某特定车型进行标定的，那么将其安装在不同的车型中可能会导致 SCS 对单个车轮进行制动，从而导致车辆改变方向。在这些情况下，维修手册应该包括适当的设计措施来支持合适的标定。此外，维修手册应该对可使用寿命周期进行说明，包括警告不能超过使用寿命周期。

第7章
确定车辆的安全风险 ///

既然安全就是不存在不合理的风险，那么首先必须确定风险，然后再判断其是否合理。风险可能不是一个数值，但它应该是可操控的，以便将不可接受的风险降低到可接受的范围。

在 ISO 26262 中，风险被认为是伤害发生的概率和伤害严重性的组合，其中伤害指的是对人的伤害。在 ISO 26262 中，发生概率和严重程度不是用来计算一个风险值，而是分别对其进行评估，并结合可控性来确定汽车安全完整性等级（ASIL），而 ASIL 等级用于索引标准中的要求。为了确定伤害是否发生，有必要知道伤害是如何发生的以及在什么情况下发生。例如，如果一个系统可以在高速公路上造成随机事故，而其导致的伤害是人员死亡，那么可以对这个概率进行统计或预估。对于一个汽车系统来说，这个过程会产生一个评估：当系统发生故障（当它被正确地操作时，即使被误用）会造成伤害时，该系统能做些什么。这种极端操作可能不是系统预期的功能，但如果系统包含一些自动化功能，则有可能是这样。

使用 ISO 26262 评估的是由于系统故障而导致的失效所造成的风险，并分配相应的 ASIL。然后，对危害发生的概率和严重程度进行评估。使用 ISO/PAS 21448 中的方法评估由于系统按预期运行（包括误用）而导致的风险，这可能需要进行更广泛的评估。这两种标准都可以考虑交通统计数据，进而确定风险的合理性。

7.1 执行器功能分析

想象一下，一个汽车系统无任何功能，即使在故障情况下也无任何处理措施。这样的系统完全是虚构的，在任何实际应用中是不存在的。这样的系统将是完全无用的：它不会有 ASIL，也不会增加对公众的风险。该系统在使用中不会造成任何伤害，因为它不能够做任何可能造成伤害的事情。当它失效时，它不会使任何功能瘫痪或造成任何可察觉的影响。这样的系统没有任何功能，也不会造成任何不合理的风险。

随着汽车系统自主权利的增加，其潜在的风险也随之增加。这一自主权使该系统具有了可能造成损害的实际功能。这种伤害可能发生在正常使用中或功能失效后。以一个能够提供 3N·m（在方向盘上测量的转矩）转向转矩的车道保持辅助系统为例，当车辆移动时，方向盘会自动修正车辆在车道上的位置。在本例中，使用预先确定的车辆进行了广泛的样本测试，并确认即使在没有警告的情况下错误地施加了 3N·m 的转矩，驾驶员也可以始终保持车辆在车道上行驶。测试按照可接受的标准运行，没有驾驶员因受到惊吓而失去控制。针对非预期的助力所造成的危害，如果可控性被判定为 C0（根据 ISO 26262，一般来说是可控的），则该系统被评估为 QM（质量管理，根据 ISO 26262，无 ASIL 等级）。如果专家认为有人无法控制车辆的可能性可以忽略不计，就会出现这种情况。

如果汽车横向偏移慢慢进入对向车流车道，且对向来车碰撞不可避免，那么可控性判断为 C1（简单可控，ISO 26262）、严重度 S3（具有生命威胁的伤害［生存不确定］或意外死亡，ISO 26262）和暴露概率 E3（中等概率，ISO 26262），就会得到相应的 ASIL 等级。专家可能会考虑这种情况是否有可能发生，或者认为驾驶员应该看到迎面而来的车辆，并完全有能力避免危害发生。该系统在预期运行时，需要驾驶员将双手放在方向盘上，并用眼睛注视道路。这样的信息在开车前就会显示出来，这种信息还可以通过声音信号来加强。如果驾驶员的手长时间不放在方向盘上，就会出现误用。虽然系统能够保持车道位置，但更高的转矩要求和其他紧急操作可能需要驾驶员的参与。

该系统设计的目的是通过方向盘转矩感应来检测这种脱手状态，或许还可以通过在方向盘中内置的直接触摸感应来强化该功能。这些设计应该能够有效地防止可预见的误用，并且很难被滥用，特别是当两者冗余使用时。警告和功能关闭可以减少这种误用。在短时间检测后，给出警告；然后，在短暂的警告后，车道保持功能失效，此时驾驶员必须接管。此外，需要通过对大量的无经验受试者样本进行测试，证实根据高级驾驶辅助系统（ADAS）的"响应 3 操作规程（Response 3 Code of Practice)"，警告和关闭策略是可控的。按照全球指南进行的测试提供了安全谨慎的证据，并满足了 ISO/PAS 21448 的第 2 区域的要求。

假设同样的系统，但是有完全的转向控制权，并且没有期望驾驶员的手总是放在方向盘上。这是指在公共道路上正常使用车辆时，在所有驾驶场景下，车辆具有足够的转向控制权限。在任何可预见的使用用例中，都不需要来自驾驶员的额外转矩输入。这一权限的判断与之前在第 6 章讨论的转向系统是相同的，对于概念阶段，助力转向系统的危害分析可以直接应用于该自动转向系统。该系统的权限与车辆方向控制是相同的。由系统故障引起的非预期转向转矩所造成的潜在危害可以分配到 ASIL D，这是汽车制造企业在 SAE J2980 附录中所达成的共识。

考虑到安全过渡的需求，安全状态或最小风险条件需要一个冗余的转向系统。转向系统的设计中需要具有"失效－运行"的能力，当车辆处于移动状态时，提供足够的转向能力来操纵车辆，以达到最小的风险状态。该系统的预期功能是车辆在规定的所有条件下沿着车道行驶，规定条件包括在高速公路上行驶、在城市行驶，以及在受限制的操作条件下（如晴朗天气）如在校园行驶。该转向系统具有防止在不满足条件下使用的安全防护功能，可以通过确认传感器的置信度（可能需要地理信息系统的辅助）来实现。当系统由于内部或外部问题不能完全实现预期功能时，该方法可以阻止系统的初始化。此时，当使用 ISO/PAS 21448 评估预期功能（SOTIF）安全时，三个区域都是适用的。

需要对区域 1 和区域 2 中的已知用例进行分析、测试以及确认，包括对未知用例的搜索，可使用模拟类和等价类来提高效率，也可以使用地理信息系统减少确认所需用例的范围。必须确定和评估最低风险策略，因为如果系统不启动，驾驶员就无法控制。该系统可能考虑减速（包括可控的完全停车），或转向进入安全区域，或完成行程，这取决于失效所造成的功能降级。完全确认（在第 3 章进行了讨论）能够实现系统不存在不合理的风险。

7.2　信息发送和接收分析

除了评估得到的系统执行器本身的风险，还必须考虑与其他系统由于通信错误而造成的风险，以及错误处理来自其他系统通信的风险。通信在安全相关的系统中通常是至关重要的，如转向、稳定控制和发动机管理，因为这些信息可以影响车辆运动；这些信息包含在用于确定系统执行器控制的算法执行中。

再次以可以提供高达 3N·m 的转向转矩的辅助车道保持系统为例。方向盘不能自己感知车辆在车道上的位置以及纠正所需的转矩，其输入是来自于其他支持车道保持功能的系统。车道保持系统包括一个与电动转向系统通信的摄像头。摄像头向电动转向系统提供转向转矩的信号数据（与幅度和方向相关）。由于电动转向系统的限制，即使与电动转向系统的通信是错误的，误差也不能超过 3N·m。根据系统的设计和策略，电动转向系统可以将转矩限制在 3N·m 以内，也可以取消转矩命令并向驾驶员发出故障警报。摄像头系统的风险评估不会因通信而改变，摄像头的权限不会超过 3N·m，因此由摄像头通信错误引起的风险也不会太大。电动转向系统负责限制转向转矩阈值不超过 3N·m。然而，如果是摄像头设定了 3N·m 的限制，那么这种通信错误的风险就会是 ASIL D，就像无限制的情况一样。即使摄像头计算出正确的限制阈值，也可能由于通信错误导致传递的阈值增加。另外，电动转向的通信通道应该与 3N·m 的限制功能是分开的。通过这种隔离，减少了共因失效的可能性，但这种隔离不会带来新的通信错误风险。转向系统对摄像头的限制需求应满足 ASIL D。

现在考虑同样的系统，但是有完全的转向控制权，并且不期望驾驶员的手总是放在方向盘上。高度可控的 3N·m 限制已经不再存在，因此转向系统的风险决定了车道保持系统的风险。由于转向系统中的转矩限制不再减轻摄像头通信错误的风险，因此通信错误可以导致转向系统产生非期望的转矩。设计适当的校验和活动计数器可以减轻数据损坏所造成的风险。校验和通过向消息追加冗余数据（可解码扩展）可以提供数据上的冗余。活动计数器通过包含一个滚动计数器来检测陈旧数据：它随着每一帧信息更新以检测"卡滞"故障。检测可以阻止执行这样的无效命令。然而这取决于是否存在适当的安全状态或最小风险状态。不执行不正确的命令和关闭系统对该系统来说不是一个安全状态。这样的最小风险状态可能需要额外的通信通道，可能来自相同或不同的传感器；然后进行必要的仲裁来切换到其他通信通道。同样地，通信通道转向端上的错误也不能通过转矩限制器来缓解。这些错误必须在设计中进行预防或处理，如通过定期测试、错误检测或冗余数据，以达到安全状态或最小风险状态。这可能需要转向系统本身具有额外的冗余。较高级别的系统安全需求与较低控制权的系统类似，但较低级别的实施需求需要进行更新。为了实现更高的控制权限，必须进行 SOTIF 确认。

7.3　确定不同情况下的潜在伤害及量化

一般而言，汽车安全相关的系统本身并不具有直接造成伤害的可能性。转向系统的非预期操作不会直接对车辆使用者或其他道路使用者造成伤害，伤害是由危害发生场景下的车辆行为造成的。例如，车辆不可避免地高速驶向一个物体，此时就会对车内人员造成伤害。

有一个例外是能量的意外释放，比如安全气囊被动安全系统。安全气囊系统可能与车内人员直接接触，有可能发生功能失效并造成伤害。如果释放了过多的能量，就会造成人员伤害，比如气囊释放力量过大，或者力量过大导致部件级联失效而造成弹片对车内人员造成伤害。然而一般来说，安全气囊系统最令人担心的是驾驶员安全气囊的意外打开，这会造成车辆失去控制，以及在相对不太可能发生的碰撞中，碰撞条件足够保证安全气囊打开，但安全气囊并没有打开所造成的伤害。驾驶员一侧的安全气囊非预期打开至少会使驾驶员受到惊吓，并可能导致驾驶员松开方向盘。如果驾驶员用一只手驾驶，安全气囊的展开可能会使那只手和胳膊撞到驾驶员的头部，导致头骨断裂和手臂断裂，这可能会导致车辆失去控制。因此，为了确定潜在的危害，评估汽车安全系统可能遇到的不同运行场景是必要的。

交通统计数据表明，对控制丢失危害而言，发生严重伤害或死亡的概率小于10%。然而，许多汽车制造企业认为这是 S3 的危害，并以此确定 ASIL。在 ISO 26262 中，处于可能由于失效而造成伤害的运行场景称为暴露（Exposure）。对于安全气囊非预期打开，所有的行车场景都需要考虑，这导致 E4 暴露概率，并以此来确定 ASIL 等级。SOTIF 也需要考虑这些场景。

7.3.1 暴露概率

限制危险场景的暴露概率是降低汽车系统潜在风险的一种方法。如上述例子，安全气囊非预期打开会暴露在所有潜在的危险场景下。如前所述，不具备任务功能或未执行任何功能的系统是没有任何风险的。这是一个减少风险的极端和虚构的例子，但实际上，对系统进行一些限制还是有用的。通过限制执行器对某些功能的权限，可以降低这些功能的潜在风险。

针对具有 $1g$ 制动能力的自动紧急制动系统，假设对其制动权限或减速能力进行限制。例如，当车辆行驶速度高于某一特定速度时，制动能力限制在 $0.5g$，这减少了在高速行驶下进行完全制动及相应的高严重度追尾碰撞场景的暴露概率。这种制动限制是通过稳定控制系统实现的：它减缓了对后轮的锁定，使车辆保持稳定。

可以使用在文献［6］中讨论的方法来确定造成汽车系统伤害来源的所有潜在场景。这类似于危险与可操作性（HAZOP）方法，目的是确定哪些情景是潜在的伤害源。在这里，引导词取自不同的类别，如位置、路况和车辆状态（每个类别都有一个引导词列表）。然后以不同的组合来选取所选的引导词，以确定是否存在由于故障而造成的潜在伤害。在结冰的路面上，如果不通过稳定控制系统实施权限降低的意外紧急制动，则也可能造成危害。考虑了多种场景条件时，还要考虑条件之间可能的相互关系：例如，路面结冰和低摩擦力总是同时存在的，因此没有降低暴露概率的理由。如果条件不相关，则发生的可能性较低；这可以被视为降低组合条件的暴露等级的理由。暴露概率是针对特定伤害的，并按严重程度分组。在没有关联的情况下选择最坏情况下的暴露概率和最坏情况下的伤害可能会导致不合理的 ASIL。可以参考 ISO 26262 第 3 部分中的附录作为指导，其中在高速公路上的驾驶具有 E4 暴露概率，但在潮湿的高速公路上驾驶则被评为 E3 级。这是组合条件的一个例子，进一步的特定操作可能会降低暴露概率。

暴露概率也可以根据暴露于场景的频率进行排序。这是使用暴露时间百分比来进行暴露概率评估的替代方法，如 10% 或以上为 E4。频率可以提高风险暴露概率的透明度。该评估方法可用于能够在潜在故障发生后触发失效行为的运行场景，而不仅是暴露在运行场景下的时间。例如，参考 ISO 26262 第 3 部分中的附录，根据倒车所花费的时间，倒车时的暴露概率为 E2。基于时间的倒车暴露概率很低。然而，如果倒车会触发系统的故障行为，则将其暴露概率列为 E4 级，因为倒车发生的概率会占据行程的 10% 以上。例如，如果一辆车几乎在每一次行驶中都必须倒车进入车库或停车场，那么暴露概率将非常高。当考虑触发潜在故障（LF）时，由于存在潜在的延迟时间，暴露概率会有所增加。暴露概率的增加导致 ASIL 等级随之增加。

7.3.2　优先级

对可能发生伤害的场景进行评估，以确定功能安全中使用的 ASIL 的暴露概率等级，其在确定 SOTIF 相关系统的情景时也很有用。在由预期功能的非预期行为而导致危害的场景下，可能发生由于相关项内部失效导致的故障行为而引发的潜在风险。例如，在干燥、笔直的公路上，自动紧急制动系统的意外紧急制动，可能是由于紧急制动系统内的故障，或紧急制动系统中的传感器的限制而引起的，而该限制并没有被算法充分缓解。

暴露概率评估是系统地进行的，因此提高了评估完整性的可信度。系统地应用 HAZOP 引导词（例如，太多、太少、错误）导出在驾驶条件的暴露概率，会比无引导词的评估更彻底。使用组合条件进行的更深入的调查能够进一步增加暴露概率评估的完整性。这些情景分析技术对于功能安全的价值是有限的，但却是 SOTIF 评估触发事件的丰富来源。例如，从功能安全角度来看，在拥挤的停车场开车具有较低的暴露概率，但可能存在大量潜在的触发事件。

对于功能安全评估中暴露于较高程度伤害的情况也应进行 SOTIF 评估，以提供充分的支持性证据，而不是在执行 SOTIF 评估时忽略这些信息。对由于预期功能的非预期行为引起的相同危害，这些场景很可能具有更高的暴露概率，但可能需要集中精力诱发潜在的触发事件。如果适用，则可通过特定功能的附加引导词来扩展

SOTIF 的评估。例如，将一个对象错误地识别为可用区域，可能会导出对物体检测传感器的限制，这可能会导致将一辆大型白色货车的一侧划分为可用区域。不过，可以通过优先考虑功能安全风险最高的 SOTIF 情景而获得高效率。如果没有证据表明 SOTIF 已经认真考虑了这些可用的信息，则会对系统安全档案产生不利影响。功能安全分析中对高风险情况的优先排序有助于指导 ISO/PAS 21448 第 2 和第 3 区域中场景的探索。这些区域的确认属于劳动密集型工作，而这种方法可以提高确认效率。

例如，考虑 ISO/PAS 21448 附录中讨论的自动紧急制动（AEB）系统。该 AEB 系统具有进行紧急制动模式下的全制动力制动的权限。该权限的实现受到车辆速度上限的限制。用于区域 3 确认测试的驾驶路线是根据产品销售市场的平均驾驶场景进行优先排序和加权的。其基本假设是，具有潜在的新 AEB 特征的车辆的行驶路径与未装备 AEB 的现有车辆的行驶路径相同。这个假设支持使用现有数据。已知对功能安全具有最高风险的场景将用于相关未知场景的探索；这些未知场景可能是安全的，也可能是不安全的，需要改进对已发现的触发事件的处理。例如，全权限 AEB 系统白天在一条直行道路上行驶，在隧道中被迎面驶来的车辆错误触发，引起了意外的响应。在使用高优先级场景时，会发现未知的不安全场景。此时应该更新规范，修改设计，从而弥补该不安全场景。为提高确认/验证效率，应该对高风险情景进行加权计算。

这种确认测试比对已知安全场景的重复测试更有价值。基于这些高风险场景在搜寻不安全场景中的重要性，以及对寻找这些更容易发生的场景的确认进行更大的加权，可以根据价值判断获得更高的确认里程数。对这些场景进行优先排序有助于降低公共风险并支持安全的实现。

7.4　火灾、烟雾及有毒性

除了文献［3］和文献［4］中讨论的风险外，考虑火灾、烟雾和有毒性可能造成的危害风险也很重要。ISO 26262 只讨论了来自系统失效所造成功能失效的危害所引发的风险。例如，它不包括火灾和烟雾，除非该系统的功能是防止起火。ISO/PAS 21448 只讨论了由于预期功能而引起的风险，也没有讨论火灾和烟雾。在 ISO 26262 或 ISO/PAS 21448 中，由于毒性引起的风险也不被认为是潜在的危险。

在选择产品材料时，通常要考虑毒性，包括释放到系统环境中并且必须进行控制的有毒材料。如果这些材料可以使用，那么就需要设计其安全可靠性，包括产品的生命周期和以后的可使用性。这些材料被输入国际材料数据系统（IMDS），并经常作为发布过程的一部分提交给整车企业。

产品中不应包含任何受限制的材料，如印制线路板材料、焊料材料以及用于机械部件的合金成分（如钢）等。这使得整车企业能够满足欧盟的报废车辆指令所要求的目标。该指令有几个目标，涉及车辆寿命以及生产和处理的各个方面。它支持安全报废：如果材料在车辆报废时对人或环境有潜在危害，那么就没有达到目标，此时必须修改设计以满足目标。

如果在使用或维护过程中有可能导致危险物质的暴露，就需要提出需求来减少这种情况，并验证其是否符合需求。必须采取措施消除或安全地控制这些物质，使它们不会对人类造成危害。

此外，在车辆载人和未载人的情况下，都要考虑由于起火和烟雾造成的潜在危害。对于一辆载人及运行中的车辆，基于驾驶员对车辆的控制能力实现安全运行是我们的目标。当车辆乘客舱起火或产生烟雾时，必须采取控制措施，使火灾不构成危害，并保证烟雾不会降低车辆的可控性。如果火和烟雾在客舱外，那么必须控制起火范围以防止危险。在大多数情况下，当车辆行驶时，烟雾不是一个大问题，因为它会被风吹散，部分烟雾控制在发动机舱或车辆的另一个舱内。某个系统起火可能会成为其他系统的火源，所以如果在本系统中未能被控制住，则将会造成更大的危害。

如果车辆未载人，则可以通过关闭外部系统电源来控制起火和烟雾造成的潜在危害。这是在点火开关关闭后，通过使用系统内或系统外可能包含的继电器或其他方式来实现的。这种切断方式可以在无需系统内部增加控制措施的情况下，将风险降低到一个合理的水平，因为此时没有电源能够提供能量引发火灾。否则，有必要采取其他措施。金属或其他不可燃的安全外壳可用于防止车辆由于车辆外部的结构而引发的火灾及可能造成的灾难性伤害。

第8章
风险降低在汽车中的运用 ///

8.1 历史

早在 2011 年 11 月 15 日 ISO 26262 标准发布之前，降低风险在汽车行业就一直很重要。例如，后视镜的开发是为了提高驾驶员观察车辆周围环境的能力。即使是最早期的车辆也有两个前照灯，当其中一个发生故障时，驾驶员也能在天色较暗的情况下看清路况。此外，汽车前部还增加了保险杠，同时还增加了其他提高耐撞性的功能。

从其他行业发展起来的系统分析技术也被应用于汽车行业。美国军方从 1949 年开始使用失效模式和影响临界分析（FMECA），美国宇航局在 20 世纪 60 年代也开始使用这一技术。系统分析对于军事应用很重要，可减少由于系统失效而导致任务失败的风险。所有潜在失效原因的系统性分析的目的在于通过对部件失效模式的分析减小这些失效的影响。这些缓解措施可能包括冗余或软件切换到另一种运行模式以完成任务。每一种失效都可以根据其关键程度来划分优先级：关键程度是失效影响的严重度和发生频次的组合。

到了 20 世纪 70 年代，失效模式与影响分析（FMEA）技术开始应用于汽车工业，并于 1993 年和 1994 年先后由汽车工业行动小组（AIAG）和 SAE 对其进行了标准化。这些标准支持 FMEA 在各汽车安全产品上的广泛应用，并对其进行持续改进和更新。各汽车供应商都有自己的流程，以确保标准中的技术应用于产品开发。显然，降低风险的需求在汽车行业已有几十年的历史。有些技术是新的，有些则不是，而且仍在不断发展中。

8.2 架构分析

不可否认，成本是汽车设计的一个主要考虑因素，在汽车供应商获得业务的同时，安全性也成为一个主要考虑因素。对于打算公开销售的量产车辆，参与竞争的供应商向整车企业提供系统的额外成本有很大的乘数效应。就直接材料成本而言，每一美元可能有六位数的乘数。为了弥补这一成本，销售价格的变化是另一个倍数，也是定价有竞争力的一个重要因素。同样，安全是消费者的主要期望，并被用作赢得消费者的一个差异化因素。为了实现这一能力，工业界支持制定 ISO 26262。该标准要求制造企业对供应商进行安全文化评估，并在安全相关产品的商务定点中考虑这一点。要想满足本标准的要求，需要额外的资源支出。为了在汽车工业中具有竞争力，既要降低成本，又要有安全证据。如何满足这些潜在的相互冲突的需求？这是一个十分困难的工程和管理挑战。系统架构分析可提供这一支持，好的架构必须包含有效的安全解决方案。

8.2.1 系统接口

在汽车中，包括功能安全相关系统在内的架构可以是非常细致的。该架构包括整个车辆，可能包括提供所需功能概念的所有系统的功能块。这是为了确保满足市场需求，也可以支持提供所需内容的系统是自研还是采购的决策。与任何架构一样，这些功能块都有高层次的需求并包含在采购规范中。通信模块之间还需要通信系统。不仅车辆通信结构必须支持提供所需功能的系统，而且这些系统的接口也必须进行定义。例如，转向系统会向车辆稳定性控制系统提供转向角信息，需要定义用于此通信的协议、报文内容、频率及任何系统安全和网络安全的扩展内容，如循环冗余校验（CRC）和消息计数器，以防止信息损坏和信息卡滞。转向角卡滞可能会导致不必要的稳定性控制干预。

作为最低要求，任何矛盾的需求都应得到解决。这可能需要车辆控制系统（如转向系统）对请求进行仲裁。

然而，为使成本有竞争力，必须通过系统分析方法实现各系统间的协同，优化需求分配，在降低成本的同时能满足车辆要求，包括系统安全要求。

根据第 6 章的讨论确定每个系统失效可能造成的危害。研究每个执行器的权限，以确定错误是否会对人造成伤害。为了确定最终的 ASIL，还评估了这种危害的严重度、暴露概率和可控性。然后，考虑到各系统的每个接口，可以使用前面描述的 HAZOP 技术来检查失效。通过适当的引导词来研究时序和内容上的可能错误，并评估这些错误对每帧报文的影响。

首先，当考虑功能安全时，会寻求一个好的解决方案，从而使分配的 ASIL 最小。ASIL 分解旨在提供一种更经济的方法来满足 ASIL 的要求，ISO 26262 使用 ASIL

的安全要求分解规定了这种分配。例如，仍以前面讨论的车道保持辅助系统为例，该系统由一个摄像头及与其通信的电动转向系统组成，以提供正确的车道保持辅助。摄像头观察车道边界并确定车辆在这些边界内所需的方向盘转矩。首先，考虑该要求分配，摄像头控制不超过 3N·m 的辅助转矩以实现车道保持，这是已经被公认的安全控制转矩值。即使施加在错误的方向上，驾驶员在任何情况下都可以安全地克服这一转矩水平。现在，假设摄像头在不需要的时候发出最大助力的命令。该最大转矩施加在一个方向上，在所有驾驶情况下都会导致车道偏离，这是驾驶员无法控制的。施加正确的转矩具有 ASIL D 的属性。为了实现摄像头 ASIL D 的设计，系统、硬件和软件开发应满足 ASIL D 要求，同时需要建立和维护具有足够独立性的内部流程进行评估和审核，如第 2 章所述，这些流程可以使用内部或外部审核员和评估员，或二者结合使用，但这些都会增加成本。转向系统也必须满足这一要求，即不必要的冗余。

接下来，考虑将车道保持辅助系统的转矩限制需求转移到转向系统；通过转向系统检查来自摄像头的信号是否超过 3N·m 的指令限制，如果有，则转向系统输出限幅或终止车道保持辅助功能并通知驾驶员。ASIL 要求提供的限幅转矩和后续动作被分解为 ASIL D（D）。该 ASIL D（D）安全要求不会导致转向开发的额外系统安全资源负担，因为转向系统已经满足在正确方向上提供转向辅助的 ASIL D 要求，并且具有 ASIL D 属性的其他要求。摄像头仍有相同的接口要求，但 ASIL 属性有所降低。摄像头向转向系统提供正确转矩命令的新 ASIL 属性是 ASIL QM（D）。与满足 ASIL D 的要求相比，这使得资源需求大为减少。因此，以这种方式应用 ASIL 分解，满足冗余安全要求的成本得以降低。该方法同样也适用于纵向控制，如发动机管理系统已经满足 ASIL D 属性的要求。通过对发动机管理系统中自适应巡航控制系统的加速指令施加限制，再次使用 ASIL 分解来降低巡航控制系统的成本。架构需求被高效地分配，因此这样的安全架构是有竞争力的。

8.2.2 内部接口

同样的架构分析技术可以扩展到每个系统的安全架构。每个系统都有一个内部架构，该架构精细到可将要求分配给架构模块，以便进行 ASIL 分解。这包括软件、硬件和传感器中独立模块的内部功能。如第 3 章所述，我们对系统设计架构进行了分析；此外，由于选择要求是为了减少每个接口的故障，因此可以考虑给出最小化的 ASIL 要求。一个方法是传感器与软件的接口，如果使用冗余进行检测，负责接收功能的软件组件对传感器输出的限制可能会检测到超出范围的信号以及冲突信号。

这可以通过已经满足更高 ASIL 要求的软件架构模块来实现，也可以为此目的分配一个模块。

以转向系统为例，该系统接收多个不同来源的转矩请求，每一个来源都对请求的转矩有限制需求，这些需求是主机厂通过架构分析得到的。如果这些转矩限制由不同软件架构模块实现，而这些模块原本没有或只有更低的 ASIL 属性需求，那么验证成本将增加；因为其他需求没有足够的独立性，都将继承最高的 ASIL 属性需求。转向系统的开发人员可以选择包含这些约束的单独架构模块，而不是将其分散到信号处理功能中。满足 ASIL 属性较低要求的模块成本不会增加，这有助于控制满足安全要求的成本，解决成本优先的冲突。同样，如 ISO 26262 所建议的，在保证独立性的情况下，将较高的 ASIL 需求分配给诊断软件，将功能软件开发分解为 QM 或较低的 ASIL 要求。对于 QM 或较低的 ASIL 需求，功能需求验证不那么复杂，开发和验证的流程成本将减少，整体成本和安全流程成本也将降低。

8.3 需求获取与管理

8.3.1 需求的三个来源

在获取和管理需求时，必须检查所有潜在的来源，其来源应比客户要求更广。安全需求有三个潜在来源，分别如下。

1) 从安全目标和客户提供的系统安全需求向下分解的需求：这些可能包含在客户发布报价请求（RFQ）时的技术要求中。客户需求可包括功能安全需求和预期功能安全需求。这些安全需求可能来自客户进行的危害分析和风险评估。其他需求来自供应商进行的类似危害分析和风险评估。

2) 安全分析得出的需求：供应商可进行安全分析，如故障树分析（FTA）、FMEA、硬件架构度量分析和软件安全分析，以发现冗余和其他安全机制的需求。这是对安全目标直接向下分解到硬件和软件需求的补充。

3) 其他假设的需求：如接口需求，这些需求可能包括使用独立安全单元，以及对考虑中的系统以满足安全需求的其他系统假设，如识别和减轻超出限值的信号条件。

与其他行业一样，汽车供应商都高度关注客户。然而，为了支持完备性，仅以尽可能低的成本满足客户提供的每个安全需求是不够的。同样，客户仅确保符合由客户安全分析得出的每项安全需求也是不够的。这两者都是必要的，但不是充分的。

如前所述，以自适应巡航控制系统为例，该系统接收驾驶员设置，根据该设置确定所需的跟车距离，并向发动机管理系统发送加速或减速指令。驾驶员使用人机界面进行车速设置。跟车距离取决于法规以及驾驶员的偏好，也使用人机界面进行设置。这两个设置以及传感器输入用于确定发动机管理系统的加速和减速指令，以保持该速度和跟车距离。客户需求的最大加速度和减速度是受控制的（某些国家还有法规要求）。巡航控制系统供应商必须满足这些需求，同时实现所需的控制，并考虑车辆乘客和驾驶员的舒适性。巡航控制系统供应商对这些需求进行研究并开发了一种架构。分析架构的潜在失效并导出安全需求。这些安全需求包括对所控制的加速度和减速度进行限制。经过优化后，供应商确定为满足需求，在发生故障时，必须对加减速指令进行独立限制。这消除了潜在失效的可能性，如导致加速或减速指令超出限值的失效，或导致安全机制中对超过范围的指令进行限制的失效。这种独立的限制可能由巡航控制系统以一定的成本提供，或者由外部系统提供。这一限制将在发动机管理系统中最有效地实现，这是基于供应商的假设。发动机管理系统是一个外部系统，它已经存在，并且已经提供了巡航控制系统的加速和减速指令。供应商将此信息传达给客户，客户接受该需求。

除了来自其他假设的需求外，整车企业安全要求来自于可能由车辆行为引起的潜在危害。这些是与车辆动力学相关的危害，如横向运动和纵向运动，这些危害直接或间接地受车辆众多系统的功能影响，或由驾驶员的行为间接影响。例如，由发动机管理系统引起的车辆突然加速可能会吓到驾驶员并导致车辆在紧急情况下失去控制。这些衍生需求包括功能安全需求以及与 SOTIF 相关的需求。

例如，整车企业可能要求发动机管理系统、转向系统和制动系统在发生故障时切换到安全状态。安全状态是故障后可运行的状态，取决于车辆的自动化程度。如果系统属于 ISO/PAS 21448 的范畴或扩展范畴，则 SOTIF 需求可能与发布系统所需的验证量有关。整车企业还对从前面描述的车辆架构分析中得出的需求负责。这些需求包括系统间通信的要求以及架构中系统边界的安全需求。

从这三个来源得到的所有需求都被导出到一个数据库中以便管理。该数据库可能包括保留所有需求状态指标的规定，如它们的状态、ASIL 和验证状态。这些指标有助于管理所需资源，从而有效推进需求状态以便支持整车项目。对需求来源和验证方法及状态的可追溯性，确保了双向可追溯性得到维护。当其所有子需求都得到验证时，这些需求可被视为已验证。验证方法的可追溯性支持了对是否符合验证标准要求的判断。考虑到需求的上下层级关系，也会对变更进行管理。这将会考虑受变更影响的需求。高效识别受变更影响的需求的所有者，将支持与系统安全需求相关的关键沟通，这些安全需求会影响供应商或其他相关者。需求的所有者可以对通知做出反应并管理影响。必要时，关键问题能得到有效沟通和升级：此类沟通对系统安全至关重要，整车企业可确保它的发生。

8.3.2 级联需求

系统安全需求的导出和管理应由一级供应商执行。汽车行业要求一级供应商对系统安全要求进行管理，这也是每一次安全审核的主题。需求得到了完整导出的证据和符合这些需求的证据对于汽车系统的安全是至关重要的。一级供应商还建立了三个来源的需求数据库，用于追溯来源和验证方法及状态，以确保所需的双向可追溯性得到维护。上级需求包括来自整车企业的需求、一级供应商通过系统分析（如硬件架构评价或软件安全分析）导出的需求以及微处理器或软件操作系统的假设。

变更的管理方式与前面讨论的整车企业相同。与一级供应商或二级供应商需求负责人进行变更沟通必须高效、透明且全面。否则，由于验证失效或现场失效，可能导致项目延迟。二级供应商的假设，如安全手册中记录的独立安全单元（如传感器）的假设，完全被接受并追踪到验证，以支持实现传感器信号所需的 ASIL，包括传感器外部的安全机制。数据库中需求指标有助于管理在分配的时间内完成跟踪操作。根据需要分配额外资源，以确保实现这一目标。

如有必要，一级供应商与二级供应商签订开发接口协议（DIA）。这确保了作为客户的一级供应商和二级供应商安全经理之间有明确的沟通。由于 SOTIF 验证计划依赖于传感器的内部处理，这种关系也可能有利于 SOTIF 的管理。虽然这种内部处理是保密的，属于二级供应商的专有信息，但必须对其进行检查，以确保系统的安全。因此，在 DIA 中包含有关 SOTIF 要求的信息交换要求，有助于实现系统安全。虽然这对双方来说都是敏感信息，但一级供应商有必要对二级供应商产品设计中的敏感信息有一定程度的了解，以避免由于这些敏感信息而无意中触发算法中的异常行为，并了解需要验证的限制。这是通过与供应商达成协议来实现的，这样就不会隐瞒重要信息，并尊重二级供应商的保密要求和知识产权。

了解二级供应商的逻辑对于分析和寻找触发事件也很有用。一级供应商采取措施补偿限制，并确保当超过这些限制时，预期功能是安全的。这种补偿支持 SOTIF 验证和确认的所有领域。在限制条件下执行分析，并强调在遇到潜在未知不安全场景的情况下运行系统，这些都是受支持的。一级供应商对其他系统的假设作为要求传达给其他相关系统的所有者：可能包括支持，如来自额外冗余传感器的信息，以补偿传感器失效，以及在执行机构失效时由冗余方向控制系统接管。这些假设经过验证和管理，从而支持可追溯性。

8.3.3　与网络安全的冲突

系统安全需求和网络安全需求之间可能会产生冲突。ISO 26262 要求网络安全和功能安全两个领域之间进行沟通，以防止忽视彼此可能获得的有用信息。两者都在争夺带宽方面的稀缺资源；处理功能安全措施和网络安全措施可能需要大量计算。必须尊重功能安全机制的检测周期，以满足故障容错时间间隔，这样才不会导致检测出错。

以失效安全系统中的通信情况为例，该系统包含用于数据保护的哈希码（散列代码）。对哈希码进行评估以确保关联信号的网络安全性；哈希码未得到确认表示网络安全性受到破坏。对于专用于检查损坏情况的硬件，如果检测到损坏，将采取预先确定的网络安全措施。此安全措施必须得到整车企业的同意，且不得对系统功能安全造成不利影响。该硬件包含在系统硬件的架构度量的计算中。为了满足功能安全要求，该硬件可能需要诊断覆盖率来确定计算是否正确完成，或者失效是否会导致违背安全目标。

当包含此类诊断时，必须标识将禁用此网络安全保护的功能安全状态。在现场有许多系统没有这种网络安全保护，因此这不被视为不合理的风险（系统在没有网络安全保护的情况下可能继续安全运行）。另一方面，当用于哈希码解码的硬件中检测到失效时，功能安全状态是禁用此系统。否则系统就无法抵御网络攻击，这个漏洞就会被利用。这种冲突需要在供应商和整车企业层面达成一致。

整车企业可能有一个与安全专家和整车企业管理人员协商一致的车辆总体安全策略，并一致部署到车辆上的所有安全相关系统中。如果未执行此类策略，供应商可以提出替代方案及其优缺点。

在失效运行系统中考虑相同的问题，这可能是某些级别的自动驾驶所需要的。自动驾驶中网络攻击的风险可能更大，因此即使硬件检查器失效，也需要一种替代方法来禁用哈希码检查。现在，如果做出失效安全选择，则需要冗余来实现失效运行状态，或最小化风险条件。这种失效运行状态可能不具有哈希码网络安全性，或者可以包含冗余方法来保持这种网络安全性。此外，还需要一个策略来定义这种状况要保持多久以及如何结束该状态。这些选择需要在系统层面给予确定。功能安全和网络安全的利益相关者以及硬件、软件和系统工程领域的利益相关者，应参与确定和评估替代方案。

建议将特定任务分配给系统工程，以识别和解决系统安全和网络安全之间的冲突，例如为此目的成立一个工作组。这些可能不仅包括可用性方面的冲突，还包括计算时间和内存方面的冲突。这种已知的冲突可能存在，因为微处理器和其他集成电路等组件在发布销售之前，其功能安全性和网络安全性尚未得到协调。这些问题很难解决，需要通过系统中的整体方法来解决。需求流程从车辆功能开始，然后涉及开发和分析架构，以确定对每个供应商的需求。每个供应商的系统工程协调功能安全和网络安全需求，然后通过架构分析确定对二级供应商的功能安全需求。每一步都有反馈，工作组应尽力使用该需求流程，如图 8-1 所示。

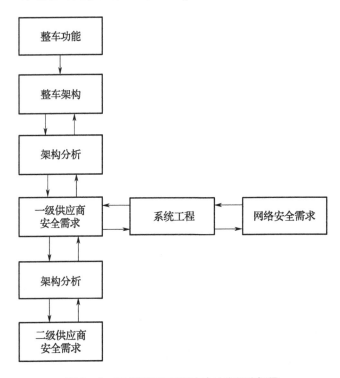

图 8-1　需求管理和网络安全冲突解决框图

8.4　确定汽车应用中的时间风险

8.4.1　关键节点

在以车型年为目标的上市关键计划中，时间是通过有效的项目管理获得的。该项目管理涉及支持项目的所有职能部门、供应商、工程和运营领域。随着项目管理任务的向下延伸，任务和关键节点变得越来越细化。总体的项目时间是固定的，并由这些延伸项目计划所支持。车型投产计划的推迟会给整车企业和供应商带来巨大的经济损失：不仅现金流状况会因为推迟而变得不利，而且早期的销售市场会被竞争产品抢走，导致整体销量下降。

满足整车企业的关键节点，对于每个为项目发布做贡献的人来说都是非常重要的。每个整车企业都有自己的关键节点名称，这些名称包含在整车企业的内部流程中，并且对于每一款发布的车型都是一致的。内部名称与供应商一起使用，以促进与整车企业交流的一致性，不同整车企业提供给同一供应商的类似关键节点的名称可能是不同的。

8.4.2　样件

虽然这些关键节点是细化的和多样的，但一般来说，所有整车企业都有概念样件、设计验证样件和生产验证样件的关键节点。关键节点通常指的是样件完成的时间，因为这些样件通常需要项目中所有供应商（无论是内部还是外部）的可交付成果。所有整车企业在其各自的生命周期阶段（如概念验证）将每个样件用于基本相同的目的。这些样件通常称为 A 样件、B 样件和 C 样件。此类通用概念在多个整车企业和供应商进行交流的平台中提供了清晰的沟通思路，如在标准制定期间。然后，任何适用的标准都可以很容易地应用到整车企业的流程中，并得到一致的应用，如ISO 26262。

为了降低项目后期的进度风险，在项目中安排 A 样件和 B 样件的时间比预期时间早是很正常的。虽然这样做会占用大量资源，但发布计划具有较高优先级，可能会证明额外的费用是合理的。该费用由整车企业和供应商共同承担，供应商为这些样件提供支持。在项目定点后，迅速增加对该项目的资源投入，尤其是在供应商处。将 A 样件和 B 样件的节点提前会要求资源投入的速度更快。如果有多个项目针对同一个发布窗口，那么这对整车企业和供应商的影响会成倍增加。正因如此，为了按时完成概念和设计系统的安全任务，就存在着对稀缺资源的竞争。

有很多任务属于需求开发领域，因此需要系统工程和系统安全工程投入密集的资源。随后，在这些关键节点之前，在软件和硬件领域的需求工程方面也要投入密集的资源。完成这些任务至关重要，因为它们确定了系统安全需求，这些需求将包括在 B 样件的设计中，然后进行验证。这不仅是整车企业验证的需求，也是供应商在同一时间段内对项目进行验证的需求。一些需求在系统级进行验证，而另一些需求则在硬件和软件层面进行验证。如果这些需求中的任何一个没有被识别，那么验证就会延迟，而这个延迟对于项目来说可能是至关重要的，可能无法进行完全验证。

8.4.3　项目管理

为确保系统安全任务获得足够的优先权，系统安全关键节点必须包含在项目计划中。在项目发布前的每个生命周期阶段，系统安全都有重要的可交付成果。所有这些都需要与每个项目样件相关的任务所需的资源。在第 2 章中，项目管理对系统安全的所有权被确定为系统安全组织成功的五个关键因素之一。在项目所需资源增加的同时，解决资源冲突可能是一项困难的项目管理责任。然而，除非成功解决，否则系统安全可能无法按照符合企业系统安全策略所需的流程应用于项目。

项目管理层展示所有权的一种方法是项目经理在计划表中包含系统安全以及任务和任务责任人。这就为系统安全合规性提供了所需的透明度，并明确了积极的安全文化所需的责任。在每次项目评审时，可以报告该进度，并确定保持系统安全所需进度的措施。这样的进度可以用类似于衡量完成 A 样件和 B 样件进度的方式来衡量。优先级可以是显而易见的，并应得到加强，项目经理可直接跟踪和报告进度。在关键路径中包含 B 样件是合理的，企业可以支持这种优先级。企业系统安全策略可以通过要求遵守策略来强制进行这种优先级划分。正如第 5 章所讨论的，这种行为通过纳入由管理层评审的项目的关键指标而得到加强。项目经理使项目团队能够看到这种强化，从而使团队能够遵守系统安全策略和流程。安全审核可以提供进一步的支持，项目经理受邀参加这些审核。

在安全审核期间，审核员评审所遵循的系统安全流程和需求的开发。每个审核员都可以强调并投入审核时间来评审需求，因为系统安全需求的开发对系统安全流程的成功执行至关重要。除非需求开发是完整和及时的，否则系统安全流程将失败。与其他工程评审一样，这是一个比项目经理实际执行的更详细的评审。必须检查获取需求的三个来源，以及上层需求到下层需求的正确连接；必须检查需求数据库和所包含属性的充分性、验证的可追溯性；必须检查为确保所有验证的完整性和符合性采用的有效方法。如果有改进措施以支持发布计划，系统安全审核员将很快意识到这一点，并可能安排对恢复计划和进度的单独评审。

尽管审核人员是独立的，不直接受到项目成功的影响，但审核人员还是会由衷地支持系统安全计划的成功执行，以确保消费者不承受不合理的风险。在评审之前，项目经理会被告知进度，以及所需的任何行动或升级。这为项目经理在这些评审中取得成功奠定了基础，并倡导执行系统安全项目所需的注意事项。由于这是由企业策略和企业的指标支持的，所以需要管理层支持。这种共生关系支持了项目的成功，因此也支持了项目经理。项目的系统安全指标更容易向高级管理层报告。

8.5　设计和验证

8.5.1　样件评估

如前所述，重要的优先事项是设计团队完成 A 样件和 B 样件的日期：市场和经济利益的驱动是难以抗拒的。整个汽车工业的供应链都支持这些优先事项。为了满足 A 样件的完成日期，需要理解基本功能需求，并将其包含在 A 样件的设计中，以便评估其对概念设计的影响。在最终确定设计内容之前，需要评估和协调执行器权限或预期功能限制。与 B 样件不同，A 样件一般不会展示在公众面前，因此，计划用于量产的安全需求对项目的该阶段并不重要。当 B 样件设计完成时，其余的需求是必不可少的。

必须确定哪些需求对 A 样件是必要的；这些需求是进行概念评估和确保使用 A 样件的风险是可接受的。值得注意的是，风险不仅考虑了 A 样件操作员，还考虑了评估区域内的其他用户。恰当的做法是正式确定 A 样件的用途，以确保它们是适用的。例如，可以使用 A 样件来评估潜在危害，以确定已有安全机制是否适合新的应用。在这种情况下，需要测试软件来引发需要缓解的故障。必须正式评估和记录该测试的安全性，以确保不仅验证方法是充分的，而且该测试方法对参与或接触测试的每个人都是安全的。在公共道路上使用样件可能要求操作员或系统能够控制任何潜在失效，且不会使公众面临不合理的风险。这种可控性评估必须在一个安全的环境中完成，不会使公众暴露在这种风险之下，例如，试验场的试验区会有特定的防护措施。在此类可控性被评估、报告和评审为足以满足公共道路的使用要求后，即使在故障条件下，也应批准在公共道路上使用。

对于 A 样件和 B 样件使用的每个阶段，采用这样的流程来确定其适用性。如果样件或预期用途发生变化，则在批准进一步的公共道路测试之前，需要进行正式的安全评审。这种正式的形式是必要的，以确保在向公众发布修订后的公共道路评估之前有充足的证据。例如，在用于试验车辆之前，A 样件的安全相关系统可在实验室环境中进行验证。在测试台上注入故障，以评估故障是否得到控制，以及操作界面上系统行为的安全性。该环境可评估适用于预期用途的安全需求。

如果在测试区域的低摩擦路面上测试，并且发生导致方向盘快速旋转的故障，则需要考虑方向盘的运动。由于旋转的方向盘可能导致人员危害，需要缓解该故障以保护驾驶员的安全。如果在试验车辆上使用该安全系统，驾驶员将得到保护。如果要进行危害测试以确认概念安全分析独立于已有安全机制，则需要研究在没有安全机制的情况下确保安全的条件。在高速环形跑道上行驶时，可能不允许出现某些情况，例如注入未缓解的故障，如转向故障。在一个具有可接受的测试条件的较开阔区域，可以在不同的速度下注入故障。然后，在公共道路上进行评估之前，测试驾驶员可以在低风险条件下对各种待测试系统的可控性进行评估。这些测试需要包括在公共道路评估中遇到的各种情况。如有必要，可向测试驾驶员提供特殊说明，以帮助其提升这种可控性。此类评估在执行前经过正式计划和评审，并提前确定通过或不通过准则。这对于自动驾驶级别较高的系统尤其重要，因为通过、不通过准则只适用于预期最坏的情况，是唯一的。在不同的测试条件下收集客观数据，并根据最坏情况下的场景准则进行评估。在测试运行之后，准备一份报告，并按照前面讨论的方式进行评审。这为预期用途和支持充分性提供了证据。

8.5.2　验证

汽车项目中的验证是指对需求的验证。有时，术语"验证"在其他背景中用来指测试，如环境或电气测试。这些测试在许多项目的系统上运行，以验证它们所共有的需求。然而，验证必须确认符合所有需求，而不仅仅是普通的需求。

验证需求是由满足整车企业确定的、适合于车型中的功能需求驱动的。这些需求可能包含为特定功能修改而具有独特性的预期内容，可能包括功能需求和系统安全需求。重要的是，要导出一套完整的需求进行验证。如本章前面所讨论的以及图 8 - 1 所示，这些需求来自三个来源：它们可能自上分解而来、来自安全分析、来自其他假设。向下分解的需求可以从客户需求分配到系统架构以及硬件和软件需求；从安全分析中得出的需求来自系统、软件和硬件的安全分析；从其他的假设中得出的需求可能来自接口系统、独立于环境的硬件安全要素和独立于环境的软件安全要素，如安全运行系统。

很多验证可以通过测试来实现。为了能够跟踪到单个需求，测试及测试用例必须可追溯到被验证的特定需求。通过、不通过准则必须对应每个需求。因为向下分解的需求可能在各个项目之间重复，所以通常会开发一组标准的设计验证测试，以支持多个项目的调度效率。只要为每个项目的需求建立了可追溯性，这些测试便适用于通用需求。当对单个项目执行审核时，应包括确保以这种方式验证的安全要求是完整的检查，包括所有三个来源，可追溯到验证的单独测试用例，并且它们都通过了。审核结果可能包括确认哪个单独的测试用例验证了某个特定的需求，或者某个测试用例正在验证哪个需求的能力上的差距。这种双向可追溯性是符合 ISO 26262 要求的。这些证据对安全档案很重要，并支持充分性。

第9章
其他讨论和免责声明 ///

9.1　背景

　　汽车工业花费大量资源来确保产品系统安全的原因之一是降低与安全相关的召回风险。一次召回就可能造成数亿甚至数十亿美元的损失。这还只是直接成本，比如为 2800 万辆可能发生火灾问题的汽车更换点火开关，每辆车的成本是 20 美元。一些与加速踏板或安全气囊气体发生器有关的召回事件的直接成本估计达数十亿美元。此外，由于名誉和形象损失，销售量也可能会有所下滑。ISO 26262 标准没有说明合规性将避免与安全相关的召回；它是行业专家多年来对实现功能安全所需的判定的汇总，包括为确保符合这些要求而需评估哪些工作。

　　遵循 ISO 26262 标准中的指南编制安全档案旨在证明相关项的安全性。功能安全的安全档案是工作成果的汇编，以证明符合 ISO 26262 的证据和相关项是安全的论点。但是，如果产品经常出现安全故障，就会进行召回。安全档案可能包含不应因随机失效而发生危害的证据。

　　同样，ISO/PAS 21448 也没有说明，如果遵循其指南，就不会发生与预期功能（SOTIF）安全相关的召回。包括符合 ISO/PAS 21448 的安全档案可以，证明，基于正常运行中相关项的安全性进行安全相关召回的可能性并非高得离谱。由于公众对与自动驾驶等级相关的汽车系统安全相关问题的反应具有"恐惧"因素，因此此类问题的风险可能非常低。ISO/PAS 21448 是多年来行业专家对实现 SOTIF 所需的判定的汇总，但不能保证遵守规定就能防止召回。

　　早在 2014 年，一个由供应商和整车企业组成的小型国际团体就开始了无故障系统的安全工作。随着高级驾驶辅助系统包含更多自动化功能，系统安全性这一方面的相关性变得更加明显。建议同时使用这两个标准来提高系统安全性。

　　以自动紧急制动系统为例，ISO 26262 的应用要提供证据证明系统中的组件或软件故障不会引起紧急制动，且该结论是可靠的。而 ISO/PAS 21448 的验证可能表明，自动紧急制动系统导致追尾的风险比现场追尾事故风险低很多。软件验证要求参见 ISO 26262，现场软件应符合这些要求；符合汽车软件质量标准也可以预期，并且软件流程的成熟度也被证明；此外，还有诊断覆盖率和随机失效率的要求。当符合 ISO 26262 时，通常满足这些要求。在计算硬件架构度量的同时，得出了对安全机制的要求。对需求进行审核，以确保符合性和可追溯性；这些量化度量可能会引起关注，并且变得越来越重要。

9.2 汽车安全召回的三大原因——绝不是"随机"失效

9.2.1 失效率

在硬件开发过程中，使用不同的信息源来预测组件的随机失效率及其对失效模式的分配。这些信息大多不是来自供应商，也不是来自最近汇编的汽车系统失效率数据。它们也可能不是来自系统生产商基于先前发布系统的实际历史现场数据。一些来源是标准，并在 ISO 26262 中被引用；其他估算随机失效率的方法可用于不同汽车安全完整性等级（ASIL）的度量计算。

由于单点故障度量和潜伏故障度量是比率，因此使用失效率的绝对值对确定硬件故障的诊断覆盖率没有那么大的影响。例外情况是，如果一种失效模式没有得到很好的覆盖，那么故障的分布可能存在错误。例如，以一个热敏电阻为例，其中列出的最有可能的失效模式是短路。由于这是一个使用振动碗式给料机制造的带有端盖的压制粉末元器件，最有可能的失效是机械引起的开路。数据源中错误的失效分布可能会完全逆转该元器件的覆盖率。

然而，度量计算对于导出诊断需求是有用的。它们提供了一种系统化的方法来考虑每个组件与安全相关的每种失效模式。然后检查每种失效模式所需的安全机制，强调安全机制覆盖每种失效模式的有效性。即使这些比率有明显的误差，但以这种严格程度导出诊断需求也是很重要的。这些需求足够具体，可以直接开发和实施。它们是直接验证的，这确保了系统硬件所需的覆盖率，而不用考虑实际的失效率。

随机硬件失效（PMHF）的总体概率度量受用于确定随机失效率的数据来源影响较大。在这种情况下，由于该度量不是比率，组件的失效率是相加的。除非可以理解置信度并将其缩小到 ISO 26262 中允许的 70%，否则所采用的标准中不存在任何缓解误差。过高的失效率可能会导致额外的成本，从而降低公众对安全增强系统的购买能力。当失效率使用非常保守的数据来源时，为了达到这个数值，我们将付出大量的努力，其中一些工作包括冗余组件；如果使用的失效率不那么保守，则不需要这些组件。虽然复杂性可能会增加，但 PMHF 更为有利。其动机是减少召回，这是一个善意的努力。

9.2.2 随机硬件失效引起的召回

根据 NHTSA 发布的汽车召回事件数据可知，由于随机硬件失效而导致的召回事件很少，而由于硬件失效导致的召回事件却很多：前面使用的例子是硬件失效、点火开关过热是硬件失效、制动系统因硬件失效而召回、转向系统因电气和机械失效而召回（比如虚接）。造成这些现象的原因可能是硬件失效，例如雪崩二极管过热导致火灾，微处理器在其随机存取存储器中出现失效，或者球节在负载下发生故障，但这些都不是随机硬件失效。汽车应用中元器件的随机失效率永远不会高到足以导致召回的程度——必须有一个系统性的原因导致失效在较短的时间内发生，从而超过仍然相对较低的召回阈值：

1）雪崩二极管过热可能是由二极管供应商提供的不合格元器件批次引起的。供应商可能因工艺超限而发生内部质量泄漏，并且元器件不知何故被包含在装运中。该批次的失效率远远高于元器件的总体随机失效率，而且随机失效率可能仍远低于标准预测值。召回是由短期失效峰值引起的。

2）随机存取存储器的失效可能是由制造企业的加工缺陷引起的，而该企业的质量检查没有检测到该缺陷。同样，在未检测到加工缺陷期间，生产现场的失效率远远高于元器件的总体随机失效率。然而，总体随机失效率远低于标准的保守预测值。同样，召回可能是由短期失效率峰值引起的。

3）球节失效可能是由于工厂的成型错误（该错误在工厂质量体系中被漏掉）或确定负载能力时的设计错误造成的。这两种原因都不会导致球节随机失效，成型错误是机器设置问题。它可能是周期性的，并且系统性地错过了质量审核。在这段时间内，该工厂产品的失效率高于球节的随机失效率，但计算出的失效率在较长时间内是正确的。

检查随机失效不能防止这些召回，因为召回是其他原因造成，不是由随机失效引起的。

9.2.3 召回原因

为了防止与安全相关的召回，重点是防止三个我们观察到的原因。减少这三个原因可以防止召回或减轻大多数安全召回的严重性。绝大多数与安全相关的召回可追溯到以下一项或多项原因：

1）安全需求缺失，包括未从第 4 章的三个安全需求来源中引出需求，或引出的安全需求不充分。

2）安全需求验证缺失，包括源于第 4 章的三个安全需求来源从未被验证，或安全需求验证不充分。

3）供应商的质量溢出，包括供应商向客户发布的初装或维修件中不符合要求的产品。

对于过热引起火灾的雪崩二极管，需要导出并验证防火和防烟要求，包括防止火源和防止易燃材料接触火源的要求。例如，必须防止或检测雪崩二极管的泄漏，或应当检测热量。当雪崩二极管泄漏时，它是一个火源，因此检测泄漏并切断雪崩二极管电源的要求可以切断这种火源。此外，如果检测到热量，则需要进入安全状态并发出警告，这种安全状态可能包括系统断电以及通知车辆驾驶员。此外，还要有防止外部过热引发火灾的要求。

即使有进入安全状态和防止潜在火灾的这些要求，由于供应商的泄漏质量缺陷导致安全系统的可用性丧失，例如二极管泄漏过多的不良批次，仍可能导致召回。这可能需要二极管供应商早期进行一些控制，以便生产现场失效的数量不会太多。例如，将此特定缺陷作为关键特性进行筛选或批次抽样，可以将此类缺陷批次的概率降至可有效防止安全相关召回的水平。在最坏情况下，这些控制措施可减少缺陷零部件的数量。应对措施（如系统中描述的防火措施）的要求有助于降低潜在风险的严重性。

所有这些需求都要验证。应对措施的验证可包括注入故障或模拟最高外部温度，应观察到无火灾或无过量烟雾。对供应商关键特性管理的监督可用于验证和质量控制。此类故障可能不属于 ISO 26262 的范围，ISO 26262 只考虑功能性失效，因此，虽然二极管包含在架构度量中，但诊断覆盖率可能不包括对火灾和烟雾有效的措施。

现在，考虑前面讨论的随机存取存储器的失效。这些失效可能导致内存中的值意外更改。这些值可能是安全关键动态变量，意外更改可能导致车辆出现意外的不安全行为。如果确定并验证了检测此类失效以及进入安全状态或失效后继续运行并发出警告的要求，则可以避免潜在的安全相关召回，尽管保修退回可能会增加。

举例来说，系统级的软件安全分析可以识别由硬件错误异常引起的错误。确定随机存取内存失效的原因，或更高级别的处理错误，原因不可知。更详细的软件安全分析可以确定需要保护的特定关键变量。无论哪种方式，都必须进行验证，以确保保护功能正常。

这也需要对生产设备进行一些早期控制，以便现场失效的数量不会太多。需要在制造工厂进行筛选或取样，以确保不会发生此类失效，可能需要对存储器进行加速应力测试，以确保装运足够多的缺陷零件导致召回的可能性足够低。

另外，以电子稳定控制系统在某些与硬件失效无关的情况下发生故障并导致召回为例，这与刚才描述的质量溢出不同，因为它无法追溯到制造缺陷。当生产发布后，各硬件组件都能满足设计规范，这种失效被认为是由软件失效或缺陷引起的。由于硬件功能正常且符合其规范，因此故障原因一定是由软件不符合规范而导致的。由于软件不会有随机失效情况，因此失效必然是系统性的，所有软件失效也是如此。观察到的故障现象可以追溯到需求获取、合规执行和需求验证；其原因是与故障相关的需求缺失或不充分，或者需求没有被验证或验证不充分，没有其他合理的解释。若软件具有自学习能力，则会随时间的推移而变化，充分的需求获取和验证也必须考虑到这种学习能力。如果这些需求得到验证，故障就不会发生，并且可以防止召回。

9.2.4 安全要求的完整性

对安全要求的完整性进行早期识别以增强可信度，这对于减少召回来说是必要的。安全要求的早期识别有助于符合概念和设计开发的要求。随着详细设计的开展，对系统的安全要求可能会额外增加和细化，因此安全要求要考虑整个系统设计。

安全要求完整性的可信度来自于对标准范围内的危害，也包括对标准未涉及的危害（如火灾和烟雾）的系统性分析。这些系统分析可以分层展开，以确保足够的精细度。正如本章前文所述，将检查所有三个安全要求的来源。在第 7 章中讨论了如何识别风险的可信度，包括考虑执行器的权限、与其他系统的交互以及火灾、烟雾和毒性等。对于如何减轻这些危害，应系统性地识别相关安全要求，并对所有用例进行严格系统的考量，这对于功能安全和 SOTIF 都很重要。

ISO/PAS 21448 为如何评估潜在的触发事件的相关用例提供了指导。上述所有分析都应在设计开发完成之前进行。在开展设计阶段验证之前，仍有可能对设计进行修改，以获得与安全要求的一致性。这有助于按时完成计划进度，包括用于公共道路上的 B 样件。如果上述分析在设计阶段验证过程中进行，则会增加项目进度延迟的风险。

9.2.5 时间风险

设计和验证的测试计划需要及时更新，同时需要有已被管理的复产计划来支持及时完成设计更新和验证，以确认和交付 C 样件。如果分析进行得过晚，例如在产品确认阶段，则会增加进一步的风险。任何发现的新的安全要求，都可能需要修改设计并重复进行验证。重新设计还可能需要修改确认计划和重复某些确认活动。这对于 SOTIF 确认尤其重要，可能需要修改和重复进行仿真以及道路测试。如果发现未知不安全场景，则这种重复可能导致进一步的设计修改。

如果已生产发布的项目缺少上述分析，则潜在的安全相关的召回风险可能会增加。这些分析可能会发现遗漏的安全要求，并且没有办法在不召回产品的情况下予以纠正。如果不进行彻底召回，仍可能存在潜在风险。

同样，也有必要对制造商提出监测和控制所有与安全相关的质量缺陷的要求。这需要对关键事项进行管理，包括安全相关功能的所有测试，以及对供应商的监督。为了监测和控制与安全相关的质量缺陷，必须有符合生产安全要求的证据。产品质量的作用非常关键，即质量保证有助于防止召回。

9.3　"这不在标准的规定中"

有经验的审核员可能会在审核中说："符合适用的标准是恰当的，同时生产安全的产品也是必要的。"审核员可以根据个人的知识或经验来阐述，说明与安全相关领域的问题可能是由 ISO 26262 范围之外的原因引起的。这些经验可能使案例更有说服力，以更好地解决这些原因，并作为安全档案中的证据。企业的安全策略和安全流程可以支持上述过程，审核员可以提出不属于 ISO 26262 范围的问题。审核员经常会听到，"为什么我们必须进行火灾和烟雾测试？这不是 ISO 26262 所要求的，客户只要求满足易燃性要求。"或者"我为什么要关心毒性？这不在标准的规定中。"

随着汽车行业的开发进度加快和成本压力加大，以及对汽车功能安全标准 ISO 26262 的广泛认可，这些需求成为汽车产品开发人员关注的焦点。然而系统安全的其他方面可能没有受到同样的重视。相关的会议和认证培训会经常讨论 ISO 26262，而对系统安全其他方面的考虑没有这么多外力来推动。如前几章所述，这样的问题可能看起来很天真甚至令人震惊。无论何种原因导致汽车系统对人员的伤害，都必须尽力防止。每个参与产品开发和生产的人，都有责任防止把不合理的风险带给公众。然而，如果客户聘请外部审核员检查是否符合 ISO 26262，那么汽车供应商可能会强调该优先级高于其他系统安全的优先级，以满足短期审核的需求。

9.3.1 优先级的竞争

当考虑已经启动的计划与其他需求之间的竞争时，上述优先级是非常重要的。其结果可能会减少可用的资源，以及对其他安全要求（与标准符合性的审核无关）的时间要求。管理层可能对如何满足标准要求的符合性、计划进度、资源分配比较敏感。客户的 ISO 26262 审核人员发现的问题，可能会进一步提高这种敏感性，并用于阐明必要的资源分配以解决发现的问题。这些行为有助于支持确保实现产品的功能安全，这也是审核的目的。然后，在企业内部提出对系统安全的额外要求，需要更新的时间表和资源分配优先级以满足符合性，但可能会存在来自内部资源小组的反对，因为客户与他们内部管理所设置的优先级存在冲突。供应商应首先考虑客户的优先级，并将满足客户在功能安全方面的优先级作为由供应商管理层支持的可行目标。这种支持将在项目计划中相关任务的资源和执行中体现出来，并确保 ISO 26262 审核员发现的问题得到解决。在这种情况下，这些疑问和反对似乎是完全合理的。

对于符合 ISO 26262 来说，如何将这些内部发现的问题在客户和内部管理之间给予同等的优先级？目前和未来的业务更多地依赖于客户提出的安全要求的优先级，而不是其他内部产生的安全要求。从勤勉的角度来看，这种反对的证据是没有帮助的。如果正在调查一个现场问题，那么反对的证据可能对于安全文化来说是不利的，这可能会超出为确保实现功能安全而采取的有效行动。对所有安全要求的支持有助于勤勉，最好是预先确定目标以预防这些问题。

正如成功的合资企业、联盟、合并或其他竞争联盟一样，理解并确保所选择的方向满足所有利益相关者的目标是必要的。这是在谈判中实现双赢解决方案的基本原则，以完成此类竞争联盟，并解决内部资源冲突。如果没有双赢或多赢的解决方案，那么联盟将面临解散和爆发冲突的危险，各方的目标可能无法实现。实现双赢或双赢的解决方案将激发每个参与方的能力和精力并促使他们朝着约定的方向努力，这有助于实现各方的目标。

一个能让实现这些目标的人受益的激励制度是有益的。其强调了每个人在实现这些目标中的重要性，以及这些目标对企业的重要性。从自身利益出发，可能有助于付出努力并保持动力。一个成功的企业激励制度将激励行为制度化，如确保生产的产品安全所需的行为，从而以积极的安全文化来保护企业的利益。建立共同的个人目标并由企业进行激励和强化，为所有利益相关者提供了解决潜在冲突的保障。

如上所述，为了避免产生这样的冲突，可以提前对系统安全的流程达成一致，以保证实现产品安全。在企业层面，包括参与企业每个项目的所有利益相关者，如果能形成达成一致的标准化流程，将有助于实现双赢或多赢的解决方案以应对潜在冲突。每个利益相关者都可以努力实现合规，并获得企业为实现安全目标而提供的奖励。ISO 26262 的所有要求都包含在上述标准流程中。如果适用，那么所需的工作成果可以被包含或合并在质量标准的要求中，以进一步减少潜在的资源冲突。此流程允许对经过批准复用的内容进行高度定制。复用可以确保实现产品安全所需的资源以及产品本身的开发成本，这有利于项目负责人和项目参与人实现企业的成本目标。遵循上述流程，对于确保由客户主导的对 ISO 26262 的合规性审核是简单有效的，有利于新的安全相关产品的相关业务，并为内部参与人员提供奖励。

9.3.2 审核与评估

内部人员的审核和评估包括在企业安全流程中，并提供支持信息以确保符合该流程。内部的评估和审核报告可以作为流程合规性的证据并与客户共享，可用于补充或代替外部审核。同样地，在系统安全标准化流程中也包含非功能性的安全要求，如火灾和烟雾、有毒性和 SOTIF，可以实现合规性措施的标准化并最大限度地减少资源需求。第 3 章讨论了 SOTIF 与汽车功能安全的结合所实现的效率，符合系统安全流程可以确保这种效率。

工作成果可能有模板，这些模板有助于实现 ISO 26262 和 SOTIF 的合规性。评估准则也可能包括对 ISO 26262 和 SOTIF 合规性的相同要求，对于开展评估是有帮助的。将火灾、烟雾、有毒性和 SOTIF 纳入其中，展示了差异化的积极的安全能力和文化，有助于推进更多的新的安全相关业务。汽车制造企业可以从实施完整安全流程的供应商那里购买产品来降低风险。通过观察企业对安全策略和流程的支持程度，以及为促进积极的安全文化而设立的激励制度，进一步加强了这种看法。这有助于拓展新的与安全相关的产品业务，以及奖励内部的参与人员。这种完整的安全流程和合规性的证据，以及奖励的安全准则对于企业来说是有竞争力的。

此外，企业的安全流程是可扩展的，可以根据复用的情况进行增加或定制，通过这种调整可以很容易地开展新业务。当这一流程被定制并纳入项目规划中，并分配适当的时间节点和责任时，会得到其他利益相关者的积极支持，因为这可能有利于他们自身的利益。每个时间节点的实现提供了流程合规性的证据，用于内部和客户的评审。这一成果也为参与者证明个人奖励的合理性提供了证据。流程实施的证据以及评估和审核报告，会让公司高管认为这样可以降低产品的安全风险，而且这种看法是合理的。及时的表现会得到奖励，所有利益相关者都是赢家。

9.4 免责声明和持续改进的动机

系统安全的发言人可能会被问道："符合安全标准能确保生产企业不会被起诉吗？或者即使被起诉，也能胜诉吗？""不，但它可能提供了勤勉的证据。"发言人回答。这位发言人可能还会被问道："那么，怎样才能确保生产企业不会被起诉？"他的回答是："问倒我了！"

虽然上面的对话可能被认为是开玩笑，但提问和回答的内容是值得关注的。安全档案提供了实现产品安全的证据和基于证据的论证。每个编写安全档案、评审安全档案、参与制定策略和流程以产生安全档案的人员都会考虑其潜在用途。除了为实现产品安全而确保的勤勉外，安全档案还可以作为勤勉的证据用来为企业进行辩护。然而，不能确保上述辩护可以成功。

同样地，遵循本书中的所有建议也不能确保相关产品没有缺陷、诉讼或索赔。这些建议是作者根据自身经验提出的，并不具有完备性，也并非完全适用于所有读者的实际情况。作者的经验促使他提供这些建议来帮助本书的读者，书中提供了作者多年来发现的需要考虑的问题。这些考虑可能与其他人相关，但未包括在所参考的标准中。每个生产企业都对其生产的产品的安全负责，对于生产者来说，从别人的经验中获取信息与缺乏这些信息相比，更容易处理这些问题，本书可以缩短通过经验获取这些信息的时间。本书考虑的问题，对于满足生产安全产品的责任是有益的。本书有很多建议说明如何在企业中实际开展工作，而非仅讲解标准的内容，因为标准的内容是很容易获取的。生产者可以考虑本书的建议并选择一个所负责的方向，这样书中探讨的问题才会有所帮助。

生产者选择的方向可能包括系统安全组织、策略和流程。这种选择表明企业关注的是系统安全，而不是采用一种临时的方法，让每个子组织决定策略和流程，以及是否建立安全组织和如何构建安全组织。安全策略、流程和组织需要有机地结合起来，以实现企业所确立的安全目标。

9.4.1 政策声明

企业可以在发布的正式政策文件之外，在一份简要的政策声明中陈述其达成一致的安全目标。这项政策声明应广泛传播，以确保高效的沟通。这份广泛传播的关于安全和质量等敏感话题的简要声明，可能需要负责确定企业方向的高管以及负责将企业引向既定方向的高管进行审核和批准。例如，企业可能有一个政策声明，说

111

明其开发流程可以实现安全产品。这样的声明可以很容易地在整个企业中发布，甚至被法务部门认为是无争议的。通过简明扼要地阐述这一目标，为企业努力实现安全目标提供支持和理解。

在质量方面可能有类似的政策声明。这些声明的目的是相似的：它们不建立实现目标的具体实现方式和策略，也不替代对实现目标相关内容的详细阐述，而是仅仅陈述目标。这样的声明意味着企业承诺实现所声明的内容。

为支持上述声明而采取的行动可以证明他们努力实现其目标。需要通过组织活动证明其一致性和有效性。额外的行动可能对企业的勤勉证据产生不利影响，而统一的行动有助于最优化的部署，并对勤勉证据产生积极影响。这种整个企业范围内的行动更为有效，因为这些活动是在每个项目执行之前就已经确定的，从而使有效的规划成为可能。然后对活动进行跟踪，并及时提供符合企业安全流程的证据。

9.4.2　管理

为了确保产生这样的证据，企业可以通过在流程中分配质量并由管理者进行评审，以突出管理的权威性。可由审核和评估小组负责这些质量的收集，以确保客观性。由于是以安全流程的工作成果为基础进行评估的，评估人员可以在评估时记录这些工作成果是否按时完成。安全经理会让评估人员知道对工作成果的评估是否需要最高等级的独立性。然后，这些数据被用于计算每个项目的工时质量，这些质量也会根据产品线进行整合，由安全管理机构和企业高管进行评审。

通过确保每个产品的系统安全流程示例中包含对质量的监管，可以增强该管理机构对监督完整性的信心。如果生产线上的某个流程符合安全流程，而另一个不执行任何安全流程，那么在最早的关键节点中，度量将包括不合规流程的相关数据。这样有利于针对不合规的流程采取改进措施，以及对改进措施的评审，直到满足要求为止。

举例来说，如果一个部门的安全相关产品包含在系统安全的度量中，而另一个部门的安全相关产品没有包含在系统安全指标中，那么对监管完整性的信心就会降低。如果仅对已包含的产品线有管理权限，那么除非由负责所有产品线的企业主管进行指挥，否则可能无法实现完整性。这可能需要把符合标准的产品线管理人员升级为企业高管，他才有权利指挥其他产品线。这样就可以实现一致性，并加强企业勤勉的证据。

同样地，如果一种与安全相关的产品包含在监管度量中，而另一种没有，那么对所采用的监管完整性的信心可能会降低。这可能还需要升级到有权管理产品线的企业高管。将所有与安全相关的产品度量纳入监管并进行评审，为企业实现规定的安全目标提供了有力证据。

9.4.3　安全度量

为了实现上述目标，需要对整个企业的安全流程进行把控，如果无法量化，很难或不可能进行把控。对度量的一致性评审还支持如下安全文化：确保对盈利或开发进度的重视程度不能超过对安全的重视程度。企业高管对安全指标的评审，可以保持对于上述安全文化的重视程度。

度量的设定应确保每个产品的系统安全要求是完整的，并及时得到验证。所选择的节点如下：开始设计之前设立一个重要节点，设计验证开始之前设立另一个重要节点。确保导出要求的方法，如系统性安全分析，需要在验证之前的节点通过度量来完成。对于任何偏差，确保其是可减轻的，并可追溯其恢复性。

对系统安全性进行监管流程的评估，可包括确保客观性的措施。如本章前文所述，这是通过使用审核和评估部门收集的度量数据来实现的。这些数据由质量部门负责整理，由审核和评估部门进行评审。

两种方法都可以确保客观性。度量的属性可以是两个方面，也可以更复杂。一个较复杂的度量可以对延期的数量进行衡量，以提供对流程的监测，或优先调用所需的资源，以进行必要的恢复。例如，一个衡量延期的度量可通过域以及项目帮助明确度量所处的阶段，即有助于明确应用于特定产品线和整个企业安全流程中的特定资源。

系统安全工作成果的完成，需要由具有所需独立性的系统安全专家进行判断，如项目中的另一位安全专家或独立的安全评估人员。这种判断应独立于产品权限或项目管理，不像其他由项目管理直接决定的计划成果。对于安全相关的度量，这避免了利益冲突的出现。这种独立性也符合 ISO 26262 对评估的要求。

然而，在确定了度量的阶段之后，最好由相关负责人来对度量的各阶段进行下一步的汇报。使企业高层清楚地了解度量的各个阶段，有助于建立主动权。如果负责质量的人员或独立的安全审核和评估人员对安全指标进行汇报，可能会与企业高层产生冲突，从而使真实情况变得不清晰。如果相关负责人，如工程主管，与系统安全评估人员达成一致后再向企业高层汇报，就可以实现有意义的评审。高层的关注点主要是成果，而度量可以作为一种工具。

9.4.4　过程文档

使用度量作为工具以确保执行系统安全流程包括在过程文件中，并且可能包含所收集度量的操作描述。应明确描述使用这些定义的方法和权限。在收集度量时，如有需要可包含为满足度量所需的期限以及关于分布式开发的其他数据，也可以单独描述以促进对特殊情况的改进和预期。

上述过程文档需要获得批准才能发布，批准人员包括项目相关人员、与度量有关的产品线人员、管理组织的代表等。公司质量部门的代表也包括在负责发布的人员中，以确保在执行评审时可以从其他度量的角度来观察，来保证对度量的汇报被有效和清晰地理解。使用公司流程来发布该系统安全流程文档，包括度量的定义和确定，有助于相关人员对如何执行管理的评审准则进行明确。这一点很重要，不仅可以避免冲突，而且有助于负责汇报的产品线主管在指导其产品线时合规，以及汇报结果时做好准备并取得成功。对企业高管进行关于流程、度量定义和评审准则的进一步培训和简要介绍是必要的。

需要对审核报告及更新版本提供及时的更新和明确的建议，以帮助管理人员在安全流程方面取得成功。进一步收集具有更细化定义的度量，以支持相关人员为执行评审达成有利的度量汇总。通过这种方式，他们对产品线相关的度量有着比在企业层面汇报的度量更深入的理解。

产品线管理人员可能会向企业高层和董事汇报两套度量，以便成功地指导其产品线的流程合规性。这些汇报可能比企业主管的评审更频繁，例如，可以支持在设计阶段为安全相关分析的延期执行创建有效的恢复。这种恢复是在产品小组内启动的，并且在向企业主管报告之前正在进行或已经完成。早期发现问题、项目审核、产品线的多次评审，有助于获得必要的重点、优先级和资源分配，从而有效地执行成功的恢复。

9.4.5　安全度量的分层报告

考虑对更细化度量的及时衡量，已批准的系统安全工作成果在产品开发期间的关键节点如图 9 - 1 所示。这些节点是在项目阶段确定的，包括所有汽车开发过程中的流程管理，如启动、概念、设计、验证和确认。每个阶段都有不同的工作成果，这些工作成果会逐步编制以提供符合安全流程的证据，并纳入安全档案。在准备对中期关键节点的评审时，负责评审的研发部门负责人可以根据需要准备一个恢复计划，如果有需要可含在本次评审中，也许需要得到中央系统安全小组评估员的认可。需要明确执行恢复计划的责任，评估人员和审核员可以通过明确需要什么并就如何完成提供专业意见（包括可以提供支持的专家资源）来支持负责人的工作。

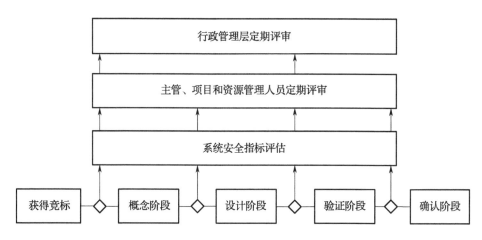

图 9-1　系统安全指标架构示例

　　早一些发现合规性方面的问题，为解决和恢复该问题创造了更长的时间。快速部署专家资源，增加了及时解决问题以确保符合安全流程的可能性。如果是在汇总的度量准备好之前完成恢复，制作一份改进了的汇总度量表，则对产品小组快速有效的行动评审是有利的。

　　如果恢复的时间较晚，应在对高管评审报告中汇报进展情况。可以简明扼要地介绍具体的问题、正在采取的行动、正在部署的资源、项目人员须克服的任何障碍，同时还可以介绍正在取得的进展以及潜在恢复时间的预测，这可能要求执行人员对资源进行优先排序。根据当前或请求的资源优先次序，提供关于需要什么和预期结果的信息。可以就是否需要额外资源做出知情的决定。

　　无论哪种方式，具有更细化的度量供资源管理者和主管使用，都有助于改进安全流程。额外的信息有助于资源分配以及更早地执行必要的返工。由于度量是基于数据的，因此也有助于更好地确定优先级。由于项目推进有统一的节点和度量，也有利于执行所有与安全相关产品开发项目的安全流程。所有人都可以根据审核员、评估人员、预备度量的人员的反馈以及度量本身，高效地执行安全流程。较为频繁的评审使得对工作成果的完成和必要的返工更加及时，以得到尽可能好的评审结果。对于度量的流程和操作方法说明的完全记录，有助于避免对非生产相关度量的讨论。提出的度量应是易懂的，且针对所要实现的成果和必需的行动，重点是强调如何执行。

　　图 9-1 所示的结构提升了潜在客户对公司安全流程的信心。客户可以看到系统性的方法，以确保安全流程的执行。执行上述流程有助于实现交付给客户的产品的系统安全。企业的安全文化表现为对实现产品系统安全的全面承诺，这也证明了客

户在购买 ISO 26262 要求的安全相关系统时考虑了安全因素。

流程的追溯有助于对工作改进的管理，可以通过定期绘制评审结果图表的形式来展示。这些结果可以包括按照时间绘制的企业整体绩效的月度度量数据，以及为每个产品线绘制的总体度量数据。其他图表可以包括企业在每个项目关键节点的表现，以及产品线中每个产品组的性能。更细化的度量增加了透明度，特别是对于延期和未完成关键节点的原因，从而提升了客户的信任。

9.4.6　安全度量的使用

众所周知，在汽车行业中通常使用度量来管理实现目标的流程。生产度量用来衡量设备的正常运行时间，以及每个生产线和班次的生产率。通过统计停工原因（如设备更新、设备维修、质量检查等），可以进一步提高透明度。

使用度量来提高产品质量也是有据可查的，比如"回票"数量和"未发现故障"结果数量。"回票"数量衡量了决定退货的次数，其依据是观察到的性能与预期性能对比、诊断有效性，以及维修说明；"未发现故障"这一度量可以用来衡量决策错误或问题不可重复的次数。这两个度量都支持管理企业以实现与质量相关的目标。如果做出退货的决定是正确的，那么可以根据 Pareto 定律创建导致退货的原因（例如组件故障或不合适的自动化性能），以此来改进退货数量度量。Pareto 定律还可以指导开发工作的优先级，以通过改进现场产品或下一代产品来纠正或消除这些原因。

这些度量由多个层级的管理层定期评审。企业管理层试图充分了解公司在质量方面的竞争力，以确定所采取的方向，或指示部署资源来纠正方向。

在企业的每个产品组织内进行更频繁的评审，以确保产品质量过程被有效执行。这些额外的评审收集产品线工作站的度量，有益于企业的整体度量。检测现场问题的时效性和解决方案，以验证产品线对客户的响应。此外，对度量进行评审以确保工程质量流程的成功执行。这种工程质量管理可以支持提高软件过程改进能力和确定（SPICE）模型（该模型已经过审核）的成熟度水平。

同样，在整个项目以及多级管理评审期间，衡量系统安全要求的导出、验证和确认状态的度量，为实现系统安全尽职调查提供了信心。在企业中的所有安全相关流程中，可能有成千上万的系统安全要求需要推导和验证，遗漏其中任何一个都可能导致现场发生安全相关事故以及产品召回。

度量提供了一个抽象层次，支持对过程进行有效管理，以系统性地确保系统安全要求与合规的完备性；这可以通过跟踪周期性度量结果来支持，从而实现与执行管理层商定的目标的进度。这些目标可能是为了保证执行确保系统安全要求和合规的过程的及时性。然而，在没有证据表明存在不合理风险的情况下，系统安全评估人员不能认可任何单个项目的安全档案。当这些度量被证明具有很强的竞争力时，汽车供应商就可以使用这些度量来拓展安全相关产品的新业务。

企业内部对系统安全流程整体合规性的度量是保密的。没有国家推荐将此类度量纳入汽车功能安全标准 ISO 26262 或预期功能安全标准 ISO/PAS 21448 （SOTIF）中。虽然没有公开发表的针对汽车系统安全的标准指标，但对系统安全有力、成功的承诺，是汽车制造企业是否能降低潜在安全风险的重要鉴别因素。每个汽车制造企业都意识到，由于发布用于批量生产和公开销售的产品存在安全相关缺陷，可能会造成资源和声誉的潜在损失。供应商为降低此类风险而制定的措施是非常有价值的，因此汽车制造企业希望这些措施的有效性是透明可见的，比如度量。

同样，汽车制造企业可以使用改进的度量向监管机构或其他组织展示尽职调查，其对系统安全所阐述的承诺是有益的。这些由汽车制造企业在内部收集的度量，也可以按照类似于图 9 – 1 的方式进行构建。这种分层的度量报告可以证明整车企业高管先前讨论过的相同的、系统性的尽职调查，以确保系统安全要求和合规性的完整性，从而保护公众。监管机构和其他组织对此类尽职调查持积极态度，供应商与汽车制造企业共享的良好度量进一步证实了这一承诺。汽车制造企业可以被认为是选择在执行有效的汽车安全流程中表现出尽职和持续改进的供应商。这些度量是管理层致力于监督以维持执行的证据。

在其他业务讨论中，这些汇总的度量得到了有效的检查：在资源分配中考虑它们的价值，也可以由市场推广和销售人员对它们进行研究。如有需求，可提供额外的解释。这样，就可以开始对度量进行有用的讨论。

下面是一个案例。一家汽车制造企业正在考虑针对一个新的 SOTIF 相关功能签署商业合作协议，例如在特定城市区域环境下使用的 L4 自动驾驶系统。这个系统同样也在汽车功能安全 ISO 26262 的范围内，因此需要考虑该标准对潜在供应商安全能力的要求，上述考虑在报价需求（RFQ）中提出。RFQ 的发布要说明预期的应用和一些高等级系统的安全注意事项，其中可能包括符合 ISO 26262 和 ISO/PAS 21448。此外，还要求在 SOTIF 确认中支持分析、仿真、台架测试和公开道路测试，可以包括确认目标，也可以要求支持确认目标的定义。

此外，还应提供一份拟定的开发接口协议（DIA），在签署商业合作协议之前，组织和商定系统安全责任和希望共享的文档。该 DIA 可能要求供应商在签署后不久进行风险分析，包括功能安全和 SOTIF 注意事项。DIA 也可能要求供应商共享传感器的功能局限，并在项目设计阶段早期提供分析，说明如何安全地适应这些功能局限。

RFQ 中还提供需求的可追溯性与评审期望。汽车制造企业可能有这些需求的数据库或模板，或者可以要求对供应商的需求数据库进行广泛的审核、评审和批准。这些评审包括检查子要求是否完全满足上级要求，验证方法是否能充分验证每条需求，以及要求和验证是否完备。

收到 RFQ 的供应商可以将期望的文档映射到他们的标准流程中，并列出要提供的同等文档，以满足汽车制造企业的文档要求，同时不增加执行项目的成本。例如，供应商可能有多个工作成果，当一起考虑时，可以满足汽车制造企业对一个工作成果的所有要求。另外，RFQ 文档的要求可能基于 ISO 26262，以及一些适用于 ISO/PAS 21448 的附加工作成果，而供应商的流程大致基于 ASPICE 的基础实践。这些工作成果可以根据需要，补充系统安全证据和其他工作成果。在这种情况下，供应商一个单独的工作成果可以满足多个汽车制造企业要求的工作成果。

所有提供报价的供应商都认同系统安全需求的可追溯性以及具有竞争力的汽车质量指标。任何从事 L4 等级自动驾驶开发的供应商都应该有一个成熟的需求获取和管理流程。任何收到系统 RFQ（如高级安全关键产品）的供应商也应提供具有竞争力的汽车质量度量。

假设一个供应商的投标方案总结包括由高级管理层定期评审的系统安全指标。此类数据为补充数据，RFQ 并不需要。说明文件提供了有关度量操作定义的信息，以及如何在度量确定中使用这些定义以确保其应用的客观性；还描述了评审过程以及如何进行反馈，如图 9-1 所示。这些度量展示了供应商企业内所有产品在相当长的时间内，对系统安全要求的及时获取、验证和确认的竞争力和持续改进。此类安全相关产品开发的管理经验非常宝贵，证明了该供应商在系统安全领域尽职调查方面具有先进的经验。对于开发 L4 等级自动驾驶系统来说，上述供应商是合适并可以优先选择的。对于执行传感器和算法验证的要求以及完成 ISO/PAS 21448 的区域 1、2 和 3 的系统验证，可能需要依靠先进的系统安全经验。此外，系统安全指标表明基础设施和管理能力已到位，可用于支持投标项目。如果该系统有望在汽车行业具有较高的知名度，并成为监管审查的重点，这一点尤为重要。通过该基础设施对系统安全的额外管理可能会提供更有利的效果。因此，包含这样的度量可以提升汽车制造企业的信心并支持商务决策。

第 10 章
总结与结论 ///

10.1 背景

前面几章讨论了汽车的系统安全。汽车系统安全包括功能安全、预期功能安全（SOTIF）和其他非功能性危害的安全。汽车安全专家对于"安全"这一术语的使用，通常引用 ISO 26262 中的定义"不存在不合理的风险"。ISO/PAS 21448 中也引用了该定义。它也适用于系统安全，因为所引用的"不合理风险"与导致该风险的原因无关，而原因可能是功能失效或非功能失效。

这一定义将实现安全与确定残余风险是否不合理联系在一起，即风险是否大于基于社会准则的可接受风险。假设当今社会所接受的风险与社会准则相一致，如果一种产品使公众面临的风险大于那些社会准则认为可以接受的程度，那么该产品就认为是不安全的。这包括可由系统正常或功能异常表现引起的特定类型事故的风险。它还包括一个系统给社会带来的风险，如果用于开发该系统的方法（包括获取和遵守系统安全要求）不如用于该领域类似产品的方法全面。

公众因接触目前使用的汽车产品而面临的风险并非都不合理。有些风险是公众在操作或接触汽车产品时必须接受的风险。这种风险经常在新闻和其他信息渠道中提到，公众可以从中意识到汽车存在导致伤害的风险。消费者购买和使用汽车产品这一行为，就可作为风险已被接受且并非不合理的证据。

10.2 系统安全不仅是功能安全

汽车产品的消费者、制造商和监管方都期望即将上市的汽车产品是安全的。因此，新产品对公众造成的风险绝不能超过当前汽车产品所带来的风险（第 1 章讨论了对这种风险的识别）。对该领域内的任何产品，如果其风险高于正常水平，则即使未追溯到与风险相关的伤害，也将予以召回。如果追溯风险时，生产企业被查到严重缺乏尽职责任，则可能会受到额外的处罚。因此，这就有令人信服的商业理由来满足潜在消费者对汽车产品的安全期望。

10.2.1 安全要求

风险的确定包括事故研究和现场数据，涉及产品的功能局限，要考虑 ISO 26262 和 ISO/PAS 21448。事故数据和现场数据可从官方统计数据以及汽车制造企业收集的现场数据中获得，需要考虑 ISO 26262 和 ISO/PAS 21448 包括符合这些标准的要求和建议，还包括从三个方面导出的要求：来自前代产品的要求，从系统、硬件和软件的系统性分析中获得的要求，以及从其他假设中得出的要求。来自前代产品的要求包括从风险分析和风险评估中得出的安全目标、功能安全概念中的功能安全要求，以及对预期功能所需的顶层安全表现的定义。该流程如图 1 – 1 所示，它包括开发接口协议（DIA）中从要求到责任的流程，以及执行 DIA 期间额外要求的沟通。

忽略上述要求可能给社会带来不合理的风险，未能验证这些要求中的任何一项都可能会给社会带来不合理的风险：如果未检查已识别且已知与安全相关的要求，那么产品是否符合这些要求是未知的。遵循一个系统化的流程可以防止遗漏或未经验证的需求。

汽车安全要求远远超过了 ISO 26262 中规定的功能安全要求。汽车安全涵盖了符合 ISO 26262 的要求：针对防止对公众造成不合理的风险，功能安全是必要的，但不是充分的。ISO 26262 的要求是国际专家多年合作的成果，值得遵守。在这些年里，人们对功能安全要求进行了大量的讨论、协商并达成了很多共识。在第一版使用数年后，研究人员对标准进行了修订，并发布了更完善的第二版。

这些要求是实现功能安全所必需的，合规性证据表明为实现功能安全所做的努力。对于正准备上市的车辆，这包括二级供应商、一级供应商和整车制造商的证据汇集。

同样，汽车系统安全的要求超出了 ISO/PAS 21448 中规定的 SOTIF 要求。虽然 SOTIF 标准的制定最初是一个小组的工作，但最终的要求是国际标准化组织的安全专家达成一致的结果，并致力于提供适用于所有等级自动驾驶的指导。ISO/PAS 21448的要求是国际专家多年合作的结果，值得遵守。在制定该标准时，涉及了与实现不同等级自动驾驶安全相关的所有领域。这些要求是实现 SOTIF 所必需的，合规性的证据表明对实现 SOTIF 所做的努力。在 ISO/PAS 21448 涵盖的或更高的驾驶自动化等级范围内开发的每个产品都需要证明考虑了 ISO/PAS 21448 的要求，并且已达到适用的合规性。

对于汽车系统安全，需要对功能安全和 SOTIF 的三个要求来源进行慎重考虑。这些要求包括了展开后的 SOTIF 要求、从分析中得出的要求以及由其他假设产生的要求。系统过程支持确保要求及其验证的完整性，从而支持实现系统安全。

10.2.2　安全流程

系统安全流程可分为两个流程：一个流程以产品安全为目标（包括 SOTIF），另一个流程以功能安全为目标。ISO 功能安全工作组中，将系统安全分为这两个流程企业的专家倾向于将 SOTIF 置于 ISO 26262 不同的标准中，他们担心 SOTIF 要求不会被产品安全流程所接受，因为 ISO 26262 的要求不是由产品安全流程的负责人提出的。负责功能安全流程的专家反对将 SOTIF 纳入 ISO 26262 中，他们担心将额外承担本应由其他组织负责的 SOTIF 责任。

每个流程可能涉及不同的专家。功能安全流程主要由熟悉 ISO 26262 的功能安全专家负责，也可以包含系统、软件和硬件专家，以及这些领域的安全分析专家。如第 3 章所述，将 SOTIF 与功能安全结合到一个系统安全流程可提高效率。在 ISO 功能安全工作组中，将 SOTIF 的安全流程与功能安全的安全流程相结合企业的专家支持将 SOTIF 纳入 ISO 26262。对于他们来说，将需求放在一个标准中更为方便，这将确保定义的一致性，并且不会有相互冲突的要求。

很多参与制定 ISO 26262 的专家也参与制定了 ISO/PAS 21448，这些专家熟悉两个流程之间的相似性，以及需要增加到功能安全工作成果和分析中以符合 SOTIF 要求的内容。这有利于简化为满足这两个标准所需的工作，单一流程也可以简化企业产品开发流程。可以通过培训来协调这两个标准的流程，将不同工程领域所需的额外安全工作减至最少。因此，与两个单独的流程相比，企业内部的协调可以减小对开发流程的影响。

这种方法也简化了与信息安全人员的沟通和需求冲突的解决，如第 8 章图 8 - 1 所示。ISO 26262 要求这样的通信，并扩展到 SOTIF。当这些流程结合在一起时，各种安全之间的通信包括：功能安全、预期功能安全，以及针对两者弱点的网络攻击。SOTIF 和功能安全的攻击点几乎相同，这就避免了潜在的冲突。

10.3　一个成功的安全组织的五大关键要素

一个高效的系统安全组织支持系统安全流程的成功执行。每一种组织的选择都是权衡后的结果，对于有效地、可持续地实施系统安全流程都有不同的优缺点。为确保系统安全组织获得成功，必须满足以下五个关键因素的要求。

1）组织必须拥有执行安全任务的人才。这类人才既可以在内部发掘，也可以在内部发展。该类人才需要支持需求的引出和验证，以及执行安全分析，并与其他组织的安全经理进行沟通。此外，系统安全的培训、指导、审核和评估都需要系统安全人才。

2）系统安全要融于产品的工程开发。这有助于在概念阶段就进行系统安全分析，并引出设计和验证的系统安全需求。

3）必须为安全从业人员设计好职业发展通道以留住这些人才。尤其在汽车行业，对有经验、有能力的系统安全人员有着很高的需求。当一个有潜力且称职的系统安全专家在企业中获得经验的同时，该专家也会在组织之外获得相应的人才市场价值。需要用内部发展机会来留住人才以保持企业竞争力：职业发展通道是必需的。

4）安全流程必须归项目管理人员负责，以便制订计划、分配资源和执行任务。为了使安全任务在流程中与其他关键任务享有同样的优先级，项目经理需要对其进行安排并使其可见。然后对其进行监控，以便采取措施来确保它们的执行。如有必要，需要对问题进行跟踪和上报。

5）必须定期对执行情况进行评审，以确保遵守流程。需要通过产品线评审和企业层面评审来促使组织能够遵循安全流程。在这里虽然可能存在资源方面的冲突，但执行评审可以确保这些冲突得到解决，因此，评审是有利的。

系统安全组织的成功需要具备以上所有五个要素，缺一不可。

第2章讨论了三种组织架构的有效性（图2-2~图2-4），并在表2-1中进行了比较。在选择组织架构时，可能还有其他需要考虑权衡的因素，这些因素与前面列表中针对系统安全关键因素而优化的结构有冲突。一般来说，方案3得分最高，因为它比其他两个方案更好地支持了系统安全人才的取得、发展和留住。这个方案将企业级安全专家放置在中央组织中，安全经理和安全专家部署到产品线和流程中。这种方法改进了对直属下属的指导，并为系统安全人员提供了最具竞争力的职业发展通道。

另外两个组织架构与产品工程组织的整合程度更高，但可能指导较少以及摩擦更多。在这两个组织架构中，安全经理和安全专家向分配给他们的非系统安全人员汇报，为了职业发展，安全专家要么离开系统安全岗位转到中央审核与评估组织，要么离开企业。由于工作负荷均衡并存在轮换工作的可能性，方案3也能更好地支持工作效率和人员发展。人力资源的峰值需求由中央机构通过资源再分配来解决，这也拓宽了安全专家项目经验的范围，同时还必须注意弱化方案 3 组织的缺点。这就是决定组织架构的真实情况——总是存在权衡。

10.4 审核与安全指标的使用

10.4.1 审核

第 2 章和第 4 章探讨了几种方案，这些方案用于汽车供应商和整车生产企业对系统安全过程和工作成果进行审核与评估。第 2 章还讨论了中央组织活动是如何受到影响的。对于方案 3，产品线中的安全经理和安全专家负有管理职责，中央组织也会部署这些专家。

第 4 章讨论了外部审核与内部审核的使用。外部审核员可能是独立的，但是如果被审核的项目聘用，那么一个不依赖于产品部门资金支持的内部组织会更好。内部组织可以通过聘请外部审核员来补充其劳动力，同时保持财务独立性。审核与评估可作为培训机会，并支持整个企业采用最佳实践方法。通过让审核员覆盖多个产品线，可以有效地共享跨产品线经验和案例。

审核和评估的价值在于确保上市产品不会对普通公众造成不合理的伤害风险，并确保有证据来支持相关论点。任何可能阻止这一点的问题都会被尽早发现，并在需要时上报。产品团队的担心可以引起审核员的注意，但不会产生影响。评估员和审核员了解相关标准，遵守公认的标准也强化了这种观点。在由评估员批准的安全档案中需要注明其合规性，审核和评估都支持合规性。

10.4.2 安全度量

中央安全组织还可以通过下述度量来支持安全文化，即措施是否符合安全流程以及措施是否可以用于执行审查。针对审查报告，执行审查的透明度可以鼓励其行为以实现积极的度量。在项目早期，针对成功评估所需工作成果的完整度，可以选择某个措施以表明安全流程在项目进程中已经顺利实施，并且早期进度令人满意。未能完成这一节点可能会对预期中的尽职调查所需证据产生不利影响。此外，还应选择一个节点来衡量是否及时完成推导衍生安全要求所需的所有分析，并确定是否已对所有要求进行了确认。在工程开发中最关键的要求是，在验证前完成分析从而推导出需求。如果在设计结束时还未完成这些特定领域的分析，如硬件单点故障度量或软件危害和可操作性研究（HAZOP）软件分析，那便无法确保所推导出的需求满足合规性要求。

确认活动的关键节点旨在表明安全档案已完成。选择其关键节点来衡量中间进度，如第 4 章中涉及安全审核的讨论。与企业内部评审相比，更细化的节点支持对产品线进行更频繁的评审，这样的产品线评审有助于确保在企业层面的评审获得成功。因此，度量可以支持审核，并在需要时提供如何改进绩效的可操作信息来协助过程管理，然后可以采取适当的步骤进行过程管理。高级管理层的支持有助于提高绩效。

法务部门对系统安全流程产生的证据和系统安全指标的积极支持，对促进包含透明度的安全文化至关重要。在企业内部，特别是在工程部门，法务部门在支持安全档案的重要性和用途方面享有很高的尊重和信誉。在这种情况下，法务部门被视为安全档案的客户，对开发和项目人员进行以安全相关的责任为主题的法律培训是非常有帮助的。从事与安全相关的汽车系统开发工作的人员，尤其是创新型先进自动驾驶系统开发人员可能会对其法律义务和企业义务产生担忧。由内部法律顾问提供法律培训可以增加置信度并鼓励工程人员提出问题；与会者认识到法务部在企业内部所提供法律咨询的利害关系，而使用外部法律咨询的效果则不那么明显。因此，与会者的理解会更加深化。

由项目管理层向产品线主管提供的系统安全指标，以及对高级管理人员的产品线指示（图 9-1）的系统安全指标，为管理层通过执行系统安全过程获得成功提供了机会。在实现项目节点的过程中，从高级管理人员到产品线领导，到项目管理人员，再到成功执行安全过程的项目人员，都对信用和报酬抱有期望。所有人都有一个共同的目标，项目管理人员也会得到达成目标所需的关键支持。有利的度量可以支持获得新的业务，同时这种成功又强化了实现度量目标的价值，最终使得企业获益。

10.5　针对预期功能安全的考虑

第 3 章讨论了 ISO 21448（目前还是 PAS 状态）的要求。本规范代表了来自不同国家的安全专家多年来所达成的共识，这些专家代表了整车制造商、一级供应商、二级供应商，以及参与开发不同级别自动驾驶系统的咨询公司。虽然不是专门针对更高水平的自动化，但在开发和发布此类 SOTIF 产品时需要考虑 ISO 21448 的要求。在 ISO 21448 的制定过程中，专家们一直在考虑扩展它的适用范围，并就此进行了说明。

ISO 21448 标准专门针对所有级别的自动驾驶汽车。符合未来 ISO 21448 的工作成果也包括了支持 ISO 26262 的共同内容。许多专家同时参与了这两个标准的制定工作。新的 ISO 21448 标准将根据实际使用经验来进行修订，其中许多修订将使标准内容更加清晰和有条理，包括附录和示例。

SOTIF 所要求的验证和确认中包含的三个领域仍将适用于正在制定的 ISO 21448 标准。验证活动的流程变得更清晰，通过处理发布产品的上下文和反馈，也提高了透明度。这可能包括现场问题的解决。"不发生任何不合理风险"这一原则仍然适用于 SOTIF。根据现场数据确定验证目标，以确保不存在不合理的风险，并提供大量的指南和示例。对于更高等级的自动驾驶，这将显著增加 ISO 21448 中"区域 3"的验证工作。在 ISO 21448 标准的指南中，推荐使用仿真以及实际驾驶来实现这一确认目标，并附有示例。

随着自动驾驶程度的提高，搜索未知的触发事件需要投入更多的力量，潜在伤害的严重度是选择确认目标的因素之一。通常，需要更高的统计置信度来证明已达成目标，以获得公众的广泛支持。更高的统计置信度是从所选目标中推断出来的。此外，产品开发人员对其他产品的确认经验也变得更加丰富，在确定是否已实现确认目标时，可以参考类似系统以前所达到的目标。ISO 21448 中预计会有关于该验证的指导，并可能会提供说明。

该标准的附录正在更新，以使用统计方法来整合验证和确认目标，从而随着自动驾驶范畴的显著增加同步减少总体工作量。这将推动创新，以务实的方式实现所需的置信度。例如，通过了解传感器的局限性，可以选择场景来训练机器识别，也可以在相似但不同的场景中验证这种识别的有效性。这些场景可归入同一个等价类中，由相同的边界情况限定：如果确认工作的目标是测试场景识别的极限，则推断等价类中的其他场景已经被确认过了。与随机确认相比，这些行为提高了确认的置信度。最差情况是通过其他场景的样本来进行确认，以增加置信度。产品开发团队将这种信心归功于自己，并且确认也变得更有效率。

机器学习

在自动驾驶等级更高的产品中，机器学习变得越来越普遍。这提供了一种分类方法，用于在调整适当的系统响应时避免错误的触发。新版的 ISO 21448 标准将为机器学习的安全性提供更多的指导，以避免机器学习可能导致的系统性故障。应确保系统具备失效也安全的运行状态，不应期望驾驶员在发生失效（需满足最小风险状态）时能够立即接管车辆。这要求系统安全机制能够以很高的置信度探测到此类失效。

　　对于整体合理性、失效模式的探测或组合，有几种备选方案并且需要一种策略来执行所选择的方案。更高等级的自动驾驶还可能需要空中升级（OTA）功能，这需要更加关注信息安全以及系统安全。安全地执行 OTA 功能需要考虑和确保可用性：一些限制会影响系统正常使用。驾驶员或者乘客的行为也是一个考虑因素，基于这一点来考虑的安全设计也需要得到验证。设计必须避免由于时间安排不当或执行不当而导致的 OTA 更新所带来的风险。满足新版 ISO 21448 标准要求会增加工作量，但遵守该标准有助于在安全方面做到勤勉尽责。

附　录

附录 A
IEC 61508 与典型的汽车实践

IEC 61508 是一个通用的安全标准，它是多个行业应用标准的基础，如汽车行业的安全标准 ISO 26262。它规定的要求和考虑的因素可根据具体的行业标准加以修改。其目的是使 IEC 61508 中讨论的所有考虑因素都可以应用于每个行业，并可能有助于编写详尽的行业标准。在不存在行业标准的情况下，可以直接使用 IEC 61508；在 ISO 26262 发布之前，某些汽车企业直接使用 IEC 61508。

本附录中的陈述和判断是作者根据其多年的经验提出的观点。它们不代表行业调查的结果，也不是绝对的。然而，对于可能有在其他行业应用 IEC 61508 或其衍生物经验的人员来说，参考此附录可能是有用的。IEC 61508 只涉及功能安全，不涉及预期功能安全（SOTIF）。

A.1　IEC 61508 -1—— 一般要求

IEC 61508 的第一部分描述了整个标准的一般要求。在 ISO 26262 中没有等效的部分，但在 ISO 26262 的每个部分都有一个简短的部分重复，只是针对每个部分稍有调整。IEC 61508 -1 的内容确实强调了一些与参考 ISO 26262 的汽车实践的相似之处和不同之处。这些在第 3 章的表 3 -1 中给予了总结，但仍有更多细节未列入该表。例如，ISO 26262 和 IEC 61508 都阐述了解决电气硬件和软件的功能安全问题的方法，并间接地为解决机械部件和系统等其他技术的安全问题提供了一个框架。两者都不涉及例如触电这类的安全问题。IEC 61508 和 ISO 26262 对于评估连续运行的系统（如电动转向）和必要时运行的系统（如安全气囊等乘员安全系统）的风险有不同的标准。IEC 61508 设置了风险概率目标，而 ISO 26262 可根据按需运行系统的运行频率调整暴露概率标准。这两个标准都列出了控制故障以及避免系统性错误的方法。ISO 26262 是以 IEC 61508 为基础的，但两者仍有差异。

关于使用该标准作为其他标准的基础的讨论与汽车行业完全无关，尽管在 ISO 26262 的第二版中，第 12 部分使用该标准的其余部分作为其应用于摩托车领域的基础。同样，货车和客车使用 ISO 26262 作为其应用标准，风险确定、定义和讨论中的一些表格是专门适用于货车和客车的。因此，虽然 IEC 61508 的实用性由于其通用性而得到了部分增强，但 ISO 26262 对汽车行业来说更具体，也包括了对其他行业的一些有针对性的扩展。因此，货车、客车和摩托车领域直接使用 IEC 61508 已经在第二版的 ISO 26262 中进行了描述。每个领域都为这一扩展提供了专家意见，ISO 26262 目前涵盖了所有这些领域。

在汽车行业，ISO 26262 要求与网络安全 – 人身安全专家进行必要的沟通和联络。IEC 61508 不包含这样的要求。然而，IEC 61508 的要求更具体：如果一个危害可以由网络攻击引起，那么建议进行风险分析；如果发现安全威胁，则建议进行漏洞分析。除参考资料外，它并没有提供更多的细节。汽车行业期望这些安全分析由安全领域的专家来完成，并期望能有汽车网络安全标准；汽车制造企业可以提出对网络安全专门的要求。

对于 IEC 61508 中规定的功能安全文件要求，汽车行业的实践基本上都能满足。IEC 61508 的要求比较笼统，只要每个开发阶段能及时提供前提信息，就可以判断出必需的文档内容。而汽车行业的实践则需提供规范的工作产物，前提信息当然也是必需的。同样，功能安全的管理也非常相似：须指定负责人，须管理配置信息，安全分析中得出的建议须得到合适的处理，还必须解决安全人员的培训和能力问题。这些也适用于汽车行业。IEC 61508 还特别提到定期审核；汽车行业供应商和主机厂定期进行安全审核也并不罕见。ISO 26262 并不要求定期审核，它只要求审核。

IEC 61508 要求维护和运行过程中不降低产品的功能安全性。ISO 26262 更进一步要求，如果在产品生产中出现问题，则必须从运行部门反馈给开发部门，并保持产品的安全性。汽车行业的安全实践要求企业有一个质量部门，IEC 61508 也是如此。

IEC 61508 要求建立一个安全生命周期，汽车行业的系统安全也是如此，这个安全生命周期是安全过程的支柱。ISO 26262 规定的安全生命周期已在汽车行业的安全中相当普及，然而，IEC 61508 要求的安全生命周期与 ISO 26262 要求的安全生命周期有很大不同。其主要的本质区别是，IEC 61508 描述的是，在这个安全生命周期的管理下，设备得以设计和制造，然后再添加安全系统，最后系统调试完成。这与典型的汽车行业的安全生命周期完全不同，汽车产品的安全机制须包含在设计中，然后系统才被发布用于批量生产。批量生产的概念在 IEC 61508 中并未出现，尽管它早已广泛用于汽车行业。

在 IEC 61508 中安全生命周期的划分是非常精细的，例如，有单独的概念阶段、范围定义阶段以及危害与风险分析阶段。在汽车生命周期中，这些阶段包含在概念阶段之内。然而，IEC 61508 的生命周期中所包含的要求基本上都能被汽车安全生命周期满足。识别潜在的危害源以及系统边界的范围，以便进行危害和风险分析。然而，IEC 61508 在进行危害和风险分析时，风险是以定量的方式确定的。ISO 26262 中没有风险的量化目标；ISO 26262 定义了暴露概率，并且可以根据交通事故的数据统计分析得出事故造成人身伤害的可能性。此外，在 ISO/PAS 21448 中，可以考虑产品在售后市场中的风险，以此来确定产品验证的目标。因此，汽车行业也可能会量化风险，只是量化的形式与 IEC 61508 的要求不同。

IEC 61508 中规定了一个独立的需求阶段。汽车行业却没有一个独立的需求阶段；安全需求是设计和验证汽车产品的基本考虑因素。审核产品需求被正确得出并被验证，是汽车工程的质量文化。正如在第 4 章中所讨论的，审核产品需求的可追溯性是系统安全审核的一个重要任务。需求分析是在开发过程中持续进行的，而不是一个独立的阶段。

同样，IEC 61508 中所有安全要求的分配，在汽车行业中也不是一个单独的阶段；安全需求的分配通常是在设计过程中完成的。系统工程的任务之一就是确定哪些安全要求分配给硬件部分、哪些分配给软件部分。然后，每个子部分都导出各自的需求来实现系统工程分配的安全要求。这是设计过程的一部分，而不是一个阶段。

IEC 61508 中还规定了一个完整的运行和维护计划阶段，这也不同于汽车行业通用的实践。这一阶段是基于需要控制的设备，如生产或发电设施。汽车行业的类似阶段则考虑在制造和维护过程中保持设计安全。在 IEC 61508 中，这一阶段的指导很少能直接适用于汽车生命周期。汽车行业也要考虑运行和维护安全，但考虑的内容是不同的。

验证也是 IEC 61508 中定义的一个阶段。每个汽车项目也都有验证任务，且这个任务必须有计划。验证，通常不作为汽车系统安全生命周期中的一个独立阶段；它被包含在整个产品开发的系统级别中，并在整车级别完成确认测试。IEC 61508 中的某些考虑因素也适用于汽车行业，如验证计划和验证通过标准的定义，但大多数需要为汽车行业量身定做，因为考虑对象是不同的。

如前所述，IEC 61508 中规定了将要安装和调试的安全相关系统的要求。其安装和调试计划的要求包含在同一个阶段内。这些要求都很简短，大多数不适用于汽车行业。由整车企业负责的整车集成计划，可能是最接近这种类型的计划。在汽车行业的安全生命周期中，这一计划并没有一个独立的阶段，可能也没有独立的需经调试的安全系统。

IEC 61508 中包含的其他阶段包括需求、实现、风险降低、整体安装和调试、安全验证、运行、维护和维修、改造和升级、报废及其处理。这些都不是汽车行业的阶段。有一些类似的任务与汽车生命周期的维护和修理有关，但其他的是根据汽车行业标准（ISO 26262）为量产车辆和系统的安全性量身定制的。汽车的设计和维护也需考虑报废处理中的安全，从而导出安全要求以确保系统的安全；这是在汽车产品的设计中确定的。汽车手册亦包含报废处理说明，但内容与 IEC 61508 中要求的不同。

IEC 61508 对验证要求与汽车行业的实践非常相似。尽管汽车实践中的阶段与 IEC 61508 定义的阶段不尽相同，但每个阶段都要求制订验证的计划。IEC 61508 和 ISO 26262 的验证计划都需包含每个开发阶段的具体验证方法。在汽车行业中，每个阶段的每条安全要求都必须通过适合该要求的一系列方法组合来验证。ISO 26262 中规定，这些验证方法的组合与该安全要求的汽车安全完整性等级（ASIL）有关。IEC 61508 中的一项注释中也列出了每个行业这样的验证方法和技术的组合。ISO/PAS 21448 则提供了验证方法的指导，但它没有提供具体的验证方法，而是定义了验证的三个方面。这与 IEC 61508 的验证要求是一致的，因此汽车行业的验证能满足 IEC 61508 的验证要求。

在 IEC 61508 中规定的功能安全评估与汽车行业通常执行的功能安全评估非常相似。两者都必须出具评估报告，并给出接受、有条件接受或拒绝这样的结果。在汽车行业，产品的功能安全评估须在设计发布之前完成，并在整个汽车生命周期中阶段性进行。ISO/PAS 21448 不强制要求提交 SOTIF 评估报告，但在功能安全评估报告发布之前，也同样要求给出三种结果之一。在汽车行业实践中，这两个评估可以合并在一个过程和报告中，或者是各自独立完成。IEC 61508 则在功能安全评估的具体细节、阶段性的功能安全评估的开展和独立性要求方面有具体规定。所有这些都类似于汽车行业的实践，不存在重大冲突。

在汽车行业，虽然与 IEC 61508 中讨论的文档结构有相似之处，但也有显著差异。功能安全标准 ISO 26262 对每个阶段都有规范的特定工作产物。相反，IEC 61508 没有规范的工作产物，而是有一个文档结构的示例。汽车行业的实践和 IEC 61508 都支持文档不一定由纸质文档组成，也允许是可以检索、可被人类理解和可归档的虚拟电子化证据。IEC 61508 需要一个文档编号，而 ISO 26262 则不需要。这一点很重要，在开发 ISO 26262 的初始版本时就进行了讨论。因为放弃了对文档编号的要求，所以可以使用某种符合配置管理要求的配置管理工具，该工具只需要虚拟文档的唯一路径，且支持修订管理，而不需要唯一的文档编号。IEC 61508 也要求对文档进行配置管理，其给出了因产品复杂性而不同的"文件夹"结构的示例。常见的汽车行业实践是，维护一个采用文件夹结构的数据库对不同类型的文档进行编目；功能安全评估要有链接连到这些支持文件，而不需要首先找到"文件夹"。功能安全评估的结构要提供每个开发阶段的文档证据所存放的位置。文档的复用也可通过复用文档的链接来获得。所有的功能安全证据都可以在汽车功能安全评估中检索到：它有时被称为"安全档案"，包括理由论述和证据。

A.2 IEC 61508 –2——电气/电子/可编程电子安全相关系统的要求

IEC 61508 –2 详细规定了在该标准范围内的安全相关电子系统在实现阶段的要求。它拟用于在 IEC 61508 –1 的背景下，提出了安全相关电子系统的总体要求，并继承了 IEC 61508 –1 的相关要求。此外，考虑到安全相关软件的实现阶段，IEC 61508 –2 还需与 IEC 61508 –3 协作共存。在这种意义上，IEC 61508 –2 的要求也代表了在汽车产品开发过程中的关系。安全相关汽车电子产品的设计通过一个整体过程来实现，这个过程导出了系统需求，并包含与安全相关的设计需求。在汽车安全相关产品的设计过程中，还有更多的需求通过对考量系统影响的软件设计分析得出，并通过考量软件影响的系统设计和硬件设计过程得出。IEC 61508 –2 建立了与汽车产品有关的通用实现关系。

与 ISO 26262 一样，文件和管理要求在标准的其他地方有详细说明。这些都在 IEC 61508 –1 中进行了讨论。功能安全的管理将在整个开发过程中持续进行，这在汽车安全产品的开发中也是如此，包括任命一名安全经理，以及对工作产物的审核和评估。IEC 61508 –2 还要求在安全生命周期的每个阶段输出具体活动的文档，但没有将它们指定为规范的工作产物。IEC 61508 –2 还考虑了专用集成电路（ASIC）在安全相关系统实现阶段的集成，并解释说明了 ASIC 从系统中继承安全要求及其在架构中的共生包含关系，还包括了 ASIC 的系统性设计和验证过程，并参考了 V 模型。这种 V 模型开发是汽车产品开发中的常见做法，包括 ASIC 的使用。由于后续任务的反馈以及验证的反馈，对 V 模型左侧设计中的每个先前任务进行修改也在 IEC 61508 –2 中有所体现。

在 IEC 61508 –2 中的设计要求规范是在子系统层面的，这与汽车行业设计要求的实践是一致的。汽车行业对功能需求的实践不同点在于，其指定了整个系统的功能，而不参考设计要素。这些汽车实践中的安全功能要求与 IEC 61508 –2 中设计要求的系统安全要求输入相对应。这样定义系统架构可以包含这些设计元素和需求。

此外，系统设计规范是 IEC 61508 - 2 中下一步验证计划的前提条件。汽车实践也是根据需求规范来执行验证计划的，尽管由于考虑到项目概念阶段样件的发布所决定的时间和资源，这可能不是流程上的第二步。概念阶段测试计划可包括危害测试，但不能算是正式的确认设计的所有系统安全要求。这些安全要求可能尚未在概念样件中实现。尽管非刻意为之，但汽车确认计划在时间上可能有所不同。规定安全要求的验证方法是一种汽车的实践：所有的安全要求都经过验证，这种验证可能会被审核。

根据 IEC 61508 - 2，当设计要求完成时，开发就已经开始了，包括 ASIC 的开发。此 ASIC 必须满足 ASIC 负责实现的那部分系统架构要求，包括硬件和软件接口以及安全机制的实现。这与汽车实践非常相似，只是安全相关系统并不完全独立于汽车系统。安全相关和非安全相关的功能可能存在于汽车系统和 ASIC 的设计中。IEC 61508 - 2 中的下一步是安全相关系统的集成。汽车实践是将整个系统集成起来。无论是 IEC 61505 - 2 还是汽车实践，都要求进行集成测试并记录结果。IEC 61508 - 2 中的安装、调试和维护阶段，与汽车实践有所不同，因为汽车产品，如车辆的电动转向，通常没有安装额外的安全系统。安全系统是汽车系统的一部分，从一开始就包括在内了。所有安装程序都是为使整个系统安装在车辆上，如电动转向系统，而不存在一个单独的安全系统。生命周期中的这种差异是推动所有专家创建 ISO 26262 的动机之一。安全机制是独立的，但这种独立包括在产品的系统架构中。

IEC 61508 - 2 和汽车实践都需要维护流程，以确保在维护阶段系统安全的实现。这包括与产品安全有关的维修人员操作指南。IEC 61508 - 2 中的下一步是安全系统的确认。汽车实践是确认整个系统，包括安全要求；该系统确认是在整车级进行的，不仅包括 ISO 26262 的功能安全要求，还包括 ISO/PAS 21448 中区域 2 和区域 3 的要求。

IEC 61508 - 2 涵盖了为保持安全相关系统的完整性而进行的变更。在汽车实践中，任何可能产生与安全相关的后果的系统变更都在范围内。在 IEC 61508 - 2 中，每个阶段都需要验证，而汽车实践要求按计划验证需求，不一定在每个阶段结束时才验证。无论是 IEC 61508 - 2 还是汽车实践，都需要逐步完成安全评估。在汽车行业，安全评估要在生产之前完成。

在 IEC 61508 - 2 中，关于设计要求的规范几乎与汽车实践相同。除了 IEC 61508 - 2 中对要求的规范外，汽车实践还要求双向可追溯性。给定一种验证方法，找出通过该方法验证的所有与安全相关的要求。汽车实践要求需求具有唯一的标识、状态属性，对于功能安全需求还要有 ASIL。此外，汽车有更多的定性要求。虽然汽车产品的设计需求目的是完全实现所有上层需求，但对比这些典型的汽车行业实践的要求，IEC 61508 – 2 有更多关于内容的细节要求，如所包含的运行模式、验证测试的要求和质量体系的要求。汽车实践也要求涵盖所有的运行模式，在某种程度上，J2980 的危害识别就涵盖了所有运行模式。然后，安全目标就会从这些危害中得出。这些是最顶层的安全要求。汽车实践一般不要求验证测试，但系统要满足潜在故障的诊断覆盖。汽车安全也不要求通过质量控制来保证，安全系统必须设计在产品中。

IEC 61508 – 2 中的确认计划与汽车功能安全确认计划是一致的，该计划包括了需求、环境和测试设备。该计划不包含 SOTIF 的相关要求，也不包含整车企业传统的行驶确认测试，这些测试是保证道路使用者的安全所必要的。工厂生产安装不要求确认测试，IEC 61508 中没有相关要求。

总体来说，IEC 61508 – 2 对系统设计和开发的要求与汽车实践基本一致。首先，安全的架构要求是一致的。这些架构要求可以拓展到所有在开发的 ASIC，包括冗余或其他等效措施。对于汽车设计，当安全相关功能和非安全相关功能混合时，非安全相关功能必须满足安全相关功能的完整性要求（ASIL），除非安全与非安全设计之间有足够的独立性。IEC 61508 – 2 要求从设计分析导出需求，甚至在 IEC 61508 发布之前，汽车行业就已经实施了这一要求。这种推导也是 IEC 61508 – 2 要求的，必要时这也是汽车行业的实践。

IEC 61508 – 2 中定义了与系统故障能力相关的指标，这在汽车领域并不常见。然而，相关失效分析（DFA）是常见的做法，通常使用规定的标准来评估汽车工程质量以确定其性能。必要时，也可以采用多样性设计来缓解系统性故障。

IEC 61508 – 2 引入了硬件容错的概念，以确定每个安全完整性级别（SIL）的必要诊断覆盖率。这一概念不同于汽车实践，但却有相似之处。出于功能安全考虑，ISO 26262 默认假定容错为 1。这是由单点故障度量和潜在故障度量所表明的。单点度量要求在发生故障时，通过安全机制实现安全状态。如果安全机制先发生故障，则系统会检测到这一故障，并达到安全状态。因此，只有两个故障同时发生，才会达到潜在的不安全状态。然而，汽车实践通常不涉及硬件容错。对于 ASIL D 的汽车功能安全要求，单点故障度量和潜在故障度量要求类似于 IEC 61508 – 2 SIL4 要求，硬件容错率为 1。如果所有考虑到的部件都参与实现汽车安全目标，IEC 61508 – 2 安全失效所占的比例在很大程度上与汽车功能安全中的单点失效度量相当。IEC 61508 – 2 还为安全机制的响应时间提供了指导，类似于汽车连续需求系统的容错时间间隔。IEC 61508 安全机制低需求系统指南主要由汽车系统实现，如安全气囊

133

诊断模块。汽车行业的指导没有那么具体，但实际做法是类似的。

IEC 61508 - 2 对实现系统 SIL 的架构设计方法的指导，与汽车实践中对 ASIL 需求的分解指导大致相同。汽车实践认为 ASIL 是需求的一个属性，所以合并冗余需求类似于合并这些安全需求的架构要素。实际上，SIL 也是类似的。

在 IEC 61508 - 2 中量化潜在硬件随机失效影响的要求，类似于管理硬件随机失效影响的汽车功能安全实践活动，但仍有一些不同之处。IEC 61508 - 2 要求对每个安全功能硬件失效的影响进行管理，类似于汽车实践中管理硬件失效对每个安全目标的影响。在汽车安全方面的常见做法是，在计算硬件度量时，合并一些或所有的安全目标，并满足最严格的要求。这是因为，与 IEC 61508 - 2 中系统的预期不同，汽车系统是批量生产的，供应商通常向多个整车企业提供类似的系统。各个整车企业为同一个系统定义不同的安全目标并不罕见。通过合并安全目标，供应商可以避免无附加价值的冗余分析成本。如果只有硬件变更，需要在分析中更新。此外，IEC 61508 - 2还考虑了当需要人采取行动时随机人为错误的影响，并在计算所需的失效率时包括了这一概率。汽车行业一般不这样做。常见的汽车实践是通过车辆测试来确定可控性是否足够。在某些情况下，如果没有进行与安全相关的关键项目的维修，则应采取其他行动来防止不安全的操作。汽车行业考虑了解决人为错误的对策，但量化人为错误造成的失效并不是常见的做法。

IEC 6508 - 2 和常见的汽车实践都包括管控系统性失效的措施。IEC 61508 预期的要求也很明显。例如，IEC 61508 - 2 要求测试要确定哪些可以在供应商端测试，以及哪些必须在用户端测试。在汽车实践中，除了使用道路测试外，通常情况并非如此。系统测试一般由系统供应商完成，而确认测试通常是在车辆上完成的。

IEC 61508 依赖于 IC 供应商的实践来管控诸如微处理器等常见部件的系统性错误。ASIC 可能需要特殊措施。这有点像汽车产品，但汽车实践倾向于依赖安全关键产品中用到的 IC 组件的安全手册来正式定义随机和系统性措施的文档。IEC 61508 - 2参考了 IEC 61508 - 3 中管控软件系统性故障的要求。这类似于汽车实践中参考 ISO 26262 - 6 这样的要求。汽车实践中也是采用工程质量保证（EQA）来支持软件质量。

对维护和操作人员的要求，IEC 61508 - 2 和汽车实践有很大不同。IEC 61508 - 2 主要针对工厂环境中的操作人员和维护人员，也有提及面对普通大众量产的系统。汽车实践要考虑的对象是驾驶员和汽车维修企业（4S 店）技术人员。对于人为错误，鲁棒性原则仍然适用于两者。汽车实践依赖于流程和冗余的独立设计，维修人员的检查与驾驶员无关。维修检查可能依赖于维修诊断，IEC 61508 - 2 与此一致。

IEC 61508 – 2 要求，在检测到危险故障时，需指定一个安全状态或达到安全状态的措施。这一措施可包括在最短修理时间内进行修理。系统设计必须在所有运行条件下满足这些要求。汽车实践中这一要求是一致的，连续使用系统和低频率使用系统也不例外。此外，IEC 61508 – 2 要求任何声称符合 IEC 61508 的组件都必须具有安全手册：它必须提供合规性证据、符合标准地使用组件所需的条件，以及允许该组件纳入系统 SFF 的充分数据。这类似于汽车实践，虽然安全手册都可以提供，但它并不总是必需的。汽车实践还要求构建一个安全档案，它将包含所有组件符合标准的证据。汽车实践基本满足了 IEC 61508 – 2 的详细要求。检索证据通常是提供参考文件链接。这同时也是对系统安全的论证。

无论是 IEC 61508 – 2 还是汽车实践，都允许相信在实际使用中达到了安全规范的产品。此类系统必须证明其故障概率低到足以满足在 IEC 61508 – 2 中规定的 SIL。然而，在汽车实践中，目标系统必须被证明风险比 IEC 61508 – 2 中类似的 SIL 所需的风险要好一个数量级。否则，这种系统可能会经历一次安全召回，并申明属于在用证明（PIU）。对目标系统的其他要求，如规范、变更管理和对当前应用项目的适用性，与汽车实践基本相同。PIU 几乎从未被整车企业使用过，也很少被汽车供应商用于具有较高 ASIL 要求的系统，因为需要很大的产量来证明符合在用要求。满足较低 ASIL 的部件可以满足在用要求，这具有实用价值。

IEC 61508 – 2 规定了对数据通道的额外要求。故障类型和可靠性要求与汽车实践的要求一致。IEC 61508 – 2 的白色通道（兼容通道）和黑色通道（兼容接口）并不是汽车实践中常用的描述。汽车通常使用端到端保护来保证在不安全的实时环境中的数据传输。此外，汽车实践使用的通信通道可以为通信提供更安全的架构。IEC 61508 – 2 还规定了对系统集成的要求，包括系统配置、测试配置和测试结果所需的文档。有一个重要的需求列表，包括变更的影响；允许使用等价类来减少测试用例的数量。这些要求与汽车实践一致。汽车实践还考虑了系统的标定，包括车辆的各种配置。

IEC 61508 – 2 对运行和维护也有相应要求。正如在汽车实践中一样，这些要求是为了在制造和维护过程中保持系统安全（无论是由于故障还是定期预防性维护）。两者都适用于汽车，且对文档、工具和分析方法的要求是相似的。汽车实践还要求收集售后数据，以供可能的在用证明要求。在 IEC 61508 中没有具体提到这一点，但实践是相似的。

IEC 61508 – 2 有验证要求，以确定是否满足所定义的功能安全要求。这是常见的汽车实践。IEC 61508 – 2 要求每个可能的合理事件的组合都要得到验证，除非可以显示各自的独立性。它规定了重要的细节，包括考虑因素和文档；问题的管理，与供应商与客户共享确认数据等。验证应发生在汽车量产前，其他实践都是一致的。IEC 61508 – 2 还要求对变更进行管理，以保持系统的安全。更新文档，并完成所需的重新验证测试。这与汽车实践相似。

为了确保每个阶段的安全要求得到满足，IEC 61508 – 2 规定了适用于每个阶段的验证要求。其中包括验证系统设计要求是否满足所有安全要求。汽车实践可能不包括每个开发阶段之后的验证；然而，需求的可追溯性是汽车系统安全的一个连续过程，包括检查下级需求是否满足上级需求，包括安全需求，这样此类需求冲突就得到了解决，如安全需求和信息安全需求。IEC 61508 – 2 规定每个阶段后要进行测试，而汽车实践则是规定了适合每个阶段的测试，并在设计阶段完成之后进行验证测试。IEC 61508 – 2 要求类似于汽车行业，故障检测也需要验证。

IEC 61508 – 2 有一个附件包含了控制随机故障和系统性故障的措施，具有不同级别的覆盖率和建议。汽车实践的要求是 ISO 26262 中的类似表格。后者的标准列出了低、中、高覆盖率，如同 IEC 61508 – 2 中的 60%、90% 和 99%。汽车实践中对诊断覆盖率也提出了类似的要求；ISO 26262 对汽车应用的解释进行了更新。使用基本的覆盖率要求，并通过多种措施可以实现覆盖率的提高。每个表格中的方法都类似于汽车应用。表格的使用是一种常见的做法，汽车实践也是如此。

同样，IEC 61508 – 2 也定义了为管理安全生命周期中的所有阶段的系统性故障提供指导的表格，包括运行、维护和操作人员的培训。这类措施针对的是能够管理和实施操作人员培训的装置。这与汽车实践不同，汽车的操作者就是普通大众。驾驶手册是常见的方式，但驾驶员培训并不是一种常见的汽车实践。维护培训在整车企业管理下的场所进行。在 IEC 61508 – 2 中，为避免规范中的系统性错误而建议的措施几乎和通用的汽车实践是完全一致的。形式化方法的使用并不常见。在设计和开发中控制系统性故障的建议，与系统集成及验证之间也有一致性。在汽车中推荐使用的技术还可以包括整个汽车系统以及其中与安全无关的部件的设计、开发和集成。汽车实践规定了高有效性的操作方法。

IEC 61508 – 2 中的性能测试指南大部分适用于汽车系统，但还不够。汽车实践不仅要进行压力测试，也要测试系统性能是否满足 SOTIF（如适用）。这包括发现没有充分地定义通过预先确定测试条件来确定性能的情况。ISO/PAS 21448 中的区域 3 尤其如此。SOTIF 的性能测试不是 IEC 61508 – 2 所预期的。IEC 61508 – 2 考虑了安全系统的功能安全，但汽车实践则考虑得更多。

IEC 61508 – 2 为进行 SFF 提供了指导。与汽车实践不同，SFF 根据 IEC 61508

考虑了机电失效和机械失效。在硬件故障指标方面，汽车实践可能不会考虑这种故障。汽车实践使用其他分析方法考虑这些故障，并采取措施确保安全。IEC 61508 - 2 规定了不计入 SFF 中的其他部件，而汽车实践只包括实现安全目标所涉及的部件。两者都包括基本相同的电气部件，并且排除了对指标的影响。

IEC 61508 为安全手册提供了具体而详细的指导。其目的是允许满足 IEC 61508 的相关项安全地集成到另一个系统中。这也与汽车实践相一致。汽车供应商也可以向客户提供安全手册，详细说明所提供的功能、失效模式及失效率，这足以让客户进行必要的安全分析，了解安全集成的条件，如假设的外部安全措施。此外，在 IEC 61508 - 2 和汽车实践中，都需要参考相关的支持分析和确认措施的结果来证明安全能力，包括系统性安全能力。汽车安全手册实践支持了类似的目的。IEC 61508 的指导要求也支持这些目的。

IEC 61508 - 2 提供了详细的分析来实现片上冗余。对这类设计的指导要求是进行 DFA 分析，这也是汽车实践中常见的。IEC 61508 和汽车实践都考虑了提供对有效措施的指导，如独立电源的独立模块、非耦合的连接、内部和外部看门狗电路以及其他方法。然而，IEC 61508 - 2 强调确定 β 因子来评估独立性要求，这与常见的汽车实践不同。ISO 26262 中有一个注释是，不建议使用 β 因子来量化耦合。ISO 26262 提供了扩展的 DFA 分析的指导和实例，且 DFA 的评估结果被汽车实践采纳，这是一个显著的差异。

A. 3   IEC 61508 - 3——软件要求

IEC 61508 - 1 和 IEC 61508 - 2 的要求也适用于软件。IEC 61508 - 3 提供了软件的进一步说明、要求和考虑。根据 IEC 61508 - 3 的规定，软件计划必须包括软件的采购、开发、验证、集成和修改。这些也是汽车实践中的主要计划内容。IEC 61508 - 3 要求所有阶段都要进行配置管理、验证、变更管理和管控，以确保所有必要的步骤都已完成。对软件配置管理还有具体的附加要求。所有这些要求都与汽车实践一致。工程质量控制是管理汽车软件开发和实施的常见方法，但在汽车行业获取项目的过程中，这些流程是不一样的。整车企业和汽车供应商之间在软件方面关联性很强。

IEC 61508 - 3 提供的典型软件生命周期阶段的要求都适用于汽车实践。IEC 61508 - 3 包含了对需求的全面规范性要求。外部系统接口要求、硬件对软件的安全要求、内部软件的监控要求都要在软件设计需求中给予考虑。汽车实践还提供了这些需求来源。IEC 61508 - 3 还涉及软件验证，它必须包含在系统验证中。汽车实践还需要在整车层面确认。IEC 61508 - 3 对软件验证有许多重要的详细要求，它们基本与汽车实践一致，而 SOTIF 软件验证可能有所不同。

IEC 61508 为软件设计和开发设定了与汽车实践相一致的目标。IEC 61508 - 2 的设计和开发的对象是工业行业，而不是汽车行业，但其对供应商、主机厂提供软件，或两者都提供软件的概念也适用于汽车实践。IEC 61508 - 3 中对软件设计和开发的要求与汽车实践一致，包括使用并行架构来提高 SIL 能力。在汽车中，这种分解是对需求进行的；并行架构支持了这种分解。IEC 61508 - 3 需要软件安全手册。汽车实践中，如果软件是在系统开发所在组织之外开发的，则也可能需要一份软件安全手册；如果软件是内部开发的，则需要链接到系统需求。这与 IEC 61508 - 3 的要求不同。

IEC 61508 - 3 对可配置软件也有要求。虽然这些要求适用于汽车实践，但汽车实践考虑了更详细的可配置软件要求，可在 ISO 26262 中找到。同样，IEC 61508 - 3 还规定了对软件架构的要求，这与汽车实践也是一致的。虽说如此，在 ISO 26262 中，汽车对软件架构的要求有规范性的要求。IEC 61508 - 3 对开发用的软件工具有要求，这些要求不同于汽车实践。根据工具是否影响代码、是否检测到错误或是否可能更改代码，软件工具原则略有不同，类别的定义也有所不同。在汽车实践中，类别定义与导致危险的失效有关，并随 ASIL 而变化。如果开发过程能够发现软件错误，则不需要对工具进行资格认证，但 IEC 61508 - 3 是需要进行工具资格认证的。不过，两者都考虑到了工具的影响。IEC 61508 - 3 对编程语言和使用指南有要求，汽车实践的要求也相同。

IEC 61508 - 3 规定了对软件设计和开发的要求。这些与汽车行业的要求一致，如对开发接口协议进行联合开发。然而，汽车实践有更多要求。IEC 61508 - 3 对代码实现有要求，其根据所需的完整性水平，为各种技术指定一个推荐的级别。IEC 61508 - 3要求每个模块的代码都要检查；这类似于汽车实践，但更适合于工业应用的技术在汽车实践中没有得到强烈推荐，例如一台计算机在工业环境中监控另一台计算机。汽车可以使用监控处理器或其他架构来确保完整性。IEC 61508 - 3 要求按规范进行模块测试。所有需求都将被测试，但是等价类、边界值测试和形式化方法可以缩小测试范围。同时，需要用文档记录测试结果。这与汽车实践非常相似，通常，汽车行业的工程质量保证部门会审核这一点。IEC 61508 - 3 要求对包含所有需求的规范进行软件集成测试；等价类、边界值测试和形式化方法可以缩小测试范围。测试结果需要文档记录。集成测试期间的任何更改都需要进行影响分析和变更管理。这类似于汽车实践，影响分析包含在变更管理流程中。汽车行业经常使用工具来控制流程。

IEC 61508 - 3 规定了对软件和硬件集成的要求，以确保兼容性，并确保集成时满足 SIL 的要求。集成测试需要有规范，将系统划分为集成的层级，并包含进行测试的所有内容，包括测试工具、环境和测试用例。客户端任何所需的使用情况都要详细定义。失效要合理地处理，设计变更需要进行影响分析。这与汽车实践不同的地方在于，其要定义在软硬件集成时客户端所需的使用，就像在工业应用程序中的情况一样。其他实践都类似于汽车实践。IEC 61508 - 3 要求在软件开发完成后有一个修改流程。汽车实践也是相似的，但有不同的流程，因为使用汽车软件的是普通大众。汽车软件修改是在下一个软件版本中进行的，可以在售后服务中实现，或者通过召回实现。IEC 61508 没有规定这一点。IEC 61508 - 3 规定了软件的确认及其结果记录文档的要求。在验证过程中完成的确认要求可以考虑在内，并注明确认所用软件的版本。如果确认失败，则有可能要重复某些开发阶段。汽车实践是用指定版本的软件在目标车辆上完成系统的确认；对于 SOTIF，不是所有测试用例都全部定义好了，而是在区域 3（未知的危险区）系统性地去探索。这在 IEC 61508 中并没有明确的要求。

IEC 61508 还规定了对确认过的软件进行更改的要求，以保持其安全性。变更流程必须在变更实施之前可用。软件变更可能是由于安全问题或对预期功能的更改，或由于发现了软件不满足其要求。这类似于汽车实践中量产以后的变更。IEC 61508 - 3 要求针对目标变更对系统功能安全的影响进行影响分析，同时考虑已知的潜在危害和确定是否需要引入新的潜在危害。这类似于汽车实践，此外 SOTIF 的要求也可能需要考虑。IEC 61508 - 3 要求做好变更计划，分配有能力的员工进行变更，并进行适当的重新验证和重新确认，同时形成文档记录。这也是汽车实践所要求的，可能还包括 SOTIF。

IEC 61508 - 3 要求验证软件生命周期阶段的输入和输出一致性。这类似于 ISO 26262 对软件开发的规范输入和工作产物的要求。此外，IEC 61508 - 3 要求验证架构与设计一致、测试结果与要求一致，以及其他规定的要求，如时间的要求。系统安全人员和工程质量人员须审核和评审相关工作产物的一致性。其中一些验证工作是由设计团队执行的，或者是由外部承包，因为软件开发通常是汽车产品开发中最劳动密集型的部分，客户经常要求进行第三方安全审核，这种流程验证是意料之中的。IEC 61508 - 3 还要求对安全系统的软件方面进行安全评估，包括关闭安全问题。汽车安全实践也是如此。

IEC 61508 - 3 推荐了需求可追溯性的措施和技术，这也适用于汽车实践。

IEC 61508－3推荐了软件架构设计的措施和技术，包括针对 SIL4 等级的需求，强烈推荐采用物理上独立的计算机监控另一个控制用的计算机。虽然汽车实践通常包括一个独立的处理器和内存，没有不受控制的相关失效，但物理上独立的监控计算机并不常见。软件架构的其他技术和措施与汽车实践相一致，正如 IEC 61508 推荐的工具技术和要求一样。汽车实践有时可能需要合格的工具，但这不完全等同于工具的认证。

IEC 61508－3 推荐了软件的详细设计、软件模块测试、软件和软件的集成以及软件和硬件的集成措施和技术。虽然这些措施和方法与汽车实践是一致的，但 IEC 61508－3中明显缺少软件单元测试的推荐方法和措施，这在汽车实践的软件设计中是很常见的。单元测试可能使用了一些类似的方法，但其他方法是单元测试所独有的。IEC 61508－3 还推荐了软件确认、修改和验证的方法和技术。这些与汽车实践是一致的，但没有一个是专门针对 SOTIF 的。

IEC 61508－3 推荐了一些对软件进行功能安全评估的措施和技术，这些措施和技术与汽车实践是一致的。另外，根据平台的可用资源，可以采取更详细的汽车软件功能安全分析。这可能包括满足平台需求中的假设、软件的实施以及其他软件安全分析。这些在汽车实践中经常被检查，但 IEC 61508－3 中没有提到。

IEC 61508－3 为软件提供了额外的详细表格，包括详细的代码设计和编码标准方法和措施。这些就像汽车实践中使用的编码指南。IEC 61508－3 中的动态分析和测试的详细建议与汽车实践一致，功能测试和黑盒测试的建议也是一致的。IEC 61508中对软件失效分析的建议及软件建模的建议，也类似于汽车实践中考虑的建议。IEC 61508－3 对性能测试、半形式方法和静态分析的许多建议，也都包含在汽车实践中。关于软件的模块化方法的建议，汽车实践也与 IEC 61508－3 一致。有时汽车实践使用第三方审查，也可能会考虑类似的建议。

IEC 61508－3 提供了有关软件系统各种技术能力等级的建议和指南，以及基于应用的严谨性以达到 SIL 所需的系统能力的建议。与汽车实践一样，这些技术不是规范性的，只要达到所涉及阶段的目标，其他技术就可以应用。应用这些明确的建议可能并不总是所有领域的通用汽车实践。实践是遵循指导，以实现软件系统的能力；这种指导被广泛测量，工程质量保证部门会定期对此进行审核。

IEC 61508－3 根据完整性、正确性、没有典型故障、可理解性、免干扰以及提供验证和确认的基础，对实现软件安全需求规范的系统能力的技术和方法进行评分。汽车实践中，当考虑如何生成软件规范时，这些属性可能不会专门进行评估。尽管如此，也要考虑列出的技术对于当前应用来说是恰当的。这些评估与汽车实践的考虑一致，且可以选择恰当的技术组合。

IEC 61508 – 3 根据完整性、正确性、无设计错误、可理解性、可预测性、可验证性、容错性和对相关失效的鲁棒性，对实现软件架构设计的系统能力的技术和方法进行评分。而在汽车实践中，当考量一个架构针对当前应用有多好时，也会评估这些特性。其实这一评估与汽车实践的考虑是一致的，但在汽车实践中不考虑无状态设计、人工智能故障纠正和动态配置。其他技术是常见的，可以选择恰当的技术组合。

IEC 61508 – 3 根据生产支持能力、操作清晰度和正确性，对实现软件支持工具和编程语言的系统能力的技术和方法进行评分。汽车实践使用了一个更系统化的流程来对软件工具进行分类。对一些工具来说，合格性验证是必需的，且要对其他流程的规定予以考虑。

IEC 61508 – 3 根据完整性、正确性、无设计故障、可理解性、可预测性、可验证性、容错性和对相关失效的鲁棒性，对实现软件详细设计的系统能力的技术和方法进行评分。在汽车实践中，当考量一个软件细节设计针对当前的应用有多好时，也要评估这些特性。该评估与汽车实践考虑的因素一致，但许多其他考虑因素在汽车实践中也很常见。可以选择恰当的技术组合，将会由第三方进行评估。

IEC 61508 – 3 根据测试配置定义的完整性、正确性、重复性和精度，对实现软件模块测试和集成及性能测试和确认的系统能力的技术和方法进行评分。在汽车实践中，当考量如何验证和测试软件模块以及如何执行性能测试时，要评估这些特性。然而，关于确认，汽车实践不考虑过程仿真，因为它适用于验证用于特定设备的安全系统。其他评分与汽车实践的考虑一致，可选择合适的技术组合。汽车实践也可能要考虑 SOTIF 的确认要求，而 IEC 61508 – 3 不解决有关 SOTIF 的问题。

IEC 61508 – 3 根据完整性、正确性、无设计错误、避免意外行为、可验证性和回归测试，对实现软件变更的系统能力的技术和方法进行评分。在汽车实践中，当考量在当前应用中执行软件变更时，也要评估这些特性。该评分与汽车实践的考虑一致；可以选择合适的技术组合，在发布时，工程质量部将会审核这些选择。

IEC 61508 – 3 根据测试配置定义的完整性、正确性、重复性和精度，对实现软件模块验证的系统能力的技术和方法进行评分。在汽车实践中，当考量如何验证和测试软件时，要评估这些特性。该评分与汽车实践的考虑一致，可选择恰当的技术组合。汽车实践也可能要考虑 SOTIF 的验证要求，而 IEC 61508 – 3 不解决有关 SOTIF 的问题。

IEC 61508 – 3 根据配置识别的完整性、正确性、问题关闭、可修改性、重复性、及时性和精度，对实现软件功能安全评估的系统能力的技术和方法进行评分。在汽车实践中，当考虑开发一个完整的功能或系统的安全评估流程时，也要评估这些特性，虽然可能不太系统化。这些评分与汽车实践的考虑一致，可选择恰当的技术方法组合，如有必要，也可以添加 SOTIF 的相关要求。

IEC 61508 – 3 中还提供了详细的评估表格，对软件设计和编码标准、动态分析和测试、功能和黑盒测试、失效分析、建模、性能测试、半形式方法、静态分析和模块化方法进行了评分。评分是为了评估技术在适当领域的有效性。所有的技术都适合于汽车实践，尽管汽车实践中可能没有明确地规定按照这些评分来选择技术和方法。然而，即便没有系统的规定，技术的选择理由也是默认的。该评分对汽车实践是有效的，评估的领域也是合适的。

IEC 61508 – 3 对软件元件的安全手册提供了额外的要求。这些都是在一般安全手册规定的要求之外的，尤其是运行环境、软件要素的推荐配置、硬件限制条件、集成器的能力（如对特定软件工具的了解），以及其他需要满足的前提假设。这与汽车实践是一致的。IEC 61508 还有许多其他要求是针对兼容的软件安全手册的。并非每个汽车安全手册都需要满足所有这些要求，尽管大多数都是适用的。它们与汽车实践一致，可能是考虑因素。

IEC 61508 – 3 为 IEC 61508 – 2 中适用于软件的条款提供了指导。考虑因素都是常见的，如集成、验证和确认，这些也是汽车实践中的考虑因素。然而，在汽车实践中使用的标准一般可能不要求软件领域专家从硬件生命周期中挖掘适用的需求。生命周期中所有阶段共同的要求可以合并，如文档和需求的规范要求。该指南适用于硬件和软件，合并相同的指南以减少重复。

IEC 61508 – 3 提供了实现单台计算机上软件要素之间免于干扰的技术指南。该指南分别讨论了作为数据和时序干扰的空间和时间域。这些领域适用于汽车实践。封装和低耦合是推荐的技术，而全局耦合和内容耦合则是不推荐的。条款和建议直接适用于汽车实践。汽车行业的应用通常使用一台计算机，更多其他的考虑也可能适用。

IEC 61508 – 3 提供了与数据驱动系统相关的生命周期定制指南。其定义了软件的应用和数据驱动部分，并给出了指导，以确定安全生命周期与不同的可配置示例相关的程度。这种类型的确定适用于制造场景中的软件，但在汽车实践中不常见。在使用了等价类的汽车系统中有标定的指南；否则，通常使用影响分析来确定适用的生命周期阶段。

A.4　IEC 61508-4——定义和缩写

IEC 61508-4 提供了在 ISO 26262 发布之前，汽车实践中曾经常引用的术语和定义。在开发 ISO 26262 时，为支持汽车实践对定义进行了解释。为了支持汽车实践的需求，其增加了一些定义和缩写，一些定义做了删除，一些定义做了修改。由于许多汽车安全从业人员也有使用 IEC 61508-4 的定义和缩写的经历和习惯，理解这些差异是有帮助的。在 ISO/PAS 21448（SOTIF）中引用了 ISO 26262 的定义，其差异可能是显著的。

IEC 61508-4 中的一些缩写在汽车实践中通常不被引用，如最低合理可行原则（As Low As Reasonably Practicable，ALARP），即在实际情况下进一步降低超出合规要求的风险，尽管这种缩写仍可用于某些汽车应用。其他不常用的缩写有：复杂可编程逻辑器件（Complex Programmable Logic Device，CPLD）、电气/电子/可编程电子系统（E/E/PE）、受控设备（Equipment Under Control，EUC）、通用阵列逻辑（Generic Array Logic，GAL）、硬件容错（Hardware Fault Tolerance，HFT）、N 选 M 的通道架构（MooN）、平均修复时间（Mean Time To Repair，MTTR）和平均修复时间（Mean Repair Time，MRT）（一些在汽车行业工作的可靠性专家可能使用这些术语，但在汽车安全专家中并不常见），以及可编程控制器（Programmable Logic Controller，PLC）、可编程逻辑（Programmable Logic Sequencer，PLS）、宏可编程逻辑（Programmable Macro Logic，PML）、安全失效分数（Safe Failure Fraction，SFF）、安全完整性等级（Safety Integrity Level，SIL）和高速集成电路硬件描述语言（Very-high-speed Integrated Circuit Hardware Description Language，VHDL）。这些 IEC 61508-4 的缩写在汽车行业中不常见的原因有两个。首先，IEC 61508-4 中的许多缩写针对的是工业应用，工业应用中这些缩写是常见的，如 PLC。其次，IEC 61508-4 中的一些定义是为了支持 IEC 61508 标准本身。在 IEC 61508-4 中列出的一些在汽车实践中常用的缩写并没有在 ISO 26262 中列出。因此，对于从另一工业行业进入汽车安全领域的人，或者在其他安全标准发布之前曾使用 IEC 61508 进行汽车安全工作的人，这个清单对于方便沟通是有用的。汽车实践会使用许多缩写，因此这个清单可以帮助避免混淆。

相比 IEC 61508-4 中的安全术语与汽车实践有显著差异。IEC 61508-4 在伤害定义中包括财产损害，汽车实践只包括对人身健康的伤害或损害。IEC 61508-4 将危害事件定义为可能导致伤害的事件，汽车实践仅包括车辆场景。IEC 61508-4 定义了可容忍的风险，其定义方式与汽车实践中的不合理风险定义方式相反。

在 IEC 61508-4 中，安全被定义为没有不可接受的风险；而 ISO 26262 中的定义为没有不合理的风险。在委员会的讨论中认为这样做是为了尊重德国的法律惯例，据说在德国是由法官来决定什么是可以接受的。

在 IEC 61508-4 中，安全状态的定义是受控的设备达到安全的状态。在汽车实践中，安全状态是功能失效后在没有不合理风险的情况下达到的运行模式。二者的主要区别是，汽车实践只讨论从失效中恢复安全状态。在 SOTIF 中，这被定义为最低风险条件。

IEC 61508-4 定义了一个功能单元，它可以是硬件或软件。在汽车实践中，它通常被区分为硬件部件或软件单元。在 IEC 61508-4 中，架构被定义为硬件或软件的特定配置，而汽车实践也在定义中包括了分配给配置的每个要素的需求。

IEC 61508-4 将要素定义为执行一个安全功能的子系统的一部分。汽车实践是在相关项中定义一个要素，而相关项是车辆级别的一个系统或几个系统的组合。因此，当相关项是一个由多个系统组合的系统时，一个要素可以是一个系统。同样，当一个相关项的开发不是在车辆级别，而是打算后续集成到车辆中时，该相关项被称为独立于环境的安全要素（Safety Element out of Context，SEooC）。因此，要素在汽车安全方面有着明显不同的意义。

在 IEC 61508-4 中，故障本质上与汽车实践中的故障具有相同的含义。IEC 61508在功能单元中定义了故障，而汽车在相关项或要素的上下文中使用了故障一词。失效也是如此。

IEC 61508-4 将过程安全时间定义为防止失效导致危害事件的可用时间。这类似于容错时间间隔（FTTI）一词，汽车实践中常用它来定义相同的时间间隔。FTTI包括故障检测时间间隔和故障反应时间间隔（这两个时间加起来为故障处理时间间隔），以及在达到永久安全状态之前所需的任何紧急运行时间间隔。因为危害仅在车辆级别，FTTI 的规范性要强得多，并且定义在相关项级别。ISO 26262 委员会对此进行了大量讨论，因为在汽车实践中，有时 FTTI 被用于零部件级别，尽管其定义和支持逻辑都是关于危害的。最后商定了其定义和示意图，定义参考了该示意图。

IEC 61508-4 定义了平均恢复时间（MTTR），它不是一个广泛应用于汽车实践的术语。在 IEC 61508-4 中，安全生命周期和软件生命周期的定义与汽车实践中的常见用法一致。IEC 61508-4 要求确认是分三个阶段进行的：系统、电子和软件。汽车实践要求相关项的确认要在车辆级进行。除此之外，IEC 61508-4 中定义的术语类似于汽车实践中的理解。其中有一些术语是为 IEC 61508 的使用而定义的，在汽车实践中不使用；这些术语在这里就不进行讨论了。

A.5　IEC 61508 –5——确定 SIL 的方法示例

IEC 61508 –5 提供了确定 SIL 方法的一般示例。它解释了风险与 SIL 的关系，从而可以确定 IEC 61508 第 1、2 和 3 部分的必要要求。虽然具体的方法和标定是不同的，但在 ISO 26262 中，风险与 ASIL 的关系也与之相似。汽车实践在确定 ASIL 时，通常不计算风险降低的数值。虽然 IEC 61508 –5 规定了必要的风险降低，但 ISO 委员会在 ISO 26262 开发早期就摒弃了这一概念。IEC 51508 –5 中讨论的员工与公众的目标风险，通常不适用于考虑道路使用者风险的汽车实践。如 IEC 61508 –5 中所述，政府机构可能会在政策决策中考虑社会风险，但在评估单个汽车应用的危害风险时，这种做法并不常见。IEC 61508 –5 考虑了工业或公用事业危害的社会风险，以及安全系统在降低受控设备风险方面的作用，而汽车实践是要把功能和安全机制的开发结合起来。

IEC 61508 –5 和汽车实践对安全完整性的考虑非常相似。IEC 61508 –5 和汽车功能安全实践都涵盖了硬件安全完整性和系统安全完整性。IEC 61508 –5 考虑了低需求模式、高需求模式和连续模式，而汽车实践可能只反映了按需模式或连续模式。尽管都考虑了达到可接受风险水平这一概念，但这些模式的风险降低模型并不常用于汽车实践，尤其是在 SOTIF 中。IEC 61508 –5 中讨论了共因失效，该讨论也适用于汽车实践，尤其是在需求的 ASIL 分解时，或者是在 SOTIF 应用中，冗余传感器可能具有共同局限性。如 IEC 61508 –3 所述，在多层的情况下也是如此。对风险和 SIL 之间差异的讨论也符合汽车方面的考虑，如 ASIL。IEC 61508 –5 中关于 SIL 和软件系统能力的讨论与汽车实践的理解是一致的。IEC 61508 –5 中关于安全要求分配给其他技术的要求与汽车实践有所不同，因为它包含了量化的风险降低指标的分配，除此之外在其他方面是一致的。IEC 61508 –5 还讨论了汽车实践中未直接讨论的伤害减轻系统。然而，SAE J2980 讨论了在确定 ASIL 时可以使用交通统计数据；这些统计数据包括汽车伤害减轻系统（如安全气囊和安全带）带来的影响。因为这些伤害减轻系统的影响，这些统计数据中的严重程度 S 或暴露概率 E 都有所降低，但这种降低无法具体量化。

IEC 61508 –5 讨论了确定需求的 SIL 的多种方法，以避免危险。指南建议首先使用多种方法进行保守筛选，如果初始筛选中确定的 SIL 过高，则使用另一种方法进行更精确的评估。汽车实践没有用多种方法来确定 ASIL，而是采用了各种方法确定 ASIL 的各项参数。根据 ISO 26262 给出的指南，这些方法的范围包括从定性的共识方法，到用于交通统计的更精确的方法。尽管 ASIL 并不是定量确定的，但这些参数却有定量的定义。

为了确定 SIL，引入了最低合理可行原则（As Low As Reasonably Practicable，ALARP）和可容忍风险概念。IEC 61508 – 5 讨论了不可容忍风险区域、一般可容忍风险区域，以及在两者之间风险降低到最低合理可行的可容忍区域。在该区域，如果进一步降低风险的成本是不切实际的，则可以接受该风险。因为降低风险可能导致 SIL 较低。汽车实践或 SOTIF 应用都不使用这种评估来确定 ASIL。如果 ASIL 已经确定且其他措施可行，则参考 ALARP。ALARP 可能会建议采取这些措施，从而进一步降低风险。

在 ISO 26262 广泛应用于汽车实践之前，业界曾使用 SIL 分级方法来确定需要降低的风险。例如，考虑对电动转向系统中的"避免自动转向"这一危害进行 SIL 评级：假设该系统将应用在一个拥有良好基础设施且高速公路无限速的国家，给定的事故死亡率是在 200 起事故中不超过 1 人，可接受的用户风险是 1×10^{-9} 的死亡概率。然后，为了达到这种可接受的用户风险，需要降低的风险为 2×10^{-7}，对应于 SIL 2 级（$1 \times 10^{-7} \sim 1 \times 10^{-6}$）。正如 SAE J2980 中提到的，当前类似的交通统计信息被用于确定严重度或暴露概率，它不再用于 ASIL，而是用于 SOTIF，在 ISO/PAS 21448 中讨论了这一点。

IEC 61508 – 5 中论述的风险图方法与汽车实践中使用的方法类似。IEC 61508 – 5 中的严重度是基于从轻伤到多人死亡的任何伤害，如核电站的潜在爆炸。汽车实践只考虑单人伤害的严重程度，包括最严重的死亡可能。IEC 61508 – 5 将暴露频次或暴露时间分为高或低，而汽车则将频次和时间分为四类，并分别为这两类附加了一个"几乎不可能"类别（E0）。IEC 61508 – 5 定义了两种级别的可控制性或避免伤害的能力，而 ISO 26262 除了"一般可控"外还增加了三个级别的"可控制性"。IEC 61508 – 5 设有意外发生参数的概率，该参数是对危害事件造成伤害概率的定性指示。在汽车实践中，这类似于发生事故时的死亡概率。例如转向、制动等被动安全部分就考虑了发生伤害的概率。早期 ISO 26262 委员会讨论时，法国和德国的双边讨论中提到了参数 W，但它没有列入第一个拟议草案。美国代表团团长提出了一个替代参数，即"可能性"。在原则上同意该提案可能是适用的，但最终还是没有得到采纳，因为人们认为这有可能把可能导致死亡事故的潜在危险的 ASIL 降低到 D 以下。

IEC 61508 –5 讨论了使用保护层分析的半定量方法（LOPA）。这通常不适用于汽车实施；中间步骤的量化没有直接的类比，并且由此产生的量化不适用于 ASIL 的确定。即使在 SOTIF 应用中，使用 LOPA 也并不常见。IEC 61508 –5 还讨论了使用具有危险事件严重性矩阵的定性方法确定 SIL 的问题。它用于在定量数据不可用时使用，并且对于每个独立风险使用相应的方法，将危险的可能性降低一个数量级。在汽车实践中，如果存在另一个系统能防止危险发生（如发动机管理系统中限制巡航控制机构），则同样也可降低 ASIL 等级。当然，ASIL 等级的评定不是基于可能性的降低，而应遵循 ISO 26262 的实践方法。

A. 6　IEC 61508 –6——IEC 61508 –2 和 IEC 61508 –3 的应用指南

IEC 61508 –6 以活动流的形式为 IEC 61508 –2 和 IEC 61508 –3 中给出的硬件和软件指南的实施提供指导。IEC 61508 –6 中假设了一个瀑布模型，但应注意，其他等效模型也可以使用。该活动流也可以应用于汽车领域。考虑到不同的应用场景，在汽车实践中可遵循这些步骤；需求和审查步骤的活动流也是类似的。

IEC 61508 –6 中讨论的应用 IEC 61508 –1 指南的第一步是将安全要求分配给安全相关系统，并将其拆分为硬件和软件。这也是常见的汽车实践。然后，IEC 61508 –6 讨论了确认计划的启动。该计划用于确定硬件架构并建模，以查看它是否满足故障率要求。这在汽车实践中并不会立即开展，但可开始将需求链接到验证方法，并且确定硬件架构。ISO 26262 不会在确定硬件组件之前进行硬件指标的评估。这一步骤之前曾被提出，但未被接受。如果硬件实质上是借用于其他类似产品的，那么对于评估硬件失效概率，可通过评估更改项而非等待设计细化后再评估，这样可以减少等待的风险。

然后，IEC 61508 –6 建议预估硬件失效率，如该预估值未能实现，则应通过更改组件或架构予以解决。这部分在汽车实践中进行了修改，也可能会尝试进行新的组件或架构的开发。接下来，IEC 61508 –6 讨论了设计实现、软硬件集成、软硬件验证、系统集成及确认。这有点像汽车实践，在系统验证后，在量产时重新验证，这一步骤通常被称为确认。安全确认是在实车上开展的，这一点与 IEC 61508 –6 有所不同。

应用 IEC 61508 - 3 的 IEC 61508 - 6 指南与上文的讨论类似。首先，获取需求并确定软件架构，并与硬件开发者一起对其进行评审。然后，开始规划验证和确认，并实现设计，应用 IEC 61508 - 3 中包含的所有适当的措施和技术，与硬件开发人员进行集成，并执行验证和确认。这有点像汽车实践，在实车上进行安全确认。

IEC 61508 - 6 提供了评估硬件失效率的一个技术示例，该示例由评估多种潜在架构的可靠性计算技术和表格组成。其中，可靠性计算技术可直接适用于汽车实践，包括使用可靠性框图、低要求操作模式与高要求操作模式的需求案例。当然，这些工业应用的示例会考虑维修和停机时间，有别于汽车系统在每个点火循环会对系统进行启动或关闭测试，其频率远高于 IEC 61508 - 6 中的假设。这使得工业领域的测试表格比汽车实践更保守。在汽车实践中，可能使用 β 因子表征不同通道之间的共因失效，但 ISO 26262 并未要求这样做。直接解决相关失效的方法很常见，在汽车实践中，对于某些安全相关系统也会考虑使用 1oo1、1oo2 等架构，这些方法是有用的，且不考虑系统停机，但也可能存在架构变化的挑战。

IEC 61508 - 6 讨论了在 Petri 网环境下进行 PFD 计算的原理，该计算可应用于汽车实践。IEC 61508 - 6 中使用的示例虽然在讨论 Petri 网和 PFD 应用时很有用，但可能并不代表汽车实践中的典型应用。关于维修时间的讨论，更适用于工业应用。尽管如此，在汽车系统环境中，使用该技术系统地开发或审查算法及安全机制是很有用的。ISO 委员会成员们曾提到了 Petri 网，但 ISO 26262 或 ISO/PAS 21448 中并未对其进行讨论。Petri 网可能有助于满足这两种标准的要求，具体可参考 IEC 61508 - 6。

IEC 61508 - 6 讨论了用于 PFD 计算的安全相关系统建模的其他方法。模型的大小对比于系统的大小，其比例和故障树分析（FTA）与 Petri 网的分析结果是呈线性关系的，因此在较大的系统中更受欢迎。这也适用于汽车实践，其中 FTA 或等效分析是常见的做法。IEC 61508 - 6 还讨论了不确定性问题的处理，包括将蒙特卡罗模拟与不确定参数的整合分布结合使用；讨论了用以产生直方图的多次运行，该技术也应用于汽车实践，特别是用于 ASIL 评估和 SOTIF。ISO/PAS 21448 提供了用于确定意外减速严重程度的参考。采用分布来表征由不断靠近的车辆、人的反应时间以及相隔距离而产生的人类反应触发增长率变量。碰撞时的相对速度是通过数千次模拟运行计算出来的。如果发生后端碰撞，则可根据相对速度估计严重性，并根据涉及碰撞的模拟运行情况估计可控性。对于不同的减速情况，重复此过程，然后确定 ASIL 等级。

IEC 61508 - 6 中关于诊断覆盖率和 SFF 的工作示例与 ISO 26262 中关于单点故障指标（SPFM）的确定基本相同。ISO 26262 中更新了用于确定不同故障模式的诊断覆盖率的表格，且只需考虑实现安全目标的部件的安全相关故障。此规则不会改变失效率的计算，但 ISO 26262 委员会认为该规则很重要，因此理论上 SPFM 不会由于包含了无安全目标的低可靠性部件而失真。汽车的成本压力可能会阻碍这种做法，但尽管如此，委员会还是在 ISO 26262 中增加了此项规则。

IEC 61508 - 6 讨论了电子系统中硬件相关失效影响的量化方法。该量化方法使用一个基于工程判断的、系统性确定的 β 因子，估计在多通道系统中因相关失效分析尚未解决的相关失效而提出的允许改进要求。自 ISO 26262 问世以来，此类因素并不是常见的汽车实践方法，ISO 26262 并不要求使用该系数，而且还包括第二种硬件故障率方法，该方法不需要计算总体故障率。尽管如此，一些开发人员在某些应用中还是预估了 β 因子。IEC 61508 中用于系统地进行此估计的方法在大多数汽车实践中并不常用，替代方法更为少见。相反，汽车实践是系统地执行 DFA 并依赖于此分析。ISO 26262 提供了广泛的指导，并提供了更深入的教程材料。汽车实践还考虑了与软件相关的故障，并且这类教程很常见。

IEC 61508 - 6 提供了两个应用 IEC 61508 - 3 的软件安全完整性表格的示例。这两个例子都属于工业应用：一个具备 SIL 2 级要求，另一个具备 SIL 3 级要求。汽车实践是使用 ISO 26262 作为功能安全参考，因此表中的方法和度量不完全适用。但是，在工业应用中使用的理由可能与汽车应用中使用的注释相类似。在汽车实践中，通常需要提供对每种推荐技术未使用的理由；这通常需要系统地完成，然后根据 ASIL 要求的独立性进行评估。有时客户或客户的评审员也会审查这些理由。因此，在这个角度上，IEC 61508 - 6 的例子是适用的，因为汽车实践是相似的。

A.7　IEC 61508 - 7——技术和措施的概述

IEC 61508 - 7 是对控制随机硬件故障的电子安全相关系统的技术和措施的概述。这些描述与 ISO 26262 中讨论的技术非常相似，但有一些例外。IEC 61508 - 7 包括有关检测继电器故障的讨论，该故障与汽车实践相关，但不包括在 ISO 26262 中。ISO 26262 提供了使用比较器这样更为一般的描述，该比较器可以包括比较两个处理单元。IEC 61508 - 7 中讨论的空载电流原理（断电跳闸）和模拟信号监测技术主要针对工业应用，通常不适用于汽车实践。IEC 61508 - 7 中的标准测试端口和边界扫描架构、监控冗余、降级、软件自测试（有限模式数和行走位）、软件相互比较、节省字的多位冗余（例如，使用修改的 Hamming 码的 ROM 监控）、修改的校验和，以及带自动检查的电气/电子部件等技术同样适用于汽车实践，尽管它们在 ISO 26262 中的命名和描述有所不同。一个通道的编码处理在汽车实践中不常见。单字签名、双字签名和块复制是 IEC 61508 - 7 中的内存保护技术，也可用于汽车实践。同样，IEC 61508 - 7 中关于保护易失性存储器不受软错误影响的建议也适用于汽车实践。尽管使用纠错码（ECC）保护 RAM 在汽车实践中很常见，但 IEC 61508 - 7 中建议的 RAM 保护技术也可适用于汽车实践。

IEC 61508 - 7 中建议的所有数据通路保护技术都与汽车实践相关，例如在汽车实践中使用的通路保护技术包括循环冗余数据扩展、由接收器检查的轮询代码、冗余传输或冗余源，以及通过比较来实现通路保护等。这些技术都是汽车实践中的常见措施。IEC 61508 - 7 关于电源保护的讨论也适用于汽车实践。IEC 61508 - 7 还讨论了适用于汽车应用的基于逻辑和时间程序流的几种技术。

IEC 61508 - 7 用于通风和加热的监控技术适用于汽车实践。尽管强制通风在汽车系统中并不常见，但热传感器在汽车实践中很常见。IEC 61508 - 7 中的通信和大容量存储技术是面向工业应用的。在汽车实践中，当只有一个系统插接器可用时，功率和信号的空间分离并不常见。IEC 61508 - 7 中讨论的传感器保护针对的是工业应用；ISO 26262 则显著扩展了关于传感器保护技术的描述。IEC 61508 - 7 中执行器的监控技术适用于汽车实践，在极少数情况下可以交叉监控。IEC 61508 - 7 还建议将电子设备放入为保护环境而设计的外壳中，而这也是常见的汽车实践。

IEC 61508 - 7 为避免系统性故障的安全相关系统提供了技术和措施的概述。项目管理和文档化的一般措施和技术适用于汽车实践。IEC 61508 - 7 中讨论的系统安全功能与非安全相关功能的分离是针对工业应用的；而在汽车实践中，为实现类似的目的，可分解与 ASIL 有关的需求。采用多种硬件，可以检测所控制设备运行过程中的系统性故障。这里有一个类似于汽车中的一些常见架构，例如有第二个处理器或另一个 IC 用于检测此类故障。有时两者之间采用提问和响应机制，同时也使用端到端的保护机制。

IEC 61508 - 7 中给出了提供零错误规范的技术指南，涵盖了同样适用于汽车实践的方法，如结构化规范，以降低复杂性；以及形式化方法，尽管这些方法在汽车领域还没有得到广泛应用。IEC 61508 - 7 中描述了许多半形式化方法的例子，其中大多数已用于汽车，部分方法的应用程度比其他方法更为广泛。IEC 61508 - 7 提供了符合规范的稳定设计的方法指南，所描述的所有技术均符合汽车实践。

IEC 61508 – 7 提供了操作和维护指南，包括程序、用户友好性、维护友好性和通过检测用户错误而采取的限制操作可能性。虽然该指南针对的是工业应用，但在汽车实践中存在类似内容，以避免误用和安全相关的维护错误。在 IEC 61508 – 7 中，关于将操作限制在熟练操作人员的讨论，除了少数可能的商业应用之外，并不适用于汽车实践。IEC 61508 – 7 中关于防止操作员错误的讨论是适用于汽车实践的，适当时也适用于对修改的防护。在 IEC 61508 – 7 中也建议输入确认，以允许操作员在操作设备之前检测错误。尽管在接受所输入的设置和消息之前，通过启用某个系统可以获得一些保护，但汽车实践中并没有与此直接类似的内容。

IEC 61508 – 7 提供了系统集成中所用方法的指南。其目标是发现集成阶段和先前阶段的任何故障，并避免集成过程中的故障。建议进行功能测试，以避免在软硬件集成和实现过程中出现故障，并可发现设计和规范中的故障。IEC 61508 – 7 描述了黑盒测试，用于检查动态行为。IEC 61508 – 7 讨论了使等价类达到极限的方法，这种技术与汽车实践是一致的。统计测试在 IEC 61508 – 7 中也有描述，且通常适用于汽车实践。IEC 61508 – 7 中的现场经验描述排除了对未实际检测到现场问题的安全机制的重用；但汽车实践却是重用这种安全机制的，因为这些机制没有造成问题，也没有造成故障漏检（此类故障很少发生）。

IEC 61508 – 7 描述了系统安全验证，用于证明安全相关系统满足其要求（包括环境和可靠性要求）。这些（验证）技术包括环境条件下的功能测试、浪涌和电磁干扰、静态分析、动态分析和测试。这些验证技术与汽车实践一致。IEC 61508 – 7 还介绍了故障模式和影响分析（FMEA）、因果图、事件树分析、故障关键性分析、故障树模型、马尔可夫模型、蒙特卡罗模拟、广义随机 Petri 网（GSPN）模型、最坏情况分析和最坏情况测试、扩展功能测试，以及故障注入测试技术，并把它们也列为验证技术，这与汽车实践一致，但通常是在整车级确认之前进行。马尔可夫模型和 GSPN 在汽车领域的应用并不像其他模型那样普遍。对于安全相关的汽车系统，FMEA 很少被忽略；它在设计早期执行，然后进行系统性的更新。

IEC 61508 – 7 概述了实现软件安全完整性的技术和措施，包括结构化的图表方法，该描述与汽车软件设计实践一致。IEC 61508 – 7 描述了与需求获取和捕获相关的其他三种设计技术：受控需求表达式（CORE）、Jackson 系统开发（JSD）和实时 Yourdon。汽车实践通常采用 SPICE，汽车流程也是基于此参考模型开发的。其他方案也被引用或合并，如 real-time Yourdon；然而，SPICE 审核很常见。数据流图在 IEC 61508 –7 中也有描述，并常用于汽车实践。IEC 61508 –7 中描述了结构图、形式化方法、通信系统演算（CCS）、通信顺序过程（CSP）、高阶逻辑（HOL）、时态排序规范语言（LOTOS）、代数规范语言（OBJ）、时态逻辑、维也纳开发方法和 Z 语言开发方法。这些技术被一些汽车软件专家用于应用程序开发，但尚未在汽车软件流程中采用。ISO 26262 –7 中描述的防御性编程是一种广泛采用的汽车实践。

IEC 61508 –7 中讨论了设计和编码标准，提供了编码标准建议，以支持 IEC 61508 –3 中的要求和建议，这些建议与汽车实践一致。为了能够在启动时检查内存，IEC 61508 –7 描述了无动态变量或动态对象的规则。否则，建议对动态变量进行在线检查。有限地使用中断是为了支持可测试性；这些描述与汽车实践一致，有限地使用指针也是如此。IEC 61508 –7 建议有限地使用递归，而 ISO 26262 则建议不使用递归。IEC 61508 –7 描述了结构化编程以减少复杂性，以及使用模块化方法、封装和受信任的软件元素，与汽车实践一致。IEC 61508 –7 中对软件要素的 PIU 进行了描述；然而，在汽车实践中，PIU 的标准要高出 10 倍。IEC 61508 –7 要求提供安全手册等证据，以确定现有软件是否合规，这与汽车实践一致。IEC 61508 –7 描述了需求、设计和验证之间的可追溯性，这也与汽车实践一致。IEC 61508 –7 所述的无状态设计在汽车中并不常见，因为汽车的安全行为非常复杂，例如，考虑到稳定控制系统的惯性传感器输入。在 IEC 61508 –7 中，离线数值分析的描述不是汽车实践中的实际考虑因素。IEC 61508 –7 中描述的消息序列图被一些汽车软件专家用于某个应用程序，但尚未在汽车软件流程中采用。

IEC 61508 –7 描述了软件架构设计中使用的技术，包括故障检测和诊断、错误检测和纠正代码、故障断言编程、多种监控的使用、软件多样性、回滚恢复、重试故障机制和平稳降级；尽管"回滚恢复"并不多见，但其他的技术都符合汽车行业的惯例。IEC 61508 –7 对人工智能故障修正和动态重构的描述与汽车实践不一致，但其对时间触发架构、UML、类图、用例和活动图的使用等与汽车实践是一致的。

IEC 61508 –7 描述了开发工具和编程语言，包括与汽车实践一致的强类型编程语言和语言子集。它描述了使用已认证的工具和翻译器，从而增强使用的信心；这与汽车实践是一致的，开展旨在检测错误的过程活动可能会减少对认证的需要。IEC 61508 –7 中描述了源程序与可执行代码的比较，以减轻对合格编译器的需求。虽然这不是常见的汽车实践，但在使用合格的建模工具进行基于模型的开发时，将模型生成的模型测试向量的结果与使用相同测试向量的集成软件的结果进行比较，也可能有类似的优势。使用 IEC 61508 - 7 "自动软件生成"中描述的适当编程语言，以及使用测试管理和自动化工具符合汽车实践的要求，但不同 SIL 等级的推荐语言列表并不适用。

IEC 61508 - 7 描述了概率测试以确定软件可靠性。这在汽车实践中的一些产品中有所体现，但出于实际原因，很少这样做，且不是针对每项应用开展。数据记录和分析、接口测试、边界值分析、错误猜测、错误种子、等效类和输入分区测试、基于结构的测试、控制流分析和数据流分析，所有这些都在 IEC 61508 - 7 中有所描述，是常见的汽车实践。IEC 61508 - 7 中还介绍了符号证明、形式化证明和模型检查，但不是常见的汽车实践。IEC 61508 - 7 描述了符合汽车实践的复杂性度量、形式化检查、走查、设计评审、原型和动画。IEC 61508 - 7 还描述了针对工业应用进行的过程仿真，但这与汽车实践不一致。

IEC 61508 - 7 中介绍了在考虑可追溯性时，适用于汽车实践的性能要求。IEC 61508 - 7中对性能建模、应力测试、响应时间和内存限制的描述与汽车实践一致。IEC 61508 - 7 描述了软件变更对其他模块和关键性能的影响分析。虽然这与汽车实践相一致，但在功能安全方面，其会评估与安全相关的变更，以评估对安全要求的潜在影响。IEC 61508 - 7 中描述的软件配置管理和回归验证与汽车实践一致。IEC 61508 - 7 中描述了设计规范的动效，此方法更适用于工业应用，而不是汽车实践。IEC 61508 - 7 中所述的基于模型的测试也适用于工业应用，并且可能包括受控设备的模型。汽车实践有一些类似内容：基于模型的测试可以考虑软件需求、架构以及测试覆盖率，特别是在使用可执行模型的情况下。该模型允许使用 ISO 26262 中推荐的背靠背测试。

ISO 26262 讨论了软件的功能安全评估。真值表的描述方式与汽车实践一致。HAZOP 的描述方式适合于在概念阶段进行的工业应用或系统危害分析，通常不会在软件安全评估期间重复。HAZOP 技术可应用于软件架构，以引出失效的影响，这与 IEC 61508 - 7 的描述不同。IEC 61508 - 7 中对共因失效分析的描述包括针对工业应用的部件和适用于汽车实践的部件。在 ISO 26262 中，共因分析指南包含在相关失效分析指南中。IEC 61508 - 7 中描述了软件的可靠性框图，不过这种描述与汽车实践不一致。

IEC 61508 - 7 提供了一种描述，用于确定预开发软件的软件安全完整性的概率方法，并解释了数学上的注意事项。虽然该原则适用于汽车实践中的 PIU，但其标准并不适用。

IEC 61508 – 7 提供了 ASIC 设计技术和措施的概述。这些描述包含集成电路特有的建议,包括在高功能级别使用设计描述、原理图条目、结构化描述、经验证的工具、模拟、模块测试和 ASIC 的高级别测试。这些注意事项都适用于汽车行业。对 ASIC 的具体设计规则和编码标准也有许多一般性的描述,这些也在汽车实践中给予了考虑。在汽车实践中还考虑了测试、使用 PIU 生产过程以及质量控制。

IEC 61508 – 7 提供了软件生命周期过程属性的定义,包括完整性、正确性、一致性、可理解性、免于不必要的要求,以及需求的可测试性。在汽车实践中也考虑到了这些。IEC 61508 – 7 提供了软件架构设计属性的定义,包括满足需求的完整性和正确性,以及无设计错误、可预测性、容错性和可测试性。这些也符合汽车方面的要求。IEC 61508 – 7 提供的软件支持工具、编程语言和详细设计定义的属性与汽车方面的考虑一致。IEC 61508 – 7 对软件模块测试和集成、软件与可编程硬件的集成、验证和安全确认、软件修改和安全评估提供的属性定义与汽车实践一致。IEC 61508 – 7为安全相关的面向对象软件的开发提供了指导;ISO 26262 中没有专门针对面向对象软件提供此类指导,但面向对象软件在汽车实践中很常见。因此,汽车行业可以考虑 IEC 61508 – 7 中的相关指南。

附录 B
ISO 26262 在汽车实践中的经验

ISO 26262 于 2011 年 11 月 15 日发布，并于 2018 年 12 月根据使用情况进行了修订。标准的编写是为了让许多专家就措辞达成一致，而本附录中所做的陈述和判断代表了作者根据其经验提出的意见，并不代表行业调查的结果，也不是绝对的。ISO 26262 只涉及功能安全，不涉及预期功能安全（SOTIF）。

同时，这些定义没有按照 IEC 61508-4 中的定义进行分组，而是在本讨论中进行分组，以保留一些上下文。此外，本标准中还有许多首字母缩略语，大部分是汽车行业电气工程师的通用术语，但也有一部分不是，这会使阅读标准变得更加晦涩难懂。如果读者只想购买标准的一部分，则建议先购买第 1 部分，因为术语表中包含大量信息性的内容，将会非常有用。

B. 1　ISO 26262-1——术语

1. 术语的使用

ISO 26262-1 中有 185 个定义，多于 IEC 61508-4 中的定义。这些定义的目的是直接引用术语，被定义的术语可以在其他定义中使用。在阅读 ISO 26262 标准时，术语按定义使用，因此标准之外的常见用法不足以理解术语的含义。例如，相关项被定义为实现整车层面功能或部分功能的系统或系统组。这不是这个术语的日常用法，但这对理解标准是至关重要的。危害只会发生在整车层面，因此只需对相关项进行危害及风险评估。使用 ISO 26262 上下文特定的定义也会影响其他术语。在这里，相关项是一个关键术语。

汽车安全从业人员知道术语的重要性，因此会谨慎使用这些术语。在教授有关 ISO 26262 的入门课程时，如果教师只使用 ISO 26262 中定义的术语，那就好像在教授一门外语一样。定义是理解标准的关键。但读者的理解和标准的预期定义之间可能存在差异。接下来，让我们对一些关键术语进行阐述。

2. 架构

在讨论"架构"时，请务必注意将需求分配给架构结构块。这可能不同于设计师的常识，因此当他的架构文档为了符合 ISO 26262 而需要被评估时，他可能会感到惊讶。"架构"可以是一个"相关项"或一个"要素"，这里使用术语"要素"。那么，什么是"要素"？"要素"是"系统""组件""硬件元器件"或"软件单元"。因此，本质上，"要素"是任何不是"相关项"的东西。这是在标准中使用"要素"的方式，显然它是不明确的。

3. 汽车安全完整性等级（ASIL）

"汽车安全完整性等级（ASIL）"是分配给需求的四个等级之一，D 代表最高严格等级，A 代表最低严格等级。由于 ASIL 被分配给需求，而不是"相关项"或"要素"，这个术语通常被误用。没有 ASIL D 等级的微处理器。针对这种常见的误用，添加了术语"ASIL 能力"，该术语可与能够满足 ASIL 需求的"相关项"或"要素"一起使用。例如，微处理器可以具有 ASIL D 能力。这对于"独立于环境的安全要素（SEooC）"很有用。在安全手册中可以规定"ASIL 能力"以及可适用的条件。

"ASIL 分解"定义为对 ASIL 需求的分解，而不是系统架构的分解，它有时会被误述。如前所述，架构需包括（安全）要求的分配，启用 ASIL 分解所需的独立性会使架构受到影响。此外，ASIL 分解不影响硬件指标。汽车安全专家很清楚这一点，并在支持架构开发时将其考虑在内。这使得例如 QM（D）软件性能要求和 D（D）安全机制分解成为可行方案。评估仍然需满足 ASIL D 等级的独立性，当然还有其他的例外情况。

4. 货车和客车及其他术语

ISO 26262 第二版中添加了几个定义，供货车和客车（T&B）行业使用。其中一种是"基础车辆"，它与没有可选设备的汽车不同。它是原始设备制造商（OEM）制造的底盘，在"商用车底盘"上添加"车辆上装设备"（如客车车身或货车驾驶室）以制造"完全组装的商用车"。这就是为了不同的目的而"重建"对象。"重建"包括修改"T&B 配置"。电源输出器是指货车或拖拉机向设备供电的接口，是 ISO 26262 规定的 T&B 范围边界。在使用一段时间后，"T&B 配置"可以按照原始规范进行再制造。在使用中，由于负载或牵引等原因，T&B 车辆的运行存在差异。货车、拖拉机和公共汽车也有相应的定义。由此，T&B 相关的术语环境应运而生。

"基线"定义为更改前的一组工作成果。这与基准产品配置不同，但有必要为今后的使用建立"安全档案"。ISO 26262 将"候选项"定义为与已生产的"相关项"或"要素"完全相同或几乎相同的"相关项"或"要素"，并可考虑将其作为在用证明置信度。

ISO 26262 将"认可措施"定义为有关功能安全的认可评审、评估或审核。这些认可措施与技术评审和审核不同，它们涉及的是合规性而不是性能。因此，技术评审应先于认可措施。对于给定的工作成果产物，职能经理通常在安全评估员之前先给予批准。

在 ISO 26262 中，"可控性"被定义为避免特定伤害（即对人的伤害）的能力。因此，避免伤害与可控性有关，而不是避免事故。例如，由于追尾碰撞中的相对速度差，ASIL C 安全目标的可控性不同于 ASIL A 安全目标的可控性。

ISO 26262 中定义了"耦合系数"，以支持对标准中关于"相关失效"的广泛讨论。耦合是导致相关失效的"要素"的常见特征，可以由相关失效引发源（DFI）导致。在 ISO 26262 中，"专用措施"被定义为确保不损害失效率的措施，例如，大量不良零件导致无法达到所声明的失效率。"内置"即为一项"专用措施"，但"专用措施"不是内置的安全机制，例如，专用措施的预期使用情景为，当内置的安全机制检测能力不够好时，可以提出专用措施。

5. 故障容错时间间隔（FTTI）

在 ISO 26262 中，"故障容错时间间隔（FTTI）"被定义为从相关项内部故障发生到可能发生危害事件的最短时间间隔。在 ISO 26262 委员会进行了实质性辩论后，这一点得到了一致同意，因为危害只会发生在相关项层面。在实践中经常使用FTTI，但组件级的 FTTI 与此定义不一致，因为组件级不存在危险。为了支持 FTTI定义，ISO 26262 中还定义了其他时间间隔。首先是"诊断测试时间间隔"，即诊断测试之间的时间间隔，包括测试本身的时间。然后是"故障探测时间间隔"，即探测故障的时间，包括一个或多个诊断测试时间间隔。其次是"故障响应时间间隔"，即从探测到故障到进入安全状态或进入紧急运行的时间间隔。"故障处理时间间隔"是"故障探测时间间隔"和"故障响应时间间隔"之和。"紧急运行时间间隔"是指故障处理时间间隔与安全状态开始之间没有不合理风险的时间间隔，这可能是由于紧急运行容许时间间隔（EOTTI）限制了其持续时间。其目的是，故障处理时间间隔不应超过 FTTI。预期此解释将更加清晰，并且可以预见广泛的实现。

在汽车实践中"故障""错误""失效"的分类很常见也容易，很少发生歧义理解。不是每一个"故障"都会导致"错误"，也不是每一个"错误"都会导致未能满足安全要求。"错误"应该被安全机制探测到，这与刚才描述的 FTTI 是一致的。

6. 摩托车

ISO 26262 将"摩托车"定义为重量小于 800 kg 的两轮或三轮机动车（非轻便摩托车）。为了支持将"摩托车"纳入本标准，"摩托车安全完整性等级（MSIL）"被定义为四个等级之一，以指定相关项或要素的必要风险降低要求，这些要求可以转换为 ASIL 来确定安全措施。为了确定可控性，经验丰富的车手被定义为能够评估摩托车可控性的人。该车手应具备特定的操作技能和知识。可考虑一个有代表性的车手来评估特征，然后确定可控性。

7. 半导体

ISO 26262 中引入了一些术语以支持功能安全中半导体组件相关的指南。"硬件子元器件"被定义为"硬件元器件"的逻辑分割，类似于微处理器中的算术逻辑单元。"硬件基础子元器件"是指用于安全分析的"硬件子元器件"的最小部分，如寄存器。"观测点"被定义为可用来观察潜在故障的输出信号。"诊断点"是指在检测和纠正故障时可以观察到的信号。"处理要素"被定义为提供一系列数据处理功能的硬件元器件，如内核。"可编程逻辑器件（PLD）"也有相应定义。"瞬态故障"被定义为发生一次且随后消失的故障，如单个位异常。这些普遍理解的定义可支持半导体指南。

ISO 26262-1 中定义的其余术语主要用于支持标准中的安全讨论。"安全"是指没有不合理的风险。"功能安全"是指不是"故障行为"所造成"危害"的安全，"故障行为"是指"相关项"在其设计意图方面的非预期行为。"安全目标"是基于"危害分析和风险评估（HARA）"潜在危害的最高安全要求。"安全状态"是指在没有不合理风险的情况下发生"失效"时的运行模式。因此，正常操作不被称为"安全状态"，除非"相关项"或"要素"在没有"降级"的情况下无法运行。ISO 26262 委员会通过了这一定义，以支持可预见的更高级别自动驾驶车辆所需要的失效可运行系统。

ISO 26262-1 将"功能概念"定义为实现预期表现所需的各预期功能及其交互的规范。"功能安全概念"是指为了实现安全目标，定义功能安全要求及相关信息，并将要求分配到架构中的"要素"上，以及定义"要素"之间的必要交互。ISO 26262开发初期的想法是由 OEM 提供功能安全概念，由供应商提供"技术安全概念"。"技术安全概念"是技术安全要求的定义及其对系统要素的分配，及其他为系统层面的功能安全提供依据的相关信息。因此，"技术安全概念"预计将成为每个供应商报价的一部分，然后整车企业可以进行选择。实际上，"功能安全概念"有时由供应商提供,有时由整车企业提供,有时整车企业还会将一些"技术安全要求"与"功能安全要求"混合起来。供应商提供"技术安全概念",但所有"技术要求"在达成业务合作后才会提供,在联合开发中尤为如此。

ISO 26262-1 中定义了术语,以支持对软件安全生命周期的讨论。第一个是"分支覆盖率",定义为测试中已执行的计算机程序控制流分支所占的比率。"修改条件/判定覆盖(MC/DC)"定义为在控制流中已执行的、可以独立影响判定结果的全部单一条件结果的百分比,该定义下有一条与测试相关的注释。"标定数据"仅用于软件,指在开发过程中,软件编译后将用作软件参数值的数据。"配置数据"定义了在要素构建过程中分配的、控制要素构建过程的数据;该条目的注释说明它可以控制软件构建。整个规范性附录讨论了在制造过程中使用"标定数据"和"配置数据"的安全性。"嵌入式软件"定义为在一个处理要素上运行的充分集成的软件。"形式记法"定义为语法和语义上完整定义的描述方法。"非形式记法"定义为一种非完整语法定义的描述方法。"基于模型的开发"定义为一种使用模型来描述待开发要素行为或属性的开发,该条目的注释说明它可以用于生成代码。

8. 安全经理

ISO 26262-1 将"安全经理"定义为负责监督和确保执行实现功能安全所需活动的个人或组织。"安全经理"可以管理人,也可以不管理人,并可以执行许多活动来实现功能安全。在许多组织中,"安全经理"不参与 SOTIF,而在另一些组织中,SOTIF 被添加到该人员的职责中。为执行开发接口协议(DIA),各方必须确定一名"安全经理",该协议定义为客户和供应商之间的协议,其中规定了要执行活动的责任、要审查的证据,明确了与"相关项"或"要素"开发有关的各方交换的工作成果。这些工作成果与安全论证一起被汇编并用作证据,以产生"安全档案"。"安全档案"将由"安全经理"根据"安全计划"的执行而产生。ISO 26262-2 都是关于"安全计划"的内容。

ISO 26262-1 还有一些其他定义,但可能不如上述讨论的定义那么具有专业性。

B.2 ISO 26262-2——功能安全管理

1. 安全文化

ISO 26262 首先讨论了每个组织的要求,即除了特定项目的安全计划外,还要有功能安全的总体规则和流程。在汽车实践中,这些总体规则通常在安全相关汽车产品(如转向系统、制动系统或驾驶辅助系统)的商业化之前进行审核。组织应建立并支持安全文化，并进行良好的沟通；还应提供附件，说明在良好的安全文化中应寻找什么，以及如何发现不良安全文化的提示。组织要有一个解决产品问题的良好过程，有良好的培训，并有一个良好的质量组织。虽然这一切都与安全有关，但也与决定新的业务有关。这些组织属性是正常的汽车实践，是业务所必需的。

不合格的安全文化包括以下方面：没有可追溯的问责制，没有将安全和质量放在成本和进度之上，受管理层不当影响，对最终测试的过度依赖，没有如期执行安全活动，不是在需要时分配资源，管理层只会对现场问题做出反应，排斥持不同意见者，以及存在临时流程等。良好的安全文化的关键在于解决这些问题，并希望在实践中得到可审核文件的确认。该标准要求有证据表明组织处理了上述每个领域。具体来说，组织流程要求遵守 ISO 26262，并且资源是可用的。必须具备评估安全任务的专业知识。在实践中，有些组织使用内部评估员和审核员，有些使用外部评估员和审核员，有些则都会使用。ISO 26262 只要求相对于发布机构的技能和独立性；其实有许多方法可以遵守这条要求。

2. 网络安全

关于沟通，要求网络安全和功能安全互相沟通，以确保识别和减轻任何可能恶意诱发的危害。从组织上讲，这具有挑战性，因为两个域是独立的，可以独立执行其任务。有时，网络安全组织管理与功能安全组织相连，可以进行主动管理。沟通可以在内部过程中进行。由于存在潜在的沟通失败，审核员需要定期促进沟通。

3. 质量、管理和认证

质量管理体系的证据是可审核的安全证据。在实践中，如果没有一个优秀的质量体系，那么汽车企业几乎不可能有竞争力。此外，还必须有能力管理的证据。在实践中，这通常是通过对产品开发人员以及管理人员、采购人员的内部或外部培训来建立的，并有专门人员保存这些记录。关键人员的认证也经常被用作能力的证据，但 ISO 26262 并不要求这样做，而且 ISO 26262 也没有为认证机构提供指导。在过去的十几年中，ISO 26262 美国代表团的创始人和领导人，同时也是第 1 部分的项目负责人，都没有获得认证。尽管如此，仍有一些信誉良好的认证机构提供培训，并要求在颁发认证前证明其能力。此外，还必须有"安全异常"报告制度的证据。在实践中，这包括在组织或项目的问题管理系统中，并增加了与安全相关的特定语言。这也可以在所需的总体组织安全文档中加以补充，并需要一个可遵循的参考，且通过内部审核来支持对其的遵守。

除了组织安全计划外，ISO 26262 - 2 还要求在项目层面进行安全管理。这是整个组织安全计划的实例，或者是项目所遵循的单独过程。在实践中，对于一个拥有多个产品线和多个项目（其中一些可能超出了 ISO 26262 范围）的企业，可以制订一个更通用的组织计划。那些在 ISO 26262 范围内的产品线共享一个为每个项目定制的共同计划。安全计划是为每个产品线的基础设施（如果适用）量身定制的，以提高效率。每个项目安全计划必须满足 ISO 26262 – 2 的目标。角色和职责必须明确分配：在项目级别，没有名字、名字缺失或有争议的职责的通用计划是不可接受的，在审核时应上报给执行管理层。该计划需要包括对相关项或要素的影响分析，以确定相关项或要素是全新开发，还是从以前项目中继承了某些内容。实践中，几乎所有的汽车项目都包含一些"复用"项目，复用内容也有一些修改或变更的环境。这些修改需要在影响分析中加以说明，以确定变更是否与安全相关，以及安全计划中应包括哪些对安全生命周期的定制。安全计划必须支持跟踪进度、分布式开发和创建安全档案，包括实现安全的论据、安全评估，以及决定所实现的安全是否足以证明批量生产和公开销售的合理性。实际上，这需要影响分析和计划保持一致性并对两者进行审查。例如，每个项目都可能是一种复用；只有微处理器是新的，软件经过修改以包含新的功能和接口，并且制造是在具有先进工艺的新地点进行的。每个生命周期阶段都会受到影响，但它仍然属于复用的范畴。

为了制订一个项目安全计划，首先必须存在组织规程、能力资源以及项目经理，而项目经理必须指定一个安全经理。如果项目是分布式开发的，客户和供应商都必须有安全经理。安全经理（除非指定了另一名安全经理，否则为项目经理）必须制订与安全活动有关的安全计划，包括按照 ISO 26262 – 2 的要求独立评估工作成果、审核以及最终评估和生产签核。当然，安全计划还包括实施安全活动。实际上，此安全计划内容通常包含在模板或工具中，并为项目量身定制。供应商可将 ISO 26262 中的部分工作成果内容分配给企业开发过程中已存在的工作成果。客户也可以做同样的事情。然后，客户和供应商的安全经理制定出一个有效的方法来满足他们的流程，以免增加成本。需要注意的是，有些产品开发工作成果可以被功能安全工作复用，而有些则不行。

4. 影响分析和安全计划

ISO 26262 范围内的每个项目，无论 ASIL 是何种等级，都需要在开始时执行影响分析，并在最高独立水平（I3）上进行独立评估。在实践中，执行影响分析的人员需要足够的产品领域知识和重要的安全分析能力。通常，安全经理会创建影响分析。即使部分已复用，但为了安全档案，也需要从复用的相关项中获得足够的文件，除非相关项是在 2011 年 11 月 15 日（ISO 26262 首次发布）之前开发的。因此，原版本中可能允许的条件预计将在相关项的后续版本中更正。相关项可能有允许调整的在用证明，虽然这在实践中有些罕见，不过更常见的是使用 SEooC，它允许在满足 SEooC 使用假设的情况下进行生命周期调整。

当根据影响分析对安全生命周期进行调整是合理的，那么就要逐个对工作成果进行调整，并对每一个工作成果的调整给出理由。在实践中，影响分析会参考企业已使用的工作成果，而非标准，并且直接应用相关调整。企业的工作成果通常比标准少，因此需要的理由也就少了。影响分析是不可调整的，它证明了安全计划的合理性。

至少在每个阶段开始时进行跟踪和更新安全计划。实际上，它在每次增量审核时都会更新，如果企业将安全档案状态集中起来供执行审查，则可能在每个报告期也会更新。这是因为，安全档案是使用每个阶段的工作成果和参数逐步构建的。尽早发现问题将有助于实现产品发布。

如果要及时完成安全档案，则需要及时通过认可措施。这里的实际困难是，不受项目经理控制的独立评估员如何能及时安排关键工作成果，并留出足够的时间进行评估和所需的任何返工。助理可以帮助有效地完成认可审查，但首席评估员要做出最终判断。还有一些简化高效审核和最终安全档案审查和批准的技术。在实践中，增量审核侧重于与遵守组织安全计划或政策、执行过程以及跟踪纠正措施和恢复计划有关的问题。这种增量方法解决了实际问题。发布时的对抗性拒绝通常是可以避免的，但它们仍然有可能发生。

安全计划还包含与生产相关的工作成果，如质量管理体系的证据。在实践中，这通常是通过参考质量体系认证来实现的，大多数汽车供应商会为用于生产相关项或要素的一个或多个设施实施质量体系认证。操作中需要有一个人负责功能安全。实际上，这可能是质量经理或工程师，或在工厂的客户或供应商联络人。尽管ISO 26262没有具体要求，但该人员需要进行安全培训以及产品安全培训，并在生产所在国和产品销售国进行有关产品安全法律方面的培训。此外，还必须满足服务和报废的安全要求。实际上，这是通过对用户告警和维修手册的说明来实现的，这些都是汽车行业的常规做法。客户希望供应商提供支持，汽车制造商通常也会提供支持。

B. 3　ISO 26262 – 3——概念阶段

1. 启动

ISO 26262 – 3 中的概念阶段从相关项定义开始。这是一份系统描述，用于开展进一步安全分析。在实践中，这通常是由系统工程部创建的，对于供应商来说，它应与传达给客户的信息保持一致，包括其在车辆级的预期性能。此外，任何适用的法规或标准、已知的危险、相关项的交互系统以及关于它们的假设（反之亦然）、功能分布、所需质量、性能（包括任何执行机构的能力、重要的操作场景和可用性）都包含在相关项定义中。立即完成相关项定义是很重要的，因为影响分析和所有其他工作成果都依赖于它，直接或间接地存在不一致的风险。实际上，在项目早期确定系统资源分配的优先顺序，这一点是有争议的。但即使是初版的分配方案也可以防止项目延迟，并且可以根据需要进行更新。

在概念阶段早期，还需执行危害和风险分析（HARA）以确定安全目标及其ASIL 等级。相关项定义是启动 HARA 所必需的。在实践中，许多 HARA 都是从正在修改的先前相关项中继承下来的；根据变更，HARA 是需要修改的，如转向系统和前照灯之间的附加接口，或转向系统上新的"失效可运行"要求以支持自动驾驶功能。此外，还需要制定安全目标，以便能够向下影响任何进一步的要求，或分配新 ASIL 等级给旧版要求，这些可能会影响项目的基本概念及其功能架构。

有时客户会执行 HARA，供应商也可以执行 HARA，或者他们可能有计划复用HARA。当这种情况发生时，单独的 HARA 很有可能第一次不完全匹配。该问题必须加以解决，以防止双方在安全档案中发生冲突。任何一方都不想改变，而且双方都可能觉得必须努力评估另一方的推理。关键是要考虑每一个被考虑的运行场景，并就严重性、暴露概率和可控性的评级达成一致。实际测试和交通统计数据可能会有所帮助，但如 SAE J2980 附件中所述，先前评定的 ASIL 等级通常会占上风。对于新特性、系统或功能，如 SAE J2980 中所述，考虑交通统计的危害和可操作性研究（HAZOP）方法提供了最彻底和最令人信服的 HARA。如果分析员倾向于分配一个比交通统计数据更高的严重程度（例如，如果失控造成的随机事故在7%的时间内导致死亡或危及生命的伤害，则为 S3，而不是 S2），那么暴露概率可能反映出暴露在导致这种伤害的场景增加（例如，是 E3，而不是 E4），这与 SAE J2980 指南是一致的。考虑 ISO 26262 范围以外的危害，但不考虑外部措施的失效。为顶层系统失效影响建立失效模式和影响分析（FMEA）时，应包括 HARA 中确定的危害。通常还有其他系统故障影响，相关的 FMEA 应保持一致。

合理可预见的误用是概念阶段的一个重要考虑因素。这与滥用不同，但很难区分。例如，可以预见，在驾驶辅助系统中，驾驶员可能会在系统旨在保持车道和跟车距离的情况下手离开方向盘。故障可能导致由于这种误用而失去对车辆的控制而发生随机碰撞。缓解措施是监测方向盘上的转矩，发出一段时间的警告，然后在发出足够警告的情况下禁用系统。这样可以将暴露概率降低到合理的水平。对此，也有一种滥用是将啤酒罐挂在方向盘上，故意破坏这种"失效安全"型缓解措施。这种行为被归类为滥用，而不是合理可预见的误用，在概念阶段不做进一步考虑。在汽车实践中，安全团队会与设计团队一起验证 HARA 和安全目标，进行独立认可，并与客户一起验证。安全目标可能是多个危害的结合，也可能非常细化，这是一种与复杂性的权衡，但任何一种方法都是可行的。

2. 功能安全概念

在 HARA 确定安全目标和 ASIL 等级后，SEooC 的客户或供应商就可以启动功能安全概念，以确定如何满足安全目标。整车企业通常（但并非总是）为一个相关项开发功能安全概念，因为整车企业可以利用各个相关项的独立性为它们分配需求。实际上，这通常是与供应商合作完成的（例如联合开发）。过去的经验允许大部分的功能安全概念得以复用，并对新的性能和功能进行更新。最后，必须确定功能、降级行为、为满足安全目标而设计的故障检测和控制、功能性设计的需求分配，必须确定验证准则。在实践中，由于经验或成本方面的考虑，一些详细的需求也被包括在内，这些需求其实属于设计的技术需求，而不是概念性需求；这些需求随后会成为设计约束。所有安全目标必须通过功能安全概念来实现。基于架构假设，将需求分配给架构元素。

功能安全概念必须至少（如适用）具有功能需求，规定故障避免、故障检测和控制或由此产生的故障行为的控制、安全过渡到安全状态（包括任何紧急操作、容错、降级功能和警告，以及 FTTI 和相关的检测和故障处理间隔），以及多个请求的仲裁。所有的操作模式和冗余都需要考虑。因此，即使是相对简单的功能安全概念也可能是复杂的，需要协作完成。在实践中，功能安全概念更为复杂，并被扩展到将管理特定应用程序需求的技术安全概念包含在内。驾驶员所期望的任何车辆行为都被记录在功能安全概念中。功能安全概念中规定了分配给其他技术的要求，如电子转向辅助系统出现故障时手动转向系统的可用性。实际上，如果整车企业的功能安全概念中缺少这些内容，供应商也会把它们添加进去。整车企业可能会增加更多的需求，其中一些非常详细。对于本质上相同的系统，一个整车企业的功能安全概念很少与另一个整车企业的功能安全概念相匹配。供应商需要管理这种复杂性，并为所有整车企业提供安全的系统。因此，供应商可以参考通用的功能安全概念，并管理其差异。

功能安全概念需要验证和确认。为了验证功能安全概念，通常需要进行危害测试，且以工程术语来定义危害。例如，可以将原型系统（如带有测试软件的转向系统）安装在等效车辆上，并对其进行测试以建立 FTTI。这可能是测试一个并不需要的全辅助助力脉冲需要持续多久时间，才会使车辆从指定的车道位置越过车道边界。每次测试时，脉冲以逐渐增加的增量加载到系统上，再以逐步增加的步进值从系统上移除，然后在每个脉冲后监控车辆位置几秒钟，而驾驶员则把手放在方向盘上。然后检查缓解措施，以确定当达到 FTTI 时，概念车是否避免了危险。如果没有，则对功能安全概念和原型系统进行改进，如缩短探测和响应时间，并重复测试。由于对设计的影响可能是重大的，所以这种危害测试最好在概念阶段的早期进行。实际上，供应商是在有代表性的供应商车辆上执行此操作的。危害测试会针对应用进行更新，而客户也会对此提供帮助。

B. 4　ISO 26262 –4——产品开发：系统层面

1. 技术安全概念

在功能安全概念完成后，可以开发技术安全概念。即使供应商对所开发的产品具有丰富的经验，在功能安全概念中解决了车辆结构和功能内容的影响之前，技术安全概念也是不可能完成的，存在出错的风险。然后可以确认设计架构，并可以引出技术需求并将其分配给架构。在实践中，技术安全概念的需求有三个来源：功能安全需求、设计分析得出的需求和从其他假设中得出的需求，如微处理器安全手册中给定（假定）的缓解措施。技术安全概念的特点是，它可以分解并分配满足功能安全概念的硬件和软件需求。实际上，客户的安全团队几乎总是对此进行审查。它是早期交付的产品，客户通常希望快速交付。

技术安全概念必须包含预防单点故障、潜在故障和相关故障所需的所有安全机制的需求。这些通常是通过单点和潜在失效分析发现的。但是，在需要技术安全概念时，尚未进行这些分析。如果相关项是修改项，则参考旧的单点故障度量（SPFM）和潜在故障度量（LFM）分析，并且可以在修改的基础上进行调整。另外，相关项对技术安全概念进行了定性分析，并在 SPFM 和 LFM 分析完成后进行了更新。技术安全概念还可规定防止相关故障或要素之间独立性的措施，以允许分解与 ASIL 有关的需求。可以指定其他系统的需求，但这通常需要更新功能安全概念。实际上，分配给其他项目的任何需求都需要与整车企业达成一致。例如，与其他项目的接口包括范围检查，以防止可能导致故障的错误传播，如转向系统对来自摄像头的车道保持辅助请求进行范围检查。这种检查通常是独立的，并且支持 ASIL 分解。

当包括满足 SPFM 和 LFM 所需的诊断时，还必须包括软硬件接口的详细信息以及操作模式，指定共享和独占资源的使用情况。必须满足所有顶层需求，才能设计硬件和软件。此外，在定义架构时，还需要指定生产、操作、维护和报废的需求。这些需求包括需要控制的特殊特性、为维护人员提供数据的诊断需求、确保项目安全维护和恢复安全运行的警告和说明，以及设计需求和报废说明，如与专用工具的接口用于在处置过程中展开安全气囊。在实践中，在其他安全生命周期阶段中会更新技术安全概念以及对生产操作、维护和报废的需求。它们可以在需求工具中创建：所有需求都需要验证，并且该工具具有可追溯性。

2. 集成、验证和确认

系统层面的另一个阶段是集成，这需要集成策略和验收标准。实际上，这是通过三个步骤完成的，非常类似于标准中的描述。软件集成在一起后，将集成的软件再集成到硬件上。所有软硬件接口均已验证，这通常是在所有安全机制都得到验证时发生的，例如，通过故障注入实现。同时，还确定了启动和关闭的安全机制，并可以模拟和验证通信接口，包括损坏的消息和卡滞的消息。任何其他的软件安全需求也将得到验证。策略中规定了验证方法，因此它们符合 ISO 26262。这些合规的验证方法可以在需求工具中捕获，也可以作为参考的单独文档使用。当所有这些都查证后，如果需要其他系统来创建相关项，则可以连接它们。可以验证系统间诊断和安全状态，并根据需要提供不同的代表性标定量。当项目最终完成并得到验证时，它可以在车辆级别与其他项目集成，这与以前的集成方式基本相同，但通常与整车企业一起完成。在不同的操作模式下，车辆正常行为和极端行为都可以得到验证，该验证可以避免进行错误检测。

通常在车辆上执行验证程序，验证程序必须包括确认每个安全目标是否实现的方法。在实践中，这通常是使用来自 HARA 的危害来执行此操作，并与客户一起执行。在不同条件下注入故障，并评估可控性。例如，在转向操作过程中可能会注入导致失去转向助力的故障，驾驶员控制车辆并保持在车道上。必须事先确定测试程序和通过/失败标准，并使用这些标准评估结果。

B.5　ISO 26262 –5——产品开发：硬件层面

1. 需求和架构

安全生命周期的硬件开发阶段详细介绍了技术安全概念的硬件实现，分析了硬件设计中潜在的故障及其影响，并与软件开发相协调。硬件阶段从详细介绍安全概念中的硬件要求开始。实际上，许多汽车驱动硬件是对先前汽车硬件的修改，这可以缩短工作时间，以确定技术安全概念中的哪些要求已更改、由于其他原因在硬件中计划进行哪些更改，然后，从影响分析来看，在硬件生命周期中需要更新哪些内容，包括工作成果。如果新功能需要新的硬件，则与该功能相关的硬件的技术安全需求将被分解为可用于设计和验证的硬件需求。例如，如果硬件有一个新的微处理器，则需要指定所有的安全假设。在新的设计中，会得出所有详细的硬件需求。明确规定软硬件接口，并与软件开发进行沟通，对其进行验证。

硬件设计始于硬件架构设计。所有硬件需求都分配给架构要素。除非满足独立性需求，否则分配给要素的需求中最高的 ASIL 等级决定分配给要素的所有需求的 ASIL 等级。实际上，这尤其适用于具有不同 ASIL 的几个安全相关需求以及一些非安全相关需求的定制集成电路。最高 ASIL 等级适用于所有需求。这可能会影响验证方法，如果没有通过级联失效的相关失效分析（DFA）建立独立性，则必须使用这些方法。大多数硬件组件不需要分配 ASIL 等级。该架构考虑了 SPFM 和 LFM 的目标，以及对随机硬件失效概率或组件故障率等级的要求。实际上，这些度量可以在选择硬件设计组件的标准中发挥重要作用。硬件架构设计考虑了系统性失效原因，如温度、振动、水或其他液体的进入（如果相关）。可以在验证之前运行特定的测试，以评估系统性原因，如侵入。环境会影响测试，例如，如果外壳泄漏盐水，则可能发生多个短路，并且需要采取特殊措施。

预期对硬件设计进行安全分析。实际上，早在 ISO 26262 之前，FMEA 就已经应用于汽车的硬件上了。有时 FMEA 是真正的设计 FMEA，例如，预防措施是规范，检测方法是分析和测试；有时 FMEA 是现场 FMEA，检测方法是诊断；或者也可以是现场 FMEA 和设计 FMEA 相结合。越来越多的硬件 FMEA 正在成为真正的设计 FMEA，以检测由于设计过程引起的系统故障；现场 FMEA 被 SPFM/LFM 分析取代，因为诊断是多余的，而 SPFM/LFM 分析可以提供更多信息。同时，也会执行归纳分析，比如定性故障树分析（FTA）。

在分析确定安全机制后，必须证明它们能够足够快地工作，以满足故障处理时间间隔或未超过 FTTI。实际上，在危害测试期间的概念阶段有时会出现这种情况。在沿用安全机制的产品中，无需进行很多测试来确定 FTTI 是什么，而是注入故障，并确定是否在车辆级别避免了潜在风险。然后，在设计过程中，将重新验证其余安全机制的时序。这样就创建了所需的安全证据。此过程比重复进行风险测试以确定 FTTI 更为有效。

所有硬件安全需求都需要验证。实际上，通常在需求工具中捕获执行此操作的方法，并将其链接到需求端以显示可追溯性。这不仅需要安全机制，而且还需要软硬件接口，包括可评估范围内和范围外信号的缩放比例，以及设计中包含的任何 SEooC 的假设。模拟通常用于支持设计审查：它们允许审查公差分析，并且证据可以支持安全案例。安全案例需要可检索、可参考的文档。

由于对硬件设计进行过分析，因此确定所审查的设计特征对于生产是否至关重要是汽车行业的惯例。实际上，图样中已经包括许多关键特性，如传感器的校准。另外，当执行硬件 FMEA 时，可以建立标准以使特性成为特殊或关键特性的候选者。如果是这样，则必须建立生产标准。实际上，这是在企业或产品线级别进行的，以便获得一致的判断和流程。通常需要对过程进行统计控制，并针对特殊或关键特征制定更为严格的统计标准。硬件零件或批次的现场可追溯是汽车实践中常见的，此类惯例符合 ISO 26262 - 5 要求，并长期存在。

2. 单点故障度量（SPFM）和潜在故障度量（LFM）

ISO 26262 引入了汽车行业特有的硬件架构度量。现在，它们已经成为普遍做法，并且几乎总是在审核中进行审查。在评估用于汽车项目的 SEooC 时，它们是至关重要的考虑因素。即使对于之前根据 IEC 61508 执行过 SFF 的汽车从业者，SPFM/LFM 也有不同之处。例如，双通道冗余架构可以分解为两个 SIL2 通道，每个通道的 SFF 为 90%，适用于容错为 1 的 SIL4 系统。同样的架构，参考 ISO 26262，将需要显示 99% 的 SPFM，同时考虑两个通道和 90% 的 LFM。实际上，硬件架构度量是非常重要的。通常，为了减少工作量，在执行分析时会考虑一次违反一个以上的安全目标。这样一来，就可以将 SPFM 和 LFM 重复用于多个客户，因为对于同一系统，不同客户的安全目标通常表述不同。其结果是更加保守的分析。分析工具还可以提高效率，并具有内置的可靠性参考。有时使用现场数据，特别是来自 IC 供应商提供的数据，因为它比参考数据更准确，瞬态故障率尤其如此。SPFM 和 LFM 的目标可以来自 ISO 26262 - 5 中的表格，也可以来自现场的类似可信项。要确定基于现场系统的目标，将需要对现场项目进行 SPFM/LFM 分析。因此在实际中，该表格几乎总是用于设定目标。

3. 随机硬件失效

除了 SPFM 和 LFM，还必须评估由于随机硬件失效导致违反安全目标的情况。虽然执行此评估可能想到的方法是硬件的量化故障树，但通过在安全工具（如电子表格或商业工具）中计算 SPFM、LFM、失效率等级以及由于随机硬件失效而导致的故障概率，可以提高效率。然后每个组件只评估一次：可以确定安全机制，同时考虑所有度量要求。制定标准以突出需要进一步考虑的潜在问题。随机硬件故障概率度量（PMHF）的目标是从现场或表格中的可信设计中确定的；实际上，它们通常是从表格中选择的。除了 PMHF 之外，考虑每个单独组件的诊断覆盖率和残余危害故障率的割集法或第二种方法也得到了一些供应商分析师的青睐，并逐渐被传统上依赖 PMHF 的客户普遍接受。如第 9 章所述，召回通常不是由"随机"硬件故障引起的。供应商可能更喜欢第二种方法，因为它有助于隔离和解决单个组件的潜在问题，并制定措施来防止"不良批次"零件引起现场问题。另外，第二种方法比PMHF 更容易维护，因为只有受变化影响的部分才会被重新分析。如果将多个系统组合成一个项目，则 PMHF 需要分配目标，而第二种方法则不需要。然而，由于许多实践者使用 PMHF，因此这一情况可能会一直存在。

4. 硬件集成与验证

从 ISO 26262 发布之前的很长一段时间起，硬件集成和验证就一直是汽车实践的重要组成部分，结果始终由客户审查。硬件电路有大量的重用，无论是非正式的还是通过正式的过程。因此，在测试组件之前，需要集成新的和可重复使用的硬件。如果合适，则将按分层结构执行。在硬件验证期间执行功能测试和环境测试已经成为汽车行业的惯例。现在，测试已可以追溯到所有需求，并且分配了测试用例以验证所有安全要求。通常在设计验证开始之前就对它进行审核，包括故障注入测试。其他测试用例是根据标准和过去的经验分配的。考虑到每个 SEooC 的验证证据，纠正措施可能会导致修改和重新测试，并需要恢复计划。

B. 6 ISO 26262 –6——产品开发：软件层面

汽车软件的开发可能是汽车项目中劳动强度最大的部分。车辆上有大量的安全关键软件。开发此软件需要开发体系架构，并协调系统设计专家、硬件设计专家、安全专家、网络安全专家和许多软件设计工程师的工作。所有学科都必须使用兼容的工具，包括系统和软件建模工具。该软件需要按照一致的准则和标准进行设计，包括样式指南、命名约定和一致使用的防御性编程技术。同时需要注意流程和任务的并发性，并了解接口信息。

1. 软件开发流程

软件开发通常遵循经典的 V 模式，但是也采用了敏捷开发过程。尽管如此，软件开发通常要经过汽车 SPICE 标准的独立审核，达到要求的成熟度是供应商要获得未来配套/采购业务所必须满足的条件。软件计划（包括验证）是基于与硬件和项目其余部分不同的计划进行的；与硬件开发和交付计划的协调是软件开发计划的一部分。该软件计划可用于计划工作成果和工作过程是否符合 ISO 26262 – 6。

正如汽车 SPICE 成熟度模型的部署和严格执行所期望的那样，汽车软件开发是由需求推动的。软件安全需求是从技术安全概念中得出并完善的。此外，还规定了满足具有所需属性的产品功能的软件需求，以便满足安全需求。例如，传感器的缩放和控制缩放有助于安全机制检测到故障。指定软件需求以符合软硬件接口的需求。这些需求中的每一个都必须有一个分配给它的验证方法和标准，还必须指定架构需求，包括分解有关 ASIL 的需求所需的任何独立性需求。需要 DFA 来支持 ASIL 分解，因为硬件通常为独立性提供支持，而这包含在 DFA 中。

软件需求需要包含由软件安全分析得出的需求、从硬件安全分析得出并分配给硬件的假设，以及从设计中使用的任何 SEooC 的假设得出的需求。例如，指定了启动和关闭诊断的需求以控制潜在故障。通常使用工具来管理软件需求，这些需求可以直接链接到软件的技术安全需求。在汽车实践中，会对这些需求进行审核，寻找完整性的证据，并检查可追溯性。

2. 软件架构

实际上，汽车中的软件架构通常使用半形式符号来定义。有一些工具可以支持此功能，但并非所有工具都可以无缝兼容，因此需要进行一些折中。其优点包括保持对需求数据库的可追溯性，以及对安全分析和文档的支持。尽管该软件可能很复杂，有时需要支持多个处理器和多个内核对，但可以从分层架构中深入理解。这样可以对审核员和客户进行审核和演示，并有助于避免系统性错误。当需求易于追踪时，便建立了信任。工具和分层架构有助于追溯。证明需求可追溯性的完整性需要度量标准，该度量标准也可能受工具支持。

关于架构的好坏，有很多衡量标准：复杂性度量可能是客户需要的，调度分析几乎总是需要的，并且架构应该向下延伸到软件单元。传统的良好实践是被期望的，如大小限制和封装。架构的可测试性是一个考虑因素，ISO 26262 对测试覆盖率有安全要求。此外，在汽车软件中通常提供软件应用程序中支持的不同型号的校准。这些校准也必须是可验证和可维护的；否则，可能会出现现场问题。

在建立了架构并定义了单元之后，在单元设计中实现了对单元的需求。在实践中，这些单元是从另一个设计继承来的，可以手工编码，也可以使用在基于模型的设计中生成的代码来实现。如果是后者，那么 ISO 26262 的要求适用于模型。否则，它们将应用于代码。这些要求是普遍接受的。

3. 验证

尽管在 ISO 26262 中定义并使用了其他验证方法,但对每个软件单元进行软件单元测试是汽车行业的常规做法,还验证了安全机制以及与硬件和其他单元接口的测试。由于基于模型的开发方法变得越来越普遍,所以背靠背测试经常被使用。通常,单元验证不在目标环境中进行,例如,可以在模拟器上进行,并且可以证明与目标环境的差异是合理的。在单元级别验证分配给该单元的每个需求:生成测试用例并将其链接到该需求,设置通过/失败标准,确定 MC/DC 覆盖范围的度量标准,并记录结果。

软件到软件的集成是汽车行业的常见做法。除已测试的软件单元外,软件集成测试通常还包括项目中其他供应商的软件以及客户的软件。这是未经集成商进行单元测试的黑盒软件,因此集成商必须依赖其他供应商或客户执行的测试。如果所有要集成的单元和其他软件均已建模,则对模型执行集成测试,然后在集成测试后生成集成代码。在实际代码上执行集成测试仍然是汽车行业的惯例。通常在目标处理器或要使用的处理器的仿真器上执行此集成,计划集成步骤,并验证安全机制。该架构经过验证可以满足功能要求。它可以纠正任何故障、异常以及不必要或意外的行为,并解决由于软件无法访问而引起的问题,并删除所有临时测试软件。

汽车实践中故障设置用于软件集成的方法通常符合 ISO 26262 – 6 的要求。在软件集成期间验证软件需求并记录结果,然后将其追溯到已验证的需求。这在软件集成上比在硬件 – 软件集成上更实用,并且为排除硬件 – 软件集成中的异常提供了基准。资源使用情况可以在软件集成以及时间上确认,执行故障设置,包括定时故障(如果适用)。建议进行背靠背测试,这对检测软件工具引起的任何故障都很有用,同时控制流和数据流也得到验证,其他技术也可以用于验证。

集成测试用例在集成测试之前导出,并指定通过/失败的标准。汽车实践是在执行集成测试之前进行安全审核,并检查这些测试用例以及通过/失败标准的可用性。当需要许多标定组合时,几乎总是使用等价类,它们提高了测试的效率。对已知或过去的错误进行测试,这些错误可能会被忽略,或者与需求没有直接关联,但可能会导致过去不需要或意外的行为。这种意想不到的行为可能是由于过去没有预见到的误用或其他一些异常情况造成的。即使最初的问题被纠正了,也必须通过永久性纠正措施来强制执行此类测试。

为了表明需求覆盖的完整性,需要对链接的和未链接到验证方法的需求数量以及已通过或失败的验证方法的数量进行度量。几乎可以肯定,这可能会在内部以及由客户进行审核。汽车安全系统有很多需求,通常,由于多种安全需求获取措施以及遗留需求的保留，存在重复的需求。因此，在确定完整性和测试范围时，工具和系统的审查可能会减少安全需求的数量。通常，这种减少不是汽车安全审核中的问题，而是审核员的期望。它还测量了结构覆盖率和呼叫覆盖率，其目标是获得完整且经过验证的需求，而遗漏的需求可能导致召回。

在汽车实践中，测试嵌入式软件至关重要。汽车供应商在测试环境上进行大量投资以确保嵌入式软件验证为批量生产和公开销售与安全相关的系统（如制动和稳定性控制系统）提供足够的信心，这并非罕见。通常，这样的测试环境支持循环测试中的所有硬件，以确保嵌入式软件与用于执行测试用例的工具和有代表性的非车载系统硬件集成在一起时，能够按预期运行。这包括代表性的电子控制单元硬件和车辆通信环境。如有必要，可使用实车，否则可用模拟仿真代替。

尽管标准只强烈推荐针对 ASIL D 需求的故障注入测试，但该嵌入式软件的测试几乎总是包括故障注入测试。确定测试用例的方式与确定软件集成测试的方式几乎相同。等效类用于确保其充分覆盖了所有标定组合。验证不同的运行模式，包括启动和关闭模式，以及在指定的降级运行模式下运行；这些降级模式由另一个系统的降级模式触发。当其他电子控制单元与被测软件通信时，可能在车辆上启动了验证。需求测试覆盖率得到了保证和评审，同时也得到了审核。

基于模型的开发在整个汽车软件开发过程中以某种形式被广泛使用。ISO 26262-6专门提供了一个附件，用于解释实施基于模型的软件开发的好处和注意事项。工具可用于支持不同级别的基于模型的开发，从而得到更广泛的使用。一旦捕获了软件需求，它们就会以支持软件开发的方式进行建模。例如，在某些情况下，模型的架构可能反映软件的预期架构。需求直接从需求数据库导入模型。这支持从先前开发的现有模型中识别需求的差异。在其他情况下，需求直接捕获在模型中，可用于根据ISO 26262管理需求制定的实用程序。

对需求进行建模后，将生成测试向量以获得所需的覆盖范围。这些向量用于测试嵌入式代码，并与模型结果进行比较。由于这将检测诸如编译器之类的中介工具的错误，因此不需要对这些中介工具进行限定。如果模型是可执行的，那么它也可以用于代码生成。正如 ISO 26262-6 所建议的那样，通常很难对安全机制和其他要求进行建模。然后可以用手工编码软件补充模型生成的软件，这是一个实用的决定，并不罕见。

如前所述，在生产汽车软件中使用配置数据和标定数据是常见的汽车实践。因此，ISO 26262-6专门制定了一个规范性附录，以规定本规程的安全要求。可配置软件和配置数据在操作中结合，以生成安全相关的应用软件。然后，该应用软件针对车辆的构建进行标定。例如，为具有特定功能的车辆模型配置稳定性控制系统软件；再如带有电子驻车制动器的中型车辆，并针对该内容的单独选择进行标定；还如针对特定发动机选择标定稳定控制系统软件。实现软件构建和标定的任何步骤中的错误都可能导致潜在的危险情况。使用确保配置有效和正确的保护措施。同样，标定被验证为有效的、与配置兼容且正确的，这种合理性检查是常见的做法，且数据可以冗余存储和比较。

ISO 26262 - 6 提供了免受干扰的指南。这对于汽车软件尤其重要，因为在软件中，与 ASIL 相关的需求分解是常见的做法。这种做法需要 DFA 保证的独立性。建议在架构级别进行分析，以确定架构是否会传播错误，并建议进一步进行 DFA。在汽车实践中，这样的软件系统级分析经常被执行。对于由诸如锁死、非锁死等引起的相关故障，可通过软件来分析硬件故障的反应。指导词用于构建要素的每个输出，就像在 HAZOP 中一样。硬件和软件手段支持对潜在相关故障的补救措施。例如，考虑只读存储器中的一个故障：通过软件校验检测到此类错误，并且触发处理此类错误并获得安全状态的软件。但是，如果错误出现在处理此类错误的软件中，则会出现导致故障的常见错误。补救方法是提供冗余软件来处理内存错误。类似地，锁死和非锁死可以阻止软件的执行。一个安全的操作系统能够确保及时执行，例行的细节被输入系统中。然后，将这类故障从指导词中删除，从而使分析效率更高。此外，硬件配置也可以隔离内存访问并提高独立性。

B.7 ISO 26262 - 7——生产、运行、服务和报废

1. 质量认证

汽车企业通常被认证为符合 IATF 16949 标准。此质量认证可确保企业具有适合生产拟安装在汽车中的与汽车安全相关的产品的流程。经认证符合 IATF 16949 的要求被视为充分的证据，并且在安全档案文档中通常被称为质量体系的证据。这也是成功获得许多汽车业务的前提：客户可能需要质量认证并进行其他审核。

ISO 26262 - 7 审核要求广泛的汽车操作规范以确保所生产产品的安全性，而汽车行业为此目的实施了广泛的保护措施。这些措施始终包括对图样中包含的特殊和关键特性的控制以及支持所生产产品的规格，包括在产品中使用零件的特殊和关键特性。此外，还实施了符合 ISO 26262 - 5 规定的与这些零件相关的专用措施，例如，通过老化设施或要求零件供应商提供符合这些特征的证书，并进行监督审核。

2. 安全说明

安全要求也包括在装配说明中，例如，传感器安装说明。处理要求包括安全要求，例如，如果组件丢弃该怎么办，或者零件可以存储多长时间。产品的每个配置都参考了安全性要求，例如，每个不同的软件版本都允许使用哪些标定。如果导致现场行动的生产实践适用于产品，则永久性纠正措施适用于当前产品。

为生产人员提供培训是汽车行业的惯例，其中包括实施安全要求的说明。所有这些步骤都必须在生产开始前进行规划，包括工具、满足关键特性的能力和培训。该计划在生产开始前实施，而生产计划在开发中开始。

该计划不仅包括工艺流程和说明，还包括可追溯性和工具。制定所有实施计划的专门措施。一般的汽车工艺是使用工艺失效模式和影响分析（PFMEA）来分析工艺失效。安全经理经常将 DFMEA 中的影响严重程度与 PFMEA 中的影响严重程度进行比较，以确保一致性。当在过程失效模式及后果分析中发现高严重性影响时，应将缓解措施纳入控制计划，如防错措施以及更严格的统计控制措施，并考虑以过程为中心。配置和加载软件的过程总是要经过仔细检查和审核的。制造工程通常与开发工程保持联系，并提供反馈，以确保设计能够安全有效地生产。PFMEA 几乎总是与客户一起审查，但由于保密性，它几乎从未提供给客户。

在汽车行业，生产前的样品通常被称为 C 样品。这些样品是生产工具和工艺的副产品，整车企业经常使用它们进行车队测试。为了生产这种具有生产代表性的样品，可以使用生产模具供应商提供的非生产节拍或生产节拍的零件。例如，供应商提供的小齿轮和齿条可以在工具转移到电动转向生产线之前在一级供应商处使用。与在线控制类似的质量控制可以应用于装配控制。其结果是生产用零件：C 样品。

汽车行业特别注意维护、维修和处置的说明。维修并不总是在汽车制造商的设备上进行，因此这些说明是为更广泛的技术人员编写的，并附有警告和符号，以提请注意关键的安全说明。允许的软件配置是一种特殊的配置，因为硬件是相同的。例如，电动转向稳定性控制会针对每种车辆配置和内容进行专门调整。通常，诊断代码用于帮助维修，并在维护手册中作为参考，为安全维护提供了具体说明。未禁用的系统被指定，例如，由于监管要求，不允许禁用稳定性控制。安全更换零件也被指定，例如，某些系统或配置不建议使用某些售后零件。通常，维修由维修人员用于诊断的跟踪现场服务代码以及其他现场监测方法进行监测。处置指示也被广泛传达。维护和处置都需要专用工具，例如，气囊展开需要专用工具。出于安全原因，还要包括必要的预防措施警告。

在用户手册中包含大量信息是汽车实践中常见的。通常还包括一个快速指南，以及广泛的手册索引。功能、预期目标、警告和驾驶员责任都包括在内。警告包括由于天气状况，驾驶辅助功能将受到限制。通过显示信息或其他驾驶警告（如声音、灯光和符号）来补充和加强这些警告并不罕见。例如，如果驾驶员未握住方向盘且车道辅助系统已启用，则可能会发出警告声音和图像，这会在系统禁用前几秒钟发生。在自动驾驶系统的某些情况下，如果自动驾驶系统发生故障，预计驾驶员将使用驾驶员监视器来接管自动驾驶系统，例如，方向盘上的传感器以及监控驾驶员警觉提示的摄像系统。如果需要，则将提供警报，并恢复驱动程序。

用户手册中的警告提供了有关必要维护的信息。电子系统通过在传感器出现故障，或者在转向系统、稳定性控制系统或安全气囊系统检测到需要注意的问题时提供警报来补充这一点。如果忽略警告，则系统将被禁用。用户手册提供了有关干扰车辆功能的第三方附件信息，如使用摄像头、激光雷达或雷达系统。如果由于堵塞导致传感器性能下降，则系统将无法正常工作，并将产生声音或视觉警报，以通知驾驶员。

3. 生产计划

在实践中，生产计划的实施是严格的和经过审核的。例如，当我们审核 PFMEA 和规范并走上生产线时，不仅要检查规范是否存在，还要检查它们是否得到维护。该过程不仅针对指定的控制和能力进行审核，还针对不合格和返工零件的处理进行审核，以确保它们不会混淆。此外，还要对测试设备进行维护审核，并观察静电放电（ESD）的做法，包括在进入生产区域之前对设备进行单独测试。一般来说，ISO 26262－7要求的实践似乎与常见的汽车实践一致。汽车安全专家对此进行了辩论，并达成了共识。

此外，一级供应商经常向车辆制造企业提供有关其所提供相关项的处理和安装的信息。特别注意要确保车辆制造企业正确进行了配置和标定。与此相关的过程也将被联合审查。必须仔细管理一级供应商和车辆制造企业的更改以实现兼容性。如果处理不当（如组件掉落），则可能导致安全问题，一级供应商有责任向车辆制造企业发出警告。二级供应商也是如此。电子元件易受静电放电影响，但故障发生的时间较晚，因此会发出警告。拆卸和报废也同样受到重视。例如，在有气囊系统的情况下拆解转向柱或方向盘时，必须特别小心。供应商的行为源于对安全和使顾客满意的热情关注。此类行为符合 ISO 26262－7 的要求。

B. 8　ISO 26262 – 8——支持过程

ISO 26262 – 8 规定了安全生命周期所有阶段的通用安全区域需求。虽然这样可以避免重复，但也需要增加交叉引用，以了解每个阶段的所有需求。然而，一旦理解了支持过程的需求，就丰富了所有适用阶段的知识。如果过程是在项目级实现的，那么支持过程的许多需求是独立于阶段实现的。在实践中，实现合规性是每个阶段和项目层面合规性的融合。通常，每个域（如软件和硬件开发）都有支持许多项目的域级过程。在汽车实践中，这种组织的变化并不罕见；项目控制着计划和关键节点。

1. 分布式开发

分布式开发是常见的汽车实践。当客户（如车辆制造企业）评估潜在供应商并提供报价请求（RFQ）时，通常包含满足指定 ASIL 安全的要求，并且可能确定也可能不确定这些要求。作为采购流程的一部分，有采购前进行审核、问卷调查或两者兼而有之。在极少数情况下，采购订单还包含与安全或 ISO 26262 相关的条款或条件。这意味着，选择供应商的标准是基于供应商满足具有特定 ASIL 属性要求的能力。交换一份拟议的文件清单，并为每个文件分配责任。如果存在保密问题，例如与 FMEA 有关的问题，则应进行协商，或者进行联合评审。有时供应商的内部审核评审报告会与客户共享，尽管客户仍将安排附加审核。实际上，供应商和客户在DIA 之前执行 HARA 或部分 HARA（应用特定特征的危害分析除外）并不罕见。客户可以指定由客户提供 HARA；如果是这样，则供应商通常通过将其假定的安全目标映射到客户的安全目标来解决与客户的差异。如果客户和供应商之间的 HARA 差异在审查后无法解决，则供应商应在安全档案中添加注释，以在不产生影响的情况下解释可发现的差异。这种注释对双方都有价值。如果任何一方都没有预先存在的HARA，则由双方共同执行或由客户指定的一方执行。供应商提供报价时，至少需要对安全目标和 ASIL 有一些理解或假设，包括遵守这些安全要求。

一旦 DIA 获得同意，双方将按商定的时间表执行。在实践中，为了在设计阶段或更早的时候达到技术安全要求和详细的安全要求，通常会安排大量的前期工作。这可能是一个挑战，除非大多数需求是从以前的应用程序继承来的；项目开始时需要增加资源，而不是增加资源可用性；许多需求是从设计的安全分析中派生出来的，如设计 FMEA、SPFM、LFM、FTA 和软件安全分析。在设计阶段提出的这些需求可以在分析完成后通过需求的更新来适应。

一些变更请求和设计修改需要在开发期间进行管理。如果由于需求的可用性而造成延迟太大，则在验证期间需要进行计划。为了降低这一风险，汽车供应商甚至在一级供应商层面开发 SEooC。它可能有可选的配置，以适应尽可能多的潜在应用，但在分析、需求和适用于预期应用的验证方面有一个领先的开始。二级供应商尤其如此，如硅供应商，设计和验证是非常耗时的，预先开发可以降低进度风险。

在开发过程中，客户安全经理和供应商安全经理要保持沟通。实际上，在 DIA 同意之后，这样的交流就不那么频繁了。如果双方都有问题，则要及时沟通，共同处理。双方都要认识到这一行动的重要性。此外，对安全措施的需要，以及对供应商项目范围以外的项目所做的安全相关假设，也要进行一些正式的沟通。这为双方提供了沟通和合规的证据，从而提高了安全性。

尽管 DIA 中的功能安全评估可由任何一方根据 ISO 26262 – 8 进行，但实际上，在实践中，证据是逐步积累的，体现在供应商提供的安全档案论证文件中。如果供应商有一个安全组织，其中包括项目的评估员和审核员，则在提交给客户之前，由他们进行审查和批准。在某些情况下，这是在开发过程中逐步完成的，但这些报告最多是临时报告，直到所有证据都可用为止。根据需要，生产、现场监测和处置安全证据是安全档案的一部分。客户在积极参与和使用过程中审核，并安排最终审核以评审安全档案。有时使用第三方审核师的审核报告作为证据。

2. 需求

ISO 26262 – 8 对安全需求提出了要求。在汽车生产实践中，需求管理已成为产品开发的首要任务。在汽车实践中，这种以需求为基础的开发文化趋势，部分是优先考虑将汽车 ASPICE 成熟度级别作为项目定点的条件。在向学生讲授 ISO 26262 的介绍时，我们强调 "这都是关于需求的"。系统需求与安全需求分别由客户评审，并且客户使用不同的人员进行评审也并不罕见。用于管理需求的工具通常与安全相关需求和其他功能需求的工具相同；它们都是基于模型的，但通常需求位于数据库中，便于管理。不过其中存在一个问题，ISO 26262 要求需求具有不同的必需属性：唯一标识符、状态和 ASIL。由于需求数据库在全球企业中共享，并且由非安全人员选择和管理，确保这些属性的可用性是一项挑战。尽管如此，汽车行业仍在遵守这一规则。通常，每一次安全审核都会检查需求的可追溯性，从而推动合规性。

3. 配置管理

项目和文档的配置管理是汽车行业的常见做法。在产品投入生产和公开销售多年后，必须能够检索产品构建（包括软件）的文档。因此，汽车实践往往包括在文件系统和工作流程中使用的安全档案文件，如工作成果和分析。由于某些安全档案文件需要独立评估，这可能导致仅针对这些工作成果修改流程的问题。尽管如此，汽车行业还是应在内部进行管理，以供客户审查。有时需要使用特殊工具来管理安全工作成果的配置，这些工具包括维护或引用模型的设施，以及链接分析以提高执行效率的设施。但是，工作成果是集中存档的，以便方便地支持每个应用程序。对于某些工具，可以从模型和分析中自动生成用于工作成果的文档。

每一个汽车产品开发都有一个管理变更的方法。ISO 26262 - 8 标准要求这些变更还要考虑对安全的影响和对安全工作成果的影响，并由安全经理评审。在实践中，这会导致传统的变更管理流程发生变化，该流程不需要进行评审，但需要考虑对安全的影响，如 FMEA。有些项目让安全经理评审所有更改，或者让工作流中的其他人在适当时通知安全经理。确保安全不受产品变化的影响是汽车行业的一个高度优先事项，通过修改工作流程，可以实现更高效的合规性。

4. 验证

ISO 26262 - 8 讨论了使用不同的方法验证工作成果，包括测试和每个阶段的计划验证。在实践中，工作成果的验证依赖于一个强有力的过程，以便对文件进行适当的审查。对 B 样品（设计意图样品）进行验证测试，以及分别验证软件和硬件是常见的汽车实践。工作成果的验证由领域专家在提交独立评估之前形成。这需要纪律，因为有来自客户 DIA 和内部项目度量的进度压力。返工发生在验证和评估之后，这是一个进度问题。为评估队列和返工分配时间会减少验证机会。为了验证需求，汽车实践在很大程度上依赖于使用可跟踪到需求的测试用例进行测试。多年来，由于改善了工程质量支持以及内部和外部安全审核，汽车实践在这方面有所改进。这些审核必须始终检查需求验证，这对安全至关重要。

5. 文档

ISO 26262 - 8 中有文档要求，与配置管理要求齐头并进。汽车行业的实践是维护文档化流程以支持每个企业的既有策略。与配置管理过程（例如，使用特定工具的软件配置管理过程）一起，可以为每个发布的产品提供清晰的文档，包括图样、规范和安全工作成果（如安全分析）。本文档支持安全档案。文档可以在带有安全参数的摘要安全档案文档中引用，然后检索以提供所需的完整证据。每个文档的更改历史记录可以查询到，证明安全档案在产品发生更改（如已部署软件的更新）时已更新。当在已成功发布的车辆上对某个相关项进行微小更改时，如稳定性控制系统，这可能是有用的。变更在每个受影响的文件中获得批准，以支持安全档案。

6. 工具分类和鉴定

汽车开发通常使用大量的软件工具。这些工具的范围从模拟工具（也可生成应用软件代码）到用于安全分析的扩展表。ISO 26262 – 8 要求对这些工具进行分类，并在需要时对其进行鉴定。为了避免工具鉴定的费用，许多开发过程被用来检测由工具插入产品中的错误，这可能导致违反安全要求。例如，在基于模型的开发中，建模工具是合格的，因为它是按照标准开发的，如果按照手册使用，则输出代码是可信的。如果基于模型上获得的覆盖率将测试向量应用于嵌入代码，则编译器不需要进行限定，这允许使用最新的处理器并确保能检测到错误。

对于更简单的工具，开发人员可以通过运行测试用例来执行鉴定。通常，内部资格认证由企业中的一个中心组织执行，以便分发合格的工具。这避免了执行所需工具鉴定的每个项目的费用和进度损失，然而，这可能很难保证通用性。尽管如此，使用工具鉴定的中央存储库仍是一个有竞争力的项目，就像有一个独立的中央安全审核和评估小组一样，避免了多余的工作。但是一些复杂的工具是通过外部认证的，或者通过认证获得的，以简化整个企业的运转流程，并提供工具的通用性。

7. 合格组件

在汽车开发中，有时将合格的软件组件用于特定目的（如操作系统）会更有效。在实践中，完成此操作后，运行环境必须符合软件合格使用的规定。此外，用于合格软件的编译器需要与要在其上使用的应用程序中使用的编译器相同。所有这些都在合格软件的规范中说明。一般来说，资格认证由符合 ISO 26262 – 8 要求的第三方进行。系统供应商通常不会自己对软件进行认证，他们通常会购买合格的软件来支持安全档案。

ISO 26262 – 8 的第一版在提出硬件组件的鉴定要求时有些含糊不清。很明显，I类部件，如电容器和电阻器，除了一般的汽车质量实践外，不需要特殊的安全认证。安全方面按照 ISO 26262 – 5 的要求进行处理。II类和III类部件比较难解决。在第二版 ISO 26262 – 8 中，硬件组件鉴定要求的清晰度得到了实质性的提高。三级电子元件供应商和二级供应商广泛参与了这些要求的重新起草。因此，II类和III类部件的认证在汽车实践中得到了更广泛的应用，它们管理分类的需求更加清晰，限定也更加简单。

当传感器等部件将用于多种应用的多种开发时，对其进行鉴定是一种常见的汽车实践。一些一级供应商通过不断改进和更新组件来保持最先进的效率和性能。然后，这些部件根据 ISO 26262 – 8 进行鉴定，并具有足够的安全证据，可在其预期应用中使用。这在不影响安全的前提下降低了企业的总体资源消耗。在某些情况下，可以在特定的项目中使用Ⅲ类组件，如没有安全手册的商用微处理器。第二版 ISO 26262 - 8对这种情况所需的证据和理由提供了更清晰的说明，并指出这不是首选方法。在汽车实践中，SEooC 是一种首选的方法。

8. 在用证明

经证实的在用论点在汽车实践中的应用不如预期的那么广泛。ISO 26262 - 8 中使用信用证的有效期是 IEC 61508 要求的 10 倍。此服务期是在第一版发布前的讨论中确定的，以避免授予可能导致安全召回的候选人经验证的在用状态。因此，汽车制造商很难利用经验证的在用信用证明。一级供应商可以为一个基本的遗留产品获得经验证的使用信用，该产品已在多次发布时提供服务，无需更改。例如，一个基本的电动液压产品可能没有准备好的安全档案，但可能在没有变化或未纠正事故的情况下使用过，服务时间要从全部量产开始计算，并采用经验证的在用信用证明。

经验证的在用候选项不需要是整个车辆或项目，它可以是相关项的一个要素，如未更改的软件或硬件。然而，汽车行业具有很强的成本竞争力，因此几乎所有方面都需要改进，以便汽车制造商和供应商保持市场占有率。因此，大多数硬件都会以较低的成本进行更改以提高性能。性能的提高和成本的降低限制了软件的性能，软件必须支持性能的提高。因此，在整个汽车行业业务中，变化是普遍存在的，没有变化的服务时间比满足经验证的使用要求所需的时间要短。变革是被管理和接受的——很少有元素保持不变。

9. 货车和客车（T&B）

有些供应商和货车制造商选择将 ISO 26262: 2011 集成到车辆中的相关项。有些制造商已经将 ISO 26262 用于其他汽车动力产品，内部基础设施已经存在。在某些情况下，根据 ISO 26262 开发的汽车部件已适用于货车应用。货车和客车行业广泛参与了第二版的开发过程。ISO 26262 - 8 对根据 ISO 26262 开发的相关项与超出 ISO 26262范围的整车之间的对接提出了要求。此外，还提供了未根据 ISO 26262 开发的接口系统与根据 ISO 26262 开发的车辆的要求，以及不符合 ISO 26262 的接口系统的要求。可以预期，随着 ISO 26262 满足货车和客车的需求，货车和客车行业对 ISO 26262 的遵从性将进一步扩大，这种使用已经开始。

B. 9　ISO 26262 - 9——以 ASIL 为导向和以安全为导向的分析

1. ASIL 分解与共存

ASIL 分解是汽车工业中常用的一种技术，是对 ASIL 相关需求的分解。ISO 26262 - 9

中描述了该技术的要求和限制。虽然此技术不适用于 ISO 26262 – 5 的硬件安全指标，但当它应用于软件需求时，会有显著的好处。安全目标总是被分配给一个 ASIL，这个 ASIL 被包含在功能安全概念里。例如，ASIL 分解可以应用于通过将功能需求分配给具有较低 ASIL 或 QM［如 QM(D)］的车辆上的一个相关项，并将检测需求［如 D(D)］分配给具有较高 ASIL 的车辆上的另一个相关项。这可以在不影响安全性的前提下降低汽车制造商的成本。此外，随着需求进一步分解为硬件和软件的技术安全需求，有机会进一步分解 ASIL。分配给软件的需求通常被分解为与 ASIL 相关的需求，ASIL 在软件架构中具有一定的独立性。目标处理器中的硬件特性（如内存分区）通常支持这种独立性。对于支持 ASIL 分解所需的独立性的软件操作系统来说，这是一个重要的机会。操作系统可以防止一些依赖性故障降低软件架构中支持 ASIL 分解所需的独立性。例如，逻辑和时序监视由最小的资源使用率提供。虽然可以使用许多分解，但最有利的是 QM(X) + X(X)，如 QM(D) + D(D)，它允许将功能开发为 QM(X)，将安全机制开发为 X(X)。安全机制的测试用例更简单，验证也更直接。

有时，当遗留代码广泛用于应用程序时，不满足 ISO 26262 – 9 共存的标准。一些代码提供了比主要功能具有更低 ASIL 要求的功能，如轮胎压力监测功能是基于车轮速度算法来嵌入稳定控制制动系统的。由于胎压监测功能与满足更高 ASIL 要求的代码混合在一起，例如使用包括车轮转速在内的多个信号进行方向控制，因此所有代码都是根据更高的 ASIL 要求开发的。在其他情况下，满足共存的标准即可。考虑一个新的稳定控制系统，它包含一些与 QM 功能无关的客户代码。此客户代码在内存中进行分区，并在受保护的时隙中执行，这些时隙不会干扰专用于满足更高 ASIL 要求的代码的时隙，也不会提供任何要由更高 ASIL 代码处理的信号。确保不干扰符合更高级别的 ASIL 要求，并满足共存要求。

2. 相关失效分析

在编写 ISO 26262 – 9 时，委员会特别强调提高相关失效分析 DFA 的清晰度。在汽车行业中，有理由避免相关性故障的重要性显著增加。这种日益强调的部分原因是预期故障操作系统将进入无故障系统的空间。这些系统需要继续在某些级别的自动驾驶系统上运行，甚至在较低级别的自动驾驶系统上运行，直到驾驶员分心或车辆以其他方式脱离驾驶员的控制。在某些情况下，这可能是整个旅程的真实情况。为了实现这一能力，预计会有一定程度的冗余，这种冗余需要独立性的证据，而相关失效分析为此提供了证据。

集成度的提高进一步推动了对 DFA 的重视。ISO 26262 – 9 中的许多示例都使用了这种集成电路要素。假设对包含集成的汽车产品进行内部或外部审核时，将仔细检查其 DFA 的完整性和正确性。为了管理这一点，许多供应商和顾问都开发了相关系统方法来执行 DFA。很多时候，设计 FMEA 会预测硬件中的级联故障。通过将 FTA 割集的成员与 FMEA 中的原因相匹配来解决共同原因故障，以查看是否产生统一割集。有一些会议会培训如何执行 DFA，其中一些强调软件。ISO 26262 - 9 建议使用检查表，并提供了一个附件作为指导。

3. 其他分析

除 DFA 之外的其他分析是常见的汽车实践。ISO 26262 - 9 讨论了质量分析，如 FMEA、HAZOP、FTA 和 ETA，都是汽车实践中常用的分析方法。文中还给出了定量计算示例，但强调了实际应用中的可靠性。其他的定量分析的应用没有那么广泛，但可靠性是有保证的。

ISO 26262 中存在安全目标，所以在汽车实践中，对演绎分析（如 FTA）的强调非常普遍。有时这些是定量的，但这不是 ISO 26262 所要求的。根据 SPFM 和 LFM 得出的单点和残余故障率总和的精度在汽车实践中是可接受的。定性 FTA 会在软件上执行，或在软件的特殊方面执行，如传递错误的值。其他软件架构分析包括计时和 HAZOP 分析。时间分析是广泛和精确的，考虑最坏的情况以确保所需的性能。尽管有这种定时分析，软件架构的 HAZOP 会检查每个接口信息流所包括的指导词，如太早、太迟、丢失、不正确和太频繁。ISO 26262 - 6 的附件中有软件安全分析指南，这些指南在 ISO 26262 - 9 中被引用。系统化的软件安全分析为软件安全需求的完整性提供了更大保障，但由于软件范围广泛，这在汽车实践中也会是一个挑战。

B. 10　ISO 26262 - 10——关于 ISO 26262 的指南

ISO 26262 - 10 回顾了被汽车行业所广泛接受的关键概念，其中包括了通用标准 IEC 61508 与汽车行业标准 ISO 26262 之间的差异。该指南指出，虽然安全目标是强制性的，但危害分析并不意味着汽车实践中的失效总是会导致事故。与 IEC 61508 不同，ISO 26262 以量产制造产品为目标，它包括了横跨多个组织的安全管理。汽车行业经过实践已经接受了这些差异，这被视为针对汽车行业的改进。IEC 61508 的使用者也参与了 ISO 26262 的编写。

1. 术语的使用

相关项、系统、要素、组件、硬件组件和软件单元的概念在汽车行业的实践中是可以被理解的，但可能一般不会使用，除非此类词汇有助于提高沟通的明确性。"系统"一词在实际应用中具有较大的灵活性。与此相似，故障、错误、失效的分类在汽车行业的实践中得到了普遍的理解和使用。然而，上述概念并不是在所有情况下都被严格区分，通常在分析中会使用精确的用法。

ISO 26262-10 解释了 FTTI 作为安全目标的一部分仅存在于相关项层级。FTTI 在过去一直用于要素和组件层面，但在汽车行业的实践中，特别是在危害测试之后，将 FTTI 作为安全目标的一部分并不少见。如前所述，第二版 ISO 26262-1 中提供了故障处理时间，与之前在多个层面上使用 FTTI 相比，它在定义上要求了更高的精度。同样，紧急运行时间现在可用于描述在达到永久安全状态之前的时间间隔，这进一步要求了精度。ISO 26262-10 在关于阀的应用案例中解释了这一点。

安全相关的时间间隔被用于支持精确的使用。ISO 26262-10 描述了安全管理的部分内容，包括解释了工作成果是在抽象层面符合 ISO 26262 的要求。这与汽车行业的实践相一致，并且工具的使用使得工作成果可以以抽象的形式来呈现。这些工具提供了所需的证据，这些证据无论是否有打印文档都可进行评估。在汽车行业中，类似工具的使用是非常普遍的，在某些情况下，整车企业和供应商通过一个相互保护知识产权（IP）的协议访问同一个工具。因为在汽车行业中对这些术语的误解并不罕见，因此 ISO 26262-10 还对认可措施和验证之间的差异进行了引申解释。安全从业人员认为，验证措施应在工作成果认可评审之前进行，以确保在独立评估其是否符合 ISO 26262 之前，评审的证据在技术上是正确的。行业专家更倾向于在提交需要进行技术评审的文档之前进行评估，因为存在通过评估产生变更从而导致需要重新进行评审的风险。另一个误解是，如果工作成果需要评估，那么验证评审将是多余的。ISO 26262-10 旨在解决此类误解。

2. 安全评估

在 ISO 26262-10 中，有关功能安全评估的讨论涉及了汽车行业中的许多应用实践。ISO 26262-10 中解释了对企业流程进行定期审核的方法，该方法可以高效地支持启动功能安全评估。并且，ISO 26262-10 还规定，服务于工作成果独立评估的安全专家也是实施功能安全评估的人员。在行业实践中，可以由一个中央评估组织或者一个独立的咨询机构来支持一个项目。在整个汽车供应链中进行限定范围的评估这一做法也符合汽车行业的惯例，一级汽车供应商的安全档案参考二级供应商的安全评估或安全手册也并不罕见，最后，这些功能安全评估都汇总到整车企业，整车企业也可以执行评估，从而形成完整的证据链。

在 ISO 26262 – 10 中讨论了安全档案的要素，包括安全目标、合规性的证据和安全论据。早在 ISO 26262 第一版的制定过程中，经过专家的讨论，最后一致认为只把工作成果汇总编辑在一起是不够的，还需要论证所收集的证据如何来证明安全。在汽车行业中，安全声明也是一个习惯做法，即用安全档案来充分支持"量产和公开销售的产品不存在不合理的风险"，该声明可以参考产品发布的解释。ISO 26262 要求这一论证是独立的并且是可接受的。

3. 安全目标的分类与合并

ISO 26262 – 10 提供了对危害进行确定和分类，以及合并安全目标的示例。在实践中，确定场景以及分析每个场景中的潜在危害都需要花费大量精力，与之相比，ISO 26262 – 10 中的这些示例简单明了。在标准中提到了交通统计数据的使用，但并未说明分析可用事故数据以确定严重度所花费的精力。安全目标的合并表明：在汽车行业的实践中，供应商和整车企业可以合作完成一个基于 HAZOP 的大量分析，从而得出对于分配了不同 ASIL 等级的安全目标的多种不同组合。所有这些不同的安全目标和 ASIL 等级都用于支持相互合作乃至准确的报价。这是在概念阶段常见的典型活动之一。

4. 要求

ISO 26262 – 10 中说明了硬件和软件的安全要求的生成以及验证流程。就安全要求而言，在汽车实践中通常遵循这一流程，然而，迫于项目进度压力，供应商往往需要脱离合同文本来开发技术乃至启动预期相关项的开发，因此实际互动会比展示的要多得多。当合同签订后，随着实际应用输入（包括与生产意图设计并行的原型样品要求）的确定，这一流程是可以中断的。以硬件为例，生产启动前一年以上的样品设计与实际生产设计是不同的，同样，原型软件可能也与多年后的量产软件不同。然而在行业实践中，要求的传递过程与 ISO 26262 – 10 中针对量产设计的要求流程是一致的。在流程的每个步骤中，它们都可以通过与客户的协作来进行优化。来自其他方面的假设做了更进一步的补充，例如，作为独立于环境的安全要素（SEooC）微处理器，以及从分析中得出的要求。所有这些要求都必须被验证。

5. 失效率

ISO 26262 – 10 提供了有关组件失效率及其分类的很多讨论和解释，以确定

ISO 26262 – 5 中的架构度量。这种广泛的讨论适用于汽车实践，因为在实践中，硬件指标的确定花费了大量精力。供应商向客户展示这些度量，以及客户和安全评估员评审这些指标，也花费了相当大的精力。

此外，ISO 26262 – 10 还讨论了在使用寿命期间确定平均故障率的问题。虽然由于失效率估算精度不确定，以及汽车电子部件的质量一般较高，这项工作可能显得过度，但它仍然是必需的，因为度量分析得出了针对安全机制的详细要求。对于确保相关项的安全以及避免召回费用而言，获取并验证这些要求是至关重要的。对安全机制的这些要求还可以包括对硬件失效情况的软件响应要求。考虑到潜在存储器失效和计算逻辑单元的安全机制，这些要求可能传递到软件。度量分析可支持功能安全的完整性。

6. 独立于环境的安全要素

在 ISO 26262 – 10 中，关于独立于环境的安全要素（SEooC）的讨论是对汽车实践的真实描述。通过在应用项目中使用 SEooC，可以节省大量的开发时间和资源。在 SEooC 作为一个系统的情况下，SEooC 的开发包括了概念阶段，此阶段根据其在整车层面影响的假设来进行危害分析和风险评估。带有 ASIL 等级的安全目标确定后，传递到系统层面以确定假设的功能安全要求，例如，包括来自其他相关项的假设要求和对其他相关项的假设要求。然后，这些要求将进一步细化到技术安全要求中，包括从安全分析得出的要求、软硬件的顶层要求。这些要求还包括在安全手册中列出的其他系统和技术的任何其他假设要求。技术安全要求将进一步传递到详细的软硬件要求。所有这些要求都要被验证。

在汽车行业中，很多 SEooC 是硬件，如微处理器。这些假设不是安全目标，而是带有 ASIL 等级的硬件要求。安全分析引出了进一步的要求，其中许多要求成为对系统软件的假设。这些带有 ASIL 等级的硬件要求得到验证，并且在安全手册中列出了这些假设。在汽车行业中，满足这些要求的通常做法是，在使用 SEooC 的项目中对这些假设进行检查，如果有任何不满足假设的情况，则通过分析来确定是否需要它们，如果分析的结果是需要，那么如在 ISO 26262 – 10 中所解释的，必须对使用 SEooC 的项目进行变更或者直接对 SEooC 进行变更。

7. 在用证明

ISO 26262 – 10 提供了一个在用证明的示例来论证硬件的复用。这一论证符合汽车行业建立在用证明可信度的实践。然而，如果软件变更仅仅是变更标定数据，那么可以进行影响分析，以确定此类变更是否与安全相关，特别是，如果软件本身被设计为可以安全地重新标定，并且在过去已实现了安全地重新标定。在汽车行业中，为提高性能和降低成本而不断进行变更，在硬件或软件延续使用过程中获得在用证明可信度的做法有些罕见，但在复用遗留产品时可能会发生这种情况。

8. ASIL 分解

在 ISO 26262 - 10 中，ASIL 分解示例主要讨论了硬件要素的要求分配。这是一个现实的例子，尤其是涉及硬件的增加。汽车行业的做法是在需要时才增加此类硬件，特别是在开关或开关组件可能失效的情况下。在软件开发中，即使没有新增硬件，ASIL 分解应用得也更为普遍。上述的目的不是为了提高可靠性，而是为了提高实施和验证的效率。在软件中，可以用较低的 ASIL 等级甚至 QM 来实现更复杂的功能，而在更简单的监控软件上实现较高的 ASIL 等级。独立性要求是必需的，并且通常由硬件分区和操作系统支持其合规性，以确保空间、时间和逻辑的独立。这样就可以更简单地满足功能安全的合规性，同时验证方法也更加简单。

9. 故障容错

专家们在对 ISO 26262 - 10 中故障容错相关项的指南达成共识之前，进行了广泛的讨论。在讨论中，专家们要求该指南必须具有前瞻性，以满足各种级别的自动驾驶功能需求；并且就对时间间隔的正确引用以及如何在示例中使用时间间隔进行辩论并达成了一致，最终确定这些解释要符合汽车行业的实际情况。当一个系统需要故障容错时，总要就什么样的故障是可以容忍的达成一致，例如在转向系统中，转矩传感器、电子控制单元或电机的故障需要容忍；齿条和小齿轮的故障不需要故障容错策略，因为它们可以避免失效。如 ISO 26262 - 10 所述，紧急运行协议，以及过渡和报警策略是非常需要的。例如，当车辆以非常低的速度行驶时，如果转向系统提供的助力减少，则不会造成危害，这与 ISO 26262 - 10 中的示例完全相同。另一方面，如果策略中定义了转移和过渡，那么将由另一个系统提供冗余。在 ISO 26262 - 10 对时序图进行了热烈的讨论，其结果是在支持自动驾驶安全的示例中精确地使用了术语，并且在非自动驾驶相关项的容错方面有所改善。ISO 26262 - 10 中还讨论了 ASIL 分解和相关软件。

在某些情况下，如维修之后，检查列表还需涵盖所要达到的安全状态。当考虑 L4 自动驾驶系统时，需要将最小风险状态定义为安全状态，例如将速度降低到不存在危害的程度，这可以参见 ISO 26262 - 10 中的示例。这样做的原因可能是因为到达了紧急运行时间间隔（EOTTI）的终点。ISO 26262 - 10 讨论了如何基于汽车行业的实践来确定紧急运行时间间隔（EOTTI）。例如，当相关项的一部分被禁用时，随机硬件失效概率度量（PMHF）可能会改变，并且调整寿命以确定紧急运行时间间隔（EOTTI）。根据判断可以提供一些裕度：经过几个所确定的过程，然后再锁定系统。

ASIL 分解的使用并不常见，因为在过渡到紧急运行后，ASIL 等级是动态变化的，其原因是暴露概率和危害的严重度可能会改变。然而，当故障容错需求涉及其他相关项时，如果这些相关项充分独立，则这些假设将成为可能受益于分解的 ASIL 等级的要求。这是为适应所包含的自动化特性而选择的汽车架构所期望的。整车生产企业可以有效地确保安全运行，并且使安全特性成本变得更低。

ISO 26262 - 10 中提到了故障容错软件，并参考了 ISO 26262 - 6。在实践中，使用防御性编程技术，并通过审核来保证软件质量，这有助于减少软件系统性错误的发生。使用多样化软件、严格的相关失效分析（DFA）和对类似软件的交叉监控可以进一步保证软件安全。这些实施都需要投入大量的资源。然而，自动驾驶的需求要求这种严谨性，这也是安全审核的重点。

10. 工具分级

ISO 26262 - 10 中提供了一个流程图，说明如何使用工具错误探测来避免对软件工具进行鉴定。在某些情况下，汽车实践中会遵循这种做法，例如，如果从用于生成应用软件的模型中导出的测试向量被用于验证嵌入代码，那么编译器中的错误就会被检测出来。这可以证明编译器的工具分类定义为"1"（TCL1）是正确的，从而避免对其进行鉴定。在汽车实践中，当许多不同用途的工具没有足够多的探测方法来证明其 TCL1 的合理性时，就会选择工具鉴定方法。然后，当工具的使用条件和鉴定条件一致时，不需要在每个项目中进行再鉴定。

11. 关键特性

在 ISO 26262 - 10 中讨论了特殊和关键特性。确定特殊特性、实施控制并验证特殊和关键特性的步骤是符合汽车行业实践的。通常，DFMEA 是对选择的分析，以确定与设计相关的特殊和关键特性候选项。然后，把这些特殊特性或关键特性包含在图样或其他设计文件中提供给生产工艺或质量人员。由生产工艺质量人员决定如何保证实现这些特性。通常，企业有政策来确保在这方面的一致性：防错流程、统计控制或筛查（如 100% 测试）。这些步骤在汽车行业内是经过广泛审核的通常做法。

ISO 26262 - 10 对 FTA 和 FMEA 提供了一些指导，它指出 FMEA 一次只处理一个失效。这是在汽车行业实践中经常会遇到的情况，尽管在某些失效 - 运行（Fail-

Operation）系统中，FMEA 可以指出安全状态下的二次失效影响，但这会增加分析的复杂性，因此它可以通过一个或两个（乃至更多）FMEA 来完成。与之相似，在故障树分析（FTA）中，可以使用内部事件、与门在以下操作模式之间进行切换：启动、正常运行、紧急运行、降级运行、安全状态和关闭。在 FTA 中，某些供应商还使用内部事件来涵盖或排除相关项的某些特性，或在客户之间切换以保持一致性。虽然包含不同的细化层级，但在汽车行业关于故障树分析的实践中，具备一定的层次划分并作为底层事件纳入 FMEA 层级的做法也是可行的。故障树分析理论会指导分析人员去考虑直接原因，而且规定得越详细，FTA 就越精细。例如，电机不能转动是由于作用在转子上的转动阻力增加或电动势不足造成的，或者可将其指定为转子堵转或绕组短路。虽然第一组失效模式导致的结果与另一组相同，但第一组失效模式还有其他的失效原因，如气隙增大或铁心退磁。在汽车行业的实践中，两类失效模式都可以找到。另一种方法有点像反向 FMEA，将故障和失效结合起来考虑，这对许多 FTA 来说已经足够了。虽然 ISO 26262 - 10 讨论了将故障树分析与系统 FMEA 相结合的问题，但请注意，并非所有 FMEA 中的失效都包含在故障树分析中，只有和顶层事件相关的失效才包含在故障树分析中。但是，FTA 和 FMEA 的结合有助于实现失效分析的完整性，而且这些方法是互补的。

B. 11　ISO 26262 - 11——ISO 26262 在半导体上的应用指南

1. 背景

在 ISO 26262 的第一版中，没有针对专用集成电路（ASIC）、微处理器或传感器等半导体组件的专门指南。在 ISO 26262 第一版颁布后不久，专门发布了一个公开可用规范（PAS）被创建，并被用于将 ISO 26262 应用于半导体的实用指南。这份公开可用规范是新版 ISO 26262 中第 8 部分第 13 章和第 11 部分的基础。在编制这份公开可用规范并将其列入 ISO 26262 第二版的过程中，来自世界各国的专家进行了广泛的合作。未来，ISO 26262 - 11 将在汽车行业内取代前述的公开可用规范，并在实践中得到广泛应用。

ISO 26262 - 11 的目的是为半导体 SEooC 的开发提供指导，使得该半导体 SEooC 内容也适用于相关项中的半导体组件。就 SEooC 来说，开发是基于一个关于硬件要求的假设来进行的，假设该 SEooC 满足某个相关项的要求，或者假设该相关项可以支持该 SEooC。对于按相关项来开发的半导体，硬件要求继承自相关项。在汽车行业的实践中，ASIC 并不是为某个特定相关项而开发的，ASIC 开发人员与相关项开发人员合作来计划在不同的汽车应用中使用 ASIC。ASIC 供应商有必要获得足够的开发时间,即使其开发时间甚至会超过相关项开发的可用时间。同样地,半导体开发人员也可以开发作为 SEooC 的半导体,这些开发人员还与一个或多个相关项开发人员合作以确定硬件要求的假设。尽管实际情况总有例外,但一般来说,这些意图是符合汽车行业实践的。

在汽车行业的实践中,半导体分析中存在着不同的细化层级。在一些情况下,为了检查可能的失效模式,以确保对共因失效或其他相关失效进行探测和评估,需要对半导体的某些部分进行子元器件要素层面的详尽分析。在其他情况下,如 ISO 26262 – 11中所述,不需要进行如此详细的分析,因为可以在更高层面上确保失效减轻措施,并且根据设计来确保共因失效的概率足够低。不过,在实际操作中,分析人员之间存在不同的见解。ISO 26262 – 11 旨在通过提供统一的指导使方法通用化。

在 ISO 26262 – 11 中还描述了半导体内部失效模式在系统层面的运用,这也是汽车行业实践中的通常做法。例如,作为 SEooC 的半导体被单独处理,更高层级的失效模式包含在系统安全分析中。虽然这看起来很直观,但一级供应商来验证半导体分析可能很困难。如 ISO 26262 – 11 所述,半导体分析是广泛和层次化的。一级供应商可能希望对其进行足够深入的检查,并可能将其与系统分析直接关联起来,但这对半导体供应商来说是不切实际的。ISO 26262 – 11 中提供的指南促使半导体供应商的分析层次和一级供应商的可接受准则通用化。因为标准要求双方一致同意,所以该指南支持双方共享分析。

2. IP

在 ISO 26262 – 11 中对知识产权(IP)进行了详细讨论。在本讨论中,IP 仅限于包含在半导体中的典型硬件,如核或总线。这些典型硬件是由 IP 集成商实现的物理形式或模型。这些讨论为 IP 供应商和集成商之间的相互作用提供了详细的指导,但是,这些讨论主要是从半导体或 IP 供应商的角度出发,而不是从整车制造企业或一级供应商的角度来进行的。尽管如此,指南也调整了整车制造企业和一级供应商的期望,这会推动行业内的整车制造企业、一级供应商和零部件供应商在指南的基础上达成共识。因此,这个指南虽然并不是规范性的,但仍有望得到遵守。

在 ISO 26262 标准的其他部分中描述了客户和供应商的关系,本指南对 IP 供应商和集成商的关系也采用了类似的描述方式。在文中,IP 被类比为 SEooC,它可以在开发环境中、在经过鉴定的硬件组件中,或在采用了在用证明的候选项中被运用。其中所用到的假设被视为对另一方的要求,如果无法遵守这些假设,则应通过向任何一方提出变更请求来实施变更管理。在汽车实践中,如果 IP 集成商提供 SEooC,则此类过程控制将由第三方进行审核。如果 IP 集成商在规定好的环境定义中进行开发,则此类过程控制将由客户方的组件工程师或安全经理进行审核,硬件独立和安全机制应该尤其受到关注。ISO 26262 – 11 中描述了 IP 供应商和集成商的义务,以确保在集成后提供并验证诊断覆盖率,双方协作验证初步假设,以解决潜在问题。

3. 系统性故障

在 ISO 26262 – 11 中有关描述 IP 生命周期的内容里,也讨论了潜在系统性故障的控制。这一生命周期也符合汽车行业遵循的生命周期,因此,安全相关半导体的汽车行业客户要求 IP 供应商提供符合性证据来支持审核。无论是独立于环境或在环境之内的开发,都需要安全计划,并且调整后的安全计划需要包含硬件生命周期。两者唯一的区别是,对于环境之内的开发,要求是已知的;而独立于环境的开发,要求是某种假设,这对于 IP 集成商的 IP 供应商以及半导体供应商的客户都是一样的。在汽车行业中,集成电路是可以用于安全相关产品的。

此外,任何可配置特定功能的标定或应用都需要符合安全要求的证据,并对相关失效进行分析。本指南预计会得到半导体制造商的整车客户的支持:他们有熟悉 ISO 26262 – 11 相关指南的安全经理或元器件工程师,并且合规性证据是其安全档案的一部分。验证报告和安全分析报告应由 IP 集成商来评审,集成电路的客户应提供充分评审的证据。此外,客户还应提供认可措施的证据,例如半导体开发过程的独立安全评估报告,包括 IP 的集成和任何工作成果的交换。ISO 26262 – 11 中提供了潜在文档列表,这些文档可以针对 IP 进行调整。在集成 IP 之后,测试也需要记录下来。

ISO 26262 – 11 的指南中也包括了黑匣子 IP 的集成。由于对客户和竞争对手 IP 的整合,这种黑匣子 IP 在汽车行业中是广泛存在的。IP 供应商需要提供假设以及验证方法。由于缺乏透明度,IP 供应商还需要提供符合 ISO 26262 标准的认证或其他证据;否则,需要给出符合其他标准的证据或者适当的理由。在安全档案中,这与验证一起被引用。

4. 失效率

ISO 26262 – 11 以指南的形式参与了半导体器件基础失效率定义,由于使用的标准不能代表实际使用中观察到的数据或半导体制造商可靠性测试的结果,最终得到的失效率会过于悲观。ISO 26262 – 11 中包含了用于估算基础失效率的一般信息,以及基于标准方程来计算基础失效率的使用范围。在汽车行业实践中,这种强调是合理的，因为几乎所有汽车安全相关应用（包括电子产品）都对半导体的基础失效率有要求。在第二版 ISO 26262 – 5 的起草过程中，经讨论同意在计算架构度量和PMHF 时，允许使用 70% 置信度的现场数据以及来自供应商的数据。ISO 26262 – 11 中的信息、表格和指南提供了足够的信息来支持复杂的混合技术半导体器件实现这一置信度要求。这些方法有望在汽车行业中得到广泛应用。一级供应商的组件工程师和安全工程师以及整车生产企业评审这些技术的使用并交换文档以支持安全档案。

ISO 26262 – 11 中也讨论了瞬态故障。随着半导体技术的进步，汽车工业对瞬态故障也越来越关注。瞬态故障与瞬变引起的永久故障（如电磁干扰引起的损坏）是不同的。半导体供应商可能拥有瞬态故障率的估值或测试数据，可以为特定集成电路提供支持，客户可以评审这些估值。架构技术可以提供逻辑和空间分离，以减少受多比特干扰时的脆弱性，这些措施有望得到延续。

ISO 26262 – 11 中还讨论了半导体封装的失效率，包括封装中所有内部连接的失效率，例如从硅芯片到引线框架的连接。此外，由于模片固定和包裹导致的故障也包含在封装失效率中。尽管 ISO 26262 – 11 中的注释已经指出了参考文献中的某些不一致之处，但由于和工艺相关，客户应单独考虑印制电路板在封装外的失效。在汽车行业中，按照 ISO 26262 – 11 的建议，封装失效率应该考虑在内。而焊接是客户的责任，它们应该与晶圆分开考虑。

ISO 26262 – 11 中详细介绍了估算半导体产品基础失效率的示例和替代方法。它通过有用和有组织的方式将不同类型的电路系列和其他设计集合在一起，并且讨论了任务剖面的影响，包括通电和断电循环。此外，它还参考不同标准进行了进一步的考虑和比较，并定义了标准方程中的每个术语。本部分讨论了基于其他方法计算的失效率分布，并对多芯片模块提出了忠告。早在 ISO 26262 发布之前，汽车行业就已经在实践中使用了基于任务剖面和半导体器件中元器件数量的计算。ISO 26262 – 11 代表了当前专家们的共识，可参考它来定义当前技术，因此，其指导原则在全球范围内得到遵循。

5. 相关失效分析

ISO 26262 – 11 为相关失效分析（DFA）提供了指导。在汽车行业中，随着越来越多的安全相关功能集成到半导体电路上，相关失效可能成为最令人担忧的问题之一，在关键应用中使用片上冗余时尤其如此。随着自动化水平的提高和更频繁地采用失效 – 运行模式，预计这一问题将继续存在。在汽车行业的实践中，很早就提出了相关失效，ISO 26262 – 11 的指南提出了相关失效的基本概念，包括共因失效和共模失效，并介绍了相关失效引发源（DFI）的概念和耦合机理。以前在汽车领域，相关失效分析中采用了一些检查表,将 FMEA 中的失效原因与 FTA 中的基本事件相匹配,以便用于离散电路的共因分析之后,在减少共因集的情况下能够得出潜在的统一割集。ISO 26262 - 11 中提出的使用相关失效引发源列表的系统方法可能在汽车行业实践中被广泛采纳,因为它也是 ISO 26262 - 9 给出的建议方法。按照分层处理的建议决定可接受的细化层级,这给出了相关失效分析的工作流程,然而,在所选择的细化层级之下,仍然存在耦合机制,这导致客户需要深入地研究一些更关键的集成要素。在 ISO 26262 - 11 中,关于相关失效引发源的讨论中没有讨论这种可能性,但仍然需要在工作流程中检查信息是否充分。ISO 26262 - 11 对工作流程中的每一步都进行了讨论,减轻相关失效的失效原因和失效后果的方法在汽车行业实践中也是被广泛接受的。由于额外的片上硬件措施,汽车行业关注集成电路失效率的增量以及相应的成本,在 ISO 26262 - 11 中也建议进行验证,并讨论了几种方法。汽车行业各方深度达成一致后更容易被接受。

6. 生产和运行

ISO 26262 - 11 讨论了半导体制造商遵守 ISO 26262 - 7 的要求,其结论是,通过遵循质量标准和复用工作成果作为证据,即可符合 ISO 26262 - 7 中的制造要求。ISO 26262 - 11 指南规定,ISO 26262 - 7 的维护和处理要求不适用于半导体制造商。汽车行业的实践也遵从了该指南,半导体元器件层级的维修并不常见,因此它不适用维护和处理的限制。

7. 分布式开发

在 ISO 26262 - 11 中有一个相对较短的章节来讨论与半导体制造商进行分布式开发的接口。分布式开发在一级供应商和半导体制造商的汽车实践中非常常见,ISO 26262 - 8 的要求通常被认为是适用的。ISO 26262 - 11 还提供了联合开发的指导,即半导体制造商作为客户,另一方为供应商。在这种情况下,ISO 26262 - 8 对供应商的要求是半导体制造商应承担的义务。当供应与安全无关时,就没有义务进行安全相关的联合开发。汽车行业的实践接受这一做法,对指南也没有争议。

8. 认可措施

在 ISO 26262 - 11 中讨论了认可措施。本指南规定,无论是否考虑 SEooC 或 IP,认可措施和安全评估都与半导体相关。考虑到相关项层面安全性的认可措施是量身定制的,可用检查表对安全流程和安全计划的执行进行审核,对所涉及的工作成果进行认可评审,并纠正任何发现的不足,这种指导原则在汽车行业的实践中被普遍接受。一级供应商和客户确定相关项的安全相关性,并评审认可措施。

9. 集成与验证

ISO 26262 - 11 为硬件集成和验证提供了指导，例如，如何将 ISO 26262 - 5 中的相关验证要求直接应用于半导体。除此之外，由于半导体供应商、整车制造企业和一级供应商都对示例进行了评审，因此它们在汽车行业的实践中将被普遍接受。例如，等价类在功能上的应用。本指南对汽车安全从业人员在半导体实践方面具有一定的指导意义，可以起到沟通桥梁的作用，并有望在汽车行业中得到广泛的应用。

在 ISO 26262 - 11 中讨论了微控制器、片上系统（SoC）设备和专用集成电路（ASIC）中的数字元器件和存储器，对永久故障和瞬态故障都进行了广泛的讨论。就安全相关产品而言，这两类数字故障在汽车行业中都很受关注，因此本指南有助于协调需要考虑的因素，同时，需要协调的分歧涉及适当的抽象层次，以便在分析中获得所需的信心。信心的核心在于确保所有潜在技术故障都可以映射到抽象故障模型中考虑的某个故障上去，例如，数字元件故障模型的基础是，潜在的技术故障将被映射到漏分、错分、时序和功能值的错误上去，因此，分析不会直接扩展到底层技术。客户需要分析人员展示对这些假设的信心，以便依靠分析来支持拟使用集成电路的产品的安全性。ISO 26262 - 11 通过在表中提供下一层级的抽象，提高了对故障模型指南的信心。这增加了被呈现元器件的透明度，但仍然没有深入地研究底层技术。预计该指南将被汽车行业视为考虑故障模型的合理协调，并推导出所需的分析层次。然而，一些组件安全工程师将坚持深入地研究元器件样本，以确保特定技术的漏洞和调试错误不会产生更广泛的功能影响。客户很欣赏并会支持一些供应商以其他方式提高透明度。

10. 分析

ISO 26262 - 11 中讨论了数字半导体电路的定性和定量分析。指南认为，定性分析是解决相关失效分析（DFA）的方法。这也符合汽车行业的实践经验。只有在极少数情况下，才需要对数字集成电路的相关失效进行量化。如果相关失效看起来不太可能发生，但需要证据来证明其发生的可能性低到可以接受的程度，那么需要采取特殊措施来确保这种可能性是随机的，而不是由于特殊原因，例如制造缺陷所导致的。否则，定性分析并演示相关失效的探测机制就足够了。

与汽车行业的实践一样，指南指出数字电路一般都需要进行定量分析。至少需要模块级架构的信息，或者更多的信息来支持相关失效的定性分析。像指南建议的那样，我们希望在概念阶段早期就开始考虑相关失效和独立性，其详细程度取决于诊断覆盖率。例如，如果整个集成电路复刻在同一个芯片上，相关故障得到充分减轻，并在外部进行比较，那么就需要非常有限的关于故障模式的细节，以便在汽车实践中接受故障模式。如果失效模式由更精细的片上安全机制或专用软件来执行，则需要对失效模式进行更细化的分析，以证明在汽车行业实践中该定量诊断覆盖率是可以接受的。该指南应支持这种程度的可接受性，通常是首选一个接近实际的估计值，同时采用偏保守的分析方法。

11. 故障

ISO 26262-11 中还包括了瞬态故障处理的指南。瞬态故障是汽车行业中一个非常重要的问题，但如 ISO 26262-11 指南所述，对瞬态故障，定性讨论就足够了。在汽车行业实践中，通常对故障进行老化评估和计算，并且对潜在的噪声或滤波后的错误进行检测。例如，在车辆稳定性控制系统进行干预之前，会多次检查车轮转速、惯性传感器、车速和转向角的一致性。这些技术可以减轻许多类型瞬态故障的影响，因此，那些仍然容易受到瞬态故障影响的区域可以成为定量分析的重点。对于作为 SEooC 开发的集成电路，除非它被列为假设，否则不会进行假定的分析，因为这可能会对应用程序施加一些限制，而应用程序并不总是可以接受这些限制。除了架构方面的考虑，空间和逻辑的分离、度量计算所需的充分信息，这都是汽车行业实践所期望的。

ISO 26262-11 中也提供了其他指南，用于描述避免或探测数字电路设计中的系统性故障的技术或措施。本指南涉及提供从标准化设计过程中获得的证据，以证明在最终的数字电路设计中已采取充分措施来防止与安全相关的系统性错误。ISO 26262-11 为本过程中应包括的内容提供了指导。因为这种方法是基于 ISO 26262-5 的要求制定的，所以通常是可以接受的。一些审核员寻找充分分析的证据，以便在设计中得出一整套要求和符合这些要求的证据，这是通过对每个半导体设计活动的验证来间接解决的（但没有明确说明）。同样，也有人建议，可以对软件设计技术进行调整，以帮助在寄存器传输层级上防止发生系统性故障。这一论据在汽车行业的实践中被普遍接受，因为所有的软件设计指南都以控制系统性故障为目标。尽管如此，该指南在汽车行业中已得到普遍认同。

12. 验证

ISO 26262-11 提供了使用故障注入模拟来进行验证的指南。该指南讨论了在门级或寄存器传输级使用此方法来验证卡滞故障的影响，以及验证相关安全机制的有效性。这是一种成熟的技术，汽车行业一直在采用这种验证方法，并且还将继续下去。对于非卡滞故障，该指南提出了其他技术建议，并提供了参考。虽然有局限性，但这也得到了大量文献的支持，因此，汽车行业可以接受这些针对非卡滞故障的技术。

ISO 26262 – 11 中给出了针对数字组件安全文档的指南，包括适用的安全计划和支持安全计划有效执行的证据。这些证据包括规范、安全分析及验证，也推荐通过 DIA 来对所需文档提出要求，包括使用假设。在汽车行业中，这些文档是由数字半导体供应商的下一级供应商来提供的，因此，ISO 26262 – 11 中编制了相关指南，使得这一过程更加透明，从而更好地支持客户方的安全档案。ISO 26262 – 11 提供了数字集成电路专用的安全机制指南，并列出了诊断覆盖度为低、中、高的方法，以及更详细的解释和说明。在汽车行业实践中，除非提供更进一步的理由，否则可以定义 60% 为"低"，90% 为"中"，99% 为"高"。这一划分法是可以被接受的，特别是它是基于数学推导而来的，或者是基于多个不完全重叠的安全机制。类似的指南之前也是被汽车行业广泛接受的。

13. 模拟组件

ISO 26262 – 11 给出了模拟与混合信号半导体的安全指南，这两者之间的区别很简单：如果至少包括一个模拟要素和一个数字要素，那么从技术上看就是混合的。在汽车行业实践中，这种区分方法是普遍接受的。如果基于功能来讨论失效模式，那么失效模式的分布取决于具体的技术实施。失效模式所需的细化级别将取决于分析的目的和对相关失效的考虑。

ISO 26262 – 11 提供了一个失效模式列表，可以预见，它们将被汽车行业普遍接受。分析设计原因和可接受性需要更加详细的讨论。指南提供了对不同细化级别进行权衡的细节，以确定所需的安全机制以及失效模式分布。这里给出了一些示例，但是还需要通过一些讨论来对硬件度量要求所需的细化级别达成一致，并为安全档案证据的充分性提供信心。为此，该指南建议半导体供应商根据所采用的工艺技术来提供推荐的失效模式分布。汽车行业可以接受这种方式来直接确定安全故障，并且这也符合当前汽车行业的实践。该指南所提供的示例是明确且推理清晰的。

ISO 26262 – 11 中针对模拟电路的相关失效分析指南扩展成为半导体集成电路硬件元件相关失效分析的一般指南。在汽车行业实践中，建议进行 DFA 定性分析。指南建议，由于模拟电路更易受噪声和电磁干扰的影响，应在接地、电源和布局方面采取特殊措施。由于功能需求，"对称冗余"这种预防措施已经成为汽车行业客户中对半导体器件的期望。该指南讨论了"对称冗余"这种预防措施在相关失效上的优势，并认为多样化的布板并不一定能够改善半导体在预防共因失效方面的性能，但多样化的技术的确可以在预防共因失效方面起到帮助作用。这种布板多样性也可用于非半导体电路，以改善预防共因失效方面的性能。本指南为汽车行业半导体客户所接受，有助于协调在汽车行业达成共识，半导体供应商可以参考本指南。

ISO 26262 - 11 提出了验证半导体集成电路架构度量的方法。在汽车行业的实践中，根据电路的复杂性和验证的深度来进行的验证可能会耗费大量的时间和资源。一种推荐方法是，基于数据有效性范围和有效的专家判断进行验证。一个示例是，对稳压器过电压和欠电压故障声称的诊断覆盖率为100%。一些汽车专家对100%的诊断覆盖率持犹豫态度，而另一些专家则接受了这一点。这一论据也有望提供证据和理由，即引发欠电压的潜在故障不会触发半导体电路上其他故障。令人信服的相关失效论据可以确保该指南被接受，汽车行业期望有这样的理论依据，以便接受这些度量。

ISO 26262 - 11 给出了模拟集成电路安全机制的列表和说明。在汽车行业中，这些安全机制是可接受的，并且也普遍采用了这些描述。为了确定在汽车行业中可接受的诊断覆盖度，需要解释其有效性。通常，这需要类似于 ISO 26262 - 10 中所示的理由。客户可以审核诊断覆盖率的基本原理。

在 ISO 26262 - 11 中，避免模拟电路系统性错误的指南包含了应用在开发生命周期不同阶段的一系列措施，包括使用工具进行安全要求管理、设计期间对仿真工具的高度重视，以及基于工具的设计验证。建议使用原型来补充设计评审。该指南还针对特殊特性的验证、测试和管理列出了可追溯性要求。这些方法有望在汽车行业实践中被广泛采用，因为它们反映了整车生产企业、一级供应商以及半导体供应商已经使用的类似方法。

ISO 26262 - 11 包含了模拟和混合信号半导体元件的安全文档指南，因为大多数集成式安全相关模拟半导体元件采用了分布式开发，因此重要的是，客户应制定规范，并被供应商正确地理解。其余的文档是按照硬件开发生命周期和开发接口协议（DIA）来编写的，这在汽车行业中是通行的做法，在 ISO 26262 发布之前就已经存在了。

14. PLD

ISO 26262 - 11 提供了有关可编程逻辑器件（PLD）功能安全的指南，对于那些按照 SEooC 来开发的 PLD，可以根据该指南来调整 ISO 26262 的安全生命周期要求。这些要求与其他半导体器件的要求相类似，并有望在汽车行业的实践中得到普遍采纳。PLD 制造商和相关项开发人员都需要安全经理。必须由相关项开发人员考虑的假设是，如果 PLD 制造商没有提供安全机制，那么相关项开发人员只提供失效模式和失效率。该指南给出了 PLD 失效模式的示例，可供汽车行业参考。相关失效分析和失效率计算的指南也符合汽车行业的实践。此外，对于 PLD 用户也有相应指南，以避免审核人员在审核使用 PLD 作为安全相关应用时发生系统性失效。PLD 应用的文档主要涉及流程、分析（包括 DFA）、安全机制和假设。DIA 定义了得到双方共同认可的工作成果。

15. 多核器件

ISO 26262 - 11 还提供了在多核器件上应用功能安全标准（ISO 26262）的指南，并通过示例和注释，提供了许多关于免于干扰的建议。当在多核设备中实施时，可以预见它们将增加设备所声称的免于干扰的可信度。例如，建议在运行管理程序时使用虚拟技术，这样可以保证不受软件要素的干扰。该指南还提出了在实践中避免时序误差的措施。

16. 传感器与转换器

在 ISO 26262 - 11 中还讨论了传感器和转换器，其区别在于，转换器是将能量从一种形式转换为另一种形式，如微机电系统（MEMS），而传感器包括了转换器并为电气系统提供了有效输入。在汽车行业中这是可以理解的，尽管不是所有人都严格地使用术语，但所有人都赞同这种区别。ISO 26262 - 11 中的这个指南使这种区别在汽车行业实践中得到更广泛的应用。例如，得益于起草、评论并同意 ISO 26262 - 11 中有关传感器和转换器的指导意见的不同安全专家之间的全球讨论，当一级供应商的安全工程师与传感器供应商的安全工程师会面时，他们的沟通会更加精准。在 ISO 26262 第一版发布的前六年中，我们没有观察到这种讨论，也许是因为二级供应商在标准起草过程中的参与度不高。但可以预见的是，汽车行业将采用第二版的 ISO 26262，并继续朝着这个方向发展。

ISO 26262 - 11 中也详细讨论了转换器和传感器的失效模式。所提供的示例虽然不是详尽无遗的，但也应该在传感器审核中进行检查，以确保它们已被考虑到。同样，有关摄像头的示例不仅在功能安全方面，而且在 SOTIF 中也为安全评审提供了指导。增加对传感器故障模式和限制的重视将提高对 ISO 26262 - 11 中指南的重视。该指南包括有关 MEMS 生产过程和失效模式的信息。重点主要放在由 MEMS 供应商和 MEMS 客户工艺引起的失效，例如通过机械应力所导致的失效。与之前汽车行业中标准化的 MEMS 客户和供应商数据相比，这些原因和故障模式虽然不是详尽无遗的，但也是一个更全面的集合。汽车行业现在可以解决这些经常被提及的问题。

17. 微机电系统（MEMS）

ISO 26262 - 11 提供了确定半导体微机电系统失效率的指南。这是一种比较分析法：当缺乏现场数据时，通过已知基准值来建立新技术估值。在汽车行业实践中也接受这种推理。相关失效分析的讨论提供了在汽车行业中使用的相关失效引发源及其示例的列表。根据应用程序的不同，还可以向示例中增加更多附加示例，如封装。在仔细检查相关失效后，分类列表将引起进一步讨论。

ISO 26262 - 11 中的指南也包括了针对 MEMS 转换器的定量分析（参见 ISO 26262 -5）建议，并且把细化级别作为考虑因素列出。汽车行业的做法是依赖 MEMS 供应商的指导，同时评审相关失效分析和安全机制以提供证据。在汽车行业实践中可以参考所提供安全机制的列表。覆盖率由参考技术决定，这些技术还可能在实际的汽车行业实践中得以发展，正如这些技术也促进了汽车行业的进步。这些专用方法还参考了记录下来的既有实践。ISO 26262 - 11 进一步阐述了如何避免传感器和转换器系统误差的应用方法，这些措施也符合汽车行业的实践。传感器和转换器的推荐文档满足汽车行业的期望，并与数字组件和模拟组件的文档一致。可以参考这些例子来支持 ISO 26262 的合规性。

18. 其他示例

ISO 26262 -11 提供了评估直接存储器访问（DMA）安全机制的示例。该示例按照与指南相一致的细化层级分解了失效模式，只要不存在未解决的相关失效问题，就可能接受并引用该示例。该评估还提供了量化失效模式覆盖率和其他估计的示例。所采用的方法和实际估计值都来自汽车行业的实践，所采用的技术也是被广泛应用的，因此它们有望在汽车行业内被普遍采纳。

ISO 26262 提供了在数字组件和模拟组件中进行相关失效分析方法的示例，并且有足够详细的信息以便于在汽车行业实践中使用这些示例。在数字组件的分析中，功能和模块被解释为在相当高的抽象层面上所建立的联系，然后推导出安全要求，用 FTA 分析，并按照相关失效引发源来进行检验。该示例与 ISO 26262 中的指南一致，在评审类似分析时，可以在汽车行业的实践中以它做参考。同样，针对模拟组件分析方法的示例是在功能模块层面进行描述，因此安全要求可以用 FTA 来进行分析。检查共享调节器和识别出的耦合因子，并基于这些耦合机制确定降级措施。汽车行业预计会采用这种方法，以及附加的耦合因子和完整性理由。该示例可供参考，并有望得到汽车行业的普遍认可。

ISO 26262 -11 包括组件定量分析的示例，其中针对数字组件的示例有所限制，不过，它仍然表明了所提供指南的目的。这些说明在汽车行业实践中用于对 SPFM 性能的建议，处理永久和瞬时故障的格式也被广泛采用。针对模拟组件的示例，首先确定要求以启动分析，然后确定违背安全目标和安全失效。执行 SPFM 并确定安全机制。这些注释指出了必要的步骤和执行规则,该顺序被汽车行业实践所采用,但可能会有一些修改,同时假设了安全机制。在针对 PLD 的定量分析示例中,首先记录了 PLD 的使用假设,以及推导出的要求和失效模式,并讨论了 PLD 内外部的安全机制,以及失效分布。这种方法与 DFA 结合后,有望被汽车行业的实践所接受。

B. 12　ISO 26262 – 12——摩托车的适用性

1. 背景

摩托车行业的企业也参与了 ISO 26262 第一版的编制过程。然而,摩托车的应用超出了第一版的范围,随后,摩托车行业发布了一个 PAS 来支持 ISO 26262 第一版的使用,为在摩托车应用中实施功能安全提供了指导。ISO 26262 第二版的范围已经涵盖了摩托车应用。ISO 26262 – 12 提供了针对摩托车的指导和要求,包括根据 PAS 对 ISO 26262 第二版其他部分进行必要的调整。在摩托车行业中,已经广泛接受了通过使用 PAS 来提高成熟度的方法。

建立安全文化的要求与 ISO 26262 – 2 中的要求一致,包括与信息安全专家的沟通,以及支持在 ISO 26262 第二版中所增加的信息安全沟通要求。预计这将在行业内获得广泛支持。认可措施所需的独立性指南与 ISO 26262 – 2 中的独立性要求相类似,但针对摩托车应用进行了修订。这些修订是由摩托车行业的功能安全专家协商一致后发起的,在批准后被标准所采纳,因此预计这些修订也会得到摩托车行业的广泛接受。针对 I3 独立性的解释清晰地表明,单个企业可以在企业内部满足 I3 要求,这为 ISO 26262 的要求提供了额外的解释,并且预期在实践上能够保持一致。

2. 危害与风险分析

也许 ISO 26262 – 12 所提供的最重要的信息是讨论危害和风险分析。虽然在严重度和暴露概率的分级方面与 ISO 26262 – 3 没有区别,但对如何确定严重度和暴露概率的额外说明也提高了在实际工作中的可操作性,对可控性的调整也起到了类似的作用。

关于对摩托车车手和其他参与者行为的指南,如果没有这种基于一致性假设的指南,那么可控性的确定可能会有很大变化。对于调整来说,最大的影响是摩托车安全完整性等级(MSIL)的确定,它可以确定一个索引,用于明确在 ISO 26262 中哪些要求与避免特定危害相关。在实践中,通过减少一个 ASIL 来映射 MSIL 的方法有望被广泛接受(参见 ISO 26262 – 12 表 6)。安全目标继承自 ASIL,但降低了严格程度,以获得对摩托车应用来说可接受的风险水平。ISO 26262 – 12 可作为一个基本

199

原理的参考，并且审核人员也接受该原理。

3. 验证与确认

在 ISO 26262 -12 中解释了针对摩托车应用的验证和确认要求的调整，这有助于将 ISO 26262 中的方法和措施应用于摩托车。在备注中有许多有用的提示，虽然这些备注并不是规范性质的，但有望在实践中被广泛接受。它们可以作为审核人员接受的理由。

在 ISO 26262 -12 中所提供的摩托车行业工作流程与 ISO 26262 其他部分中的工作流程保持一致，该工作流程在摩托车功能安全的计划与评估中被广泛使用。ISO 26262提供了摩托车的 HARA 说明。从专门针对摩托车的严重度、暴露概率和可控性的解释与表格中，可以获得关于摩托车应用的重要说明。其中，严重度的示例描述了摩托车的跌落和碰撞，可用于校核危害和风险评估中对严重度的确定。同样，在暴露概率示例中展示的频率和暴露概率测定方法也是专门针对摩托车的。针对潜在风险的可控性示例特别适用于摩托车所遇到的情况，由被企业视为专家的摩托车车手来决定，这也为评估可控性的技术提供了指南，这些内容的示例也将被视为置信度的基准。在汽车行业，这些都是常规经验，可以预期，在摩托车行业也将采用类似的方法。

缩略语表

英文缩写	英文全称	中文含义
ADAS	Advanced Driver Assistance System	高级驾驶辅助系统
AI	Artificial Intelligence	人工智能
ALARP	As Low As Reasonably Practicable	最低合理可行原则
ASIC	Application Specific Integrated Circuit	专用集成电路
ASIL	Automotive Safety Integrity Level	汽车安全完整性等级
C	Controllability	可控性
CCS	Calculus of Communicating Systems	通信系统演算
CSP	Communicating Sequential Processes	通信序列进程
CORE	Controlled Requirements Expression	受控需求表达
DFA	Dependent-Failure Analysis	相关失效分析
DFI	Dependent-Failure Initiator	相关失效引发源
DIA	Development Interface Agreement	开发接口协议
E	Exposure	暴露（概率）
ECC	Error-Correcting Codes	纠错码
EOTTI	Emergency Operation Tolerance Time Interval	紧急运行容错时间间隔
EQA	Engineering Quality Assurance	工程质量保证
ESD	Electro-Static Discharge	静电放电
FMEA	Failure Modes and Effects Analysis	失效模式和影响分析
FMECA	Failure Modes and Effects Criticality Analysis	失效模式和影响危害性分析
FTA	Fault Tree Analysis	故障树分析
FTTI	Fault-Tolerant Time Interval	故障容错时间间隔
GES	General Estimates System	总体预算制度
HARA	Hazard Analysis and Risk Assessment	危害分析和风险评估
HMI	Human Machine Interface	人机交互
HOL	Higher-Order Logic	高阶逻辑
IMDS	International Material Data System	国际材料数据系统

（续）

英文缩写	英文全称	中文含义
IP	Intellectual Property	知识产权
JSD	Jackson System Development	Jackson 系统开发
LFM	Latent Fault Metric	潜在故障度量
LOPA	Layer of Protection Analysis	保护层分析
MC/DC	Modified Condition/Decision Coverage	修改条件/判定覆盖率
MEMS	Micro-Electro-Mechanical Systems	微机电系统
MSIL	Motorcycle Safety Integrity Level	摩托车安全完整性等级
MTTR	Mean Time to Restoration	平均恢复时间
NASA	National Aeronautics and Space Administration	美国国家航空航天局
NASS	National Automotive Sampling System	国家汽车采样系统
NHTSA	National Highway Traffic Safety Administration	美国高速公路安全管理局
OEM	Original Equipment Manufacturer	原始设备制造商
OTA	Over The Air	空中下载技术
PAS	Publicly Available Specification	公开可用规范
PFMEA	Process Failure Modes and Effects Analysis	过程失效模式和影响分析
PHA	Preliminary Hazard Analysis	初步危害分析
PIU	Proven In Use	在用证明
PLD	Programmable Logic Device	可编程逻辑器件
PMHF	Probabilistic Metric for Random Hardware Failures	随机硬件失效率指标
RfQ	Request for Quotation	报价需求
S	Severity	严重度
SEooC	Safety Element out of Context	独立于环境的安全要素
SIL	Safety Integrity Level	安全完整性等级
SoC	System on a Chip	片上系统
SOTIF	Safety of The Intended Function	预期功能安全
SPFM	Single-Point Failure Metric	单点故障度量
T&B	Truck & Bus	卡车和客车
VM	Vehicle Manufacturer	汽车制造企业

参考文献

［1］Leveson, N. C. (2012). *Engineering a Safer World*. Boston: MIT Press. Print.

［2］International Electrotechnical Commission (2010). Functional safety of electrical/electronic/Programmable electronic safety-related systems. IEC 61508.

［3］International Standards Organization (2011). Road vehicle—functional safety. ISO 26262.

［4］International Standards Organization (2018). Road vehicles-safety of the intended functionality. ISO PAS 21448.

［5］Miller, J. (2016). Chapter 5, The business of safety. In: *Handbook of System Safety and Security*, 1e (ed. E. Griffor), 83 – 96. Elsevier.

［6］SAE International 2015. Considerations for ISO 26262 ASIL Hazard Classification. SAE J2980.

［7］Machiavelli, N. (1961). *The Prince* (trans. G. Bull). London: Penguin. Print.

［8］Miller, G. A. (1956). The magical number seven, plus or minus two: some limits on our capacity for processing information. *Psychological Review* 63: 81 – 97.

［9］RESPONSE 3 (2009). Code of practice for the design and evaluation of ADAS. Integrated Project PReVENT. https://www.acea.be/uploads/publications/20090831_Code_of_Practice_ADAS.pdf.

［10］United States Department of Defense (1949). Procedures for performing a failure mode effect and critical analysis. MIL-P-1629.

［11］National Aeronautics and Space Administration (NASA) (1966). Procedure for failure mode, effects, and criticality analysis. RA – 006 – 13 – 1A.

［12］AIAG (1993). *Potential Failure Mode and Effect Analysis*. Automotive Industry Action Group.

［13］AIAG (2008). *Potential Failure Mode and Effect Analysis (FMEA)*, 4e. Automotive Industry Action Group.

［14］SAE International (1994). *Potential Failure Mode and Effects Analysis in Design (Design FMEA), Potential Failure Mode and Effects Analysis in Manufacturing and Assembly Processes (Process FMEA), and Potential Failure Mode and Effects Analysis for Machinery (Machinery FMEA)*. SAE J1739.

［15］SAE International (2009). *Potential Failure Mode and Effects Analysis in Design (Design FMEA), Potential Failure Mode and Effects Analysis in Manufacturing and Assembly Processes (Process FMEA)*. SAE J1739.

［16］Automotive SIG (2010). Automotive SPICE Process Reference Model.